सचित्र योगासन

आर्य प्रकाशन मंडल

आर्य प्रकाशन मंडल
नयी दिल्ली

सचित्र योगासन

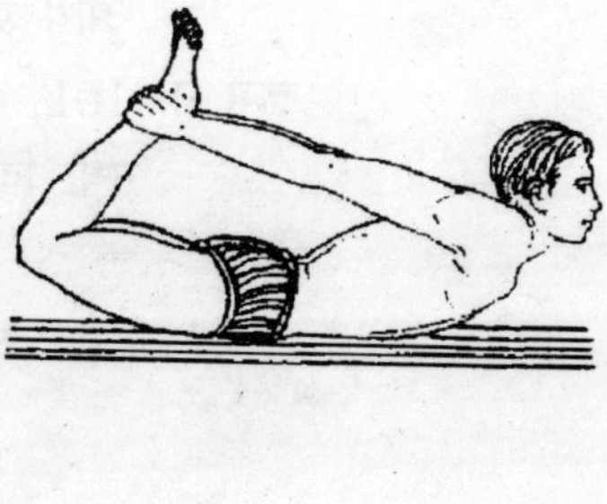

ओमप्रकाश शर्मा

ISBN—978-81-88118-90-8

प्रकाशक
आर्य प्रकाशन मंडल
रूम नं. 101, 4855/24, अंसारी रोड
नयी दिल्ली-110002

संस्करण
2023

आवरण
के.जी.पी.

मूल्य
चार सौ पंचानबे रुपये

मुद्रक
आर. के. ऑफसेट,
शाहदरा, दिल्ली-110095

SACHITRA YOGASAN *(Hindi)*
by Om Prakash Sharma
Price : ₹ 495

भूमिका

'योग' भारत का आविष्कार है और भारतीय योगियों ने योग-विज्ञान को बहुजन हितकारी बनाने के लिए अनेकानेक प्रयोग किये और उत्तमोत्तम निष्कर्ष निकाले। लेकिन हम भारतवासी उन निष्कर्षों को संभाल नहीं सके और वर्तमान पीढ़ी अपने पूर्वजों द्वारा अर्जित सभ्यता की उत्तराधिकारी नहीं बन सकी। प्रकृति ने, मानव को बड़ा मस्तिष्क प्रदान कर उसे सशक्त तथा प्रगतिशील बनाना चाहा था, लेकिन मानव ने प्रकृति की अवमानना करके सारे क्रम को बिगाड़ दिया।

हमारा शरीर दो कारणों से रोगी बनता है। 1. शारीरिक और 2. मानसिक। प्रकृति ने मानव-शरीर को व्यवस्थित बनाये रखने के लिए मानव को जीवनी-शक्ति नामक विराट् ऊर्जा प्रदान की है, जो जीवन के केन्द्र से उत्पन्न होती है।

आज पृथ्वी पर जितनी दवाएं मौजूद हैं, उतनी किसी भी युग में नहीं थीं। लेकिन इन्हीं दवाओं ने मानव-समाज को नयी-नयी बीमारियां भी दी हैं। दवाओं के कारण ही व्यक्ति की रोगप्रतिरोधक शक्ति निष्क्रिय होती जा रही है और व्यक्ति दिन-प्रतिदिन निस्तेज और अशक्त होता जा रहा है। बीमारियों के कीटाणुओं और दवा के जीवाणुओं के बीच लड़ाई हो रही है और पिस रहा है, व्यक्ति। जिस दिन दुनिया में कोई दवा न होगी, उस दिन बीमारियां भी समाप्त हो जायेंगी। उस दिन आपकी आन्तरिक ऊर्जा को बीमारियों से लड़ना पड़ेगा। तब व्यक्ति की क्षमता बढ़ेगी, सुस्ती भागेगी और शक्ति जागेगी।

शरीर जब तक प्राकृतिक आचरण करता है, तब तक स्वस्थ एवं कार्यक्षम बना रहता है। लेकिन शारीरिक गतिहीनता के कारण उसकी क्षमता नष्ट होने लगती है। समुचित आहार-विहार की कमी से शरीर का पोषण भली-भांति नहीं हो पाता, जिसके फलस्वरूप शरीर की आन्तरिक व्यवस्था गड़बड़ा जाती है, नव-सृजन नहीं हो पाता और शरीर पर रोगों का आक्रमण आरम्भ हो जाता है। तब शरीर अलसाया हुआ और मन उत्साहहीन एवं निराश हो जाता है।

भारत एक विकासशील देश है, विकसित और शक्ति-सम्पन्न देश यह कभी

बर्दाश्त नहीं कर सकते कि कोई उनकी बराबरी कर सके। लेकिन शिक्षा और चरित्र के सम्बन्ध में भी भारत का स्तर अत्यधिक गिर चुका है। यदि भारतवासी अपने शारीरिक स्वास्थ्य, वैचारिक क्षमता और चारित्रिक सुधार की ओर ध्यान दें, तो भारत विश्व का सिरमौर बन सकता है। राष्ट्र की सबसे अमूल्य धरोहर है—मानव। यदि मानव शारीरिक और मानसिक रूप से स्वस्थ हो, तो राष्ट्र के विकास एवं श्रेष्ठता का वातावरण स्वयं ही बन जायेगा।

एलोपैथी, होम्योपैथी, यूनानी एवं आयुर्वेदिक चिकित्सा पद्धतियों के होते भी रोगों की संख्या बढ़ती ही जा रही है। इसका कारण है—इन सब पद्धतियों का अत्यन्त महंगा होना। आधुनिक सभ्यता और विज्ञान ने दवाओं और स्वास्थ्य की असफलता को समझ लिया है। इसीलिए महर्षि पतञ्जलि के 'योग' का एक अंश 'योगासन' पूरे विश्व के आकर्षण का केन्द्र बना हुआ है। योग की शिक्षा के द्वारा कोई भी व्यक्ति चरित्रवान्, कर्तव्यनिष्ठ एवं शान्तिप्रिय बन सकता है। योग के द्वारा व्यक्ति की आत्म-शक्ति विकसित होती है और वह आत्मकल्याण के पथ पर चलने लगता है।

भारतीय ऋषि-परम्परा में महर्षि पतञ्जलि का नाम विशेष रूप से उल्लेखनीय है। आज सभी विकसित देशों में उनके योग-दर्शन पर वैज्ञानिक परीक्षण हो रहे हैं, जिनकी सत्यता को देखकर बड़े-बड़े वैज्ञानिक चमत्कृत और स्तब्ध हैं। महर्षि पतञ्जलि का 'अष्टांग योग' मानव-शरीर और प्रकृति-जगत् में पुन: व्यवस्था लाने की दिशा में एक ठोस आविष्कार है। खेद का विषय है कि प्रारम्भिक जानकारी प्राप्त करके ही अनेक व्यक्ति 'योग' के विशेषज्ञ बनकर उसके थोक व्यवसायी बन बैठे हैं।

इस पुस्तक में योग की कुछ बारीकियां, प्राणायाम व योगासनों की विधियां तथा अनेक लाभकारी जानकारियां दी जा रही हैं, जो महिलाओं और पुरुषों—दोनों के लिए उपयुक्त हैं। प्रस्तुत पुस्तक महर्षि पतञ्जलि के सूत्रों पर आधारित सिद्धान्तों को नये दृष्टिकोण से प्रस्तुत करने का एक प्रयास है। आशा है, पाठक इससे भरपूर लाभ उठायेंगे।

796, सेक्टर-15 **विनीत**
सोनीपत (हरियाणा) 131001 **ओमप्रकाश शर्मा**

अनुक्रमणिका

योग और योगासन

भारत सदा से ऋषि-मुनियों, योगियों और दार्शनिकों का देश रहा है। यहां के निवासी सदा ही ज्ञान की खोज में लगे रहे। आज समूचा विश्व आधुनिक विज्ञान के नित-नये आविष्कारों में लगा हुआ है और नाना प्रकार की नयी-नयी सुविधाएं भी मौजूद हैं, लेकिन फिर भी व्यक्ति अधूरा, अतृप्त और अशान्त है। उसका मन आज भी दुविधा में पड़ा है। सुविधा-सम्पन्न होने तथा शक्ति और प्रभुता की दौड़ में आगे निकल जाने पर भी आज का मानव पलायन की ओर बढ़ता जा रहा है। नयी पीढ़ी दिशाहीन हो गयी है। नाना प्रकार के नशे और स्वतन्त्र यौनाचार से ऊबकर आत्महत्या करने वालों की संख्या दिन-प्रतिदिन बढ़ती जा रही है। सैकड़ों वर्षों की ग़ुलामी से प्रभावित अनेक भारतीय असफल रहकर पाश्चात्य सभ्यता और संस्कृति को अपनाते जा रहे हैं। वे भूल चुके हैं कि हम उन ऋषियों की सन्तान हैं, जिनके ज्ञान का डंका कभी पूरे विश्व में बजता था।

भारतीय ऋषियों ने बिना किन्हीं वैज्ञानिक उपकरणों की सहायता के मानव-मन से सम्बन्धित अनेकानेक प्रयोग किये तथा प्राप्त निष्कर्षों पर चिन्तन-मनन किया और कुछ ऐसे सिद्धान्त प्रतिपादित किये, जिन्हें भारतीय दर्शन के नाम से जाना गया। पूरे विश्व में केवल भारत ही ऐसा देश है, जहां अनेक धर्मों में एकमत से आत्मा और शरीर के अस्तित्व- बोध को मान्यता प्रदान की गयी, पुनर्जन्म का सिद्धान्त प्रतिपादित किया गया तथा आत्मा के परमात्म-पद में विलय होने का मार्ग बताया गया।

इस ऋषि-परम्परा में महर्षि पतञ्जलि का नाम विशेष रूप से उल्लेखनीय है। महर्षि पतञ्जलि ने आत्म-साक्षात्कार का वैज्ञानिक मार्ग प्रस्तुत किया। आज लगभग सभी उन्नत पाश्चात्य देशों में महर्षि पतञ्जलि द्वारा प्रतिपादित योग-दर्शन के सूत्रों पर वैज्ञानिक परीक्षण हो रहे हैं, जिनके परिणामों को देखकर बड़े-बड़े वैज्ञानिक भी स्तब्ध रह गये हैं। प्रस्तुत पुस्तक भी महर्षि पतञ्जलि द्वारा निरूपित सिद्धान्तों को नये

रूप में प्रस्तुत करने का एक प्रयास है।

भारतीय दर्शन में एक विशेष व्यवस्था दिखाई पड़ती है, जिसके अनुसार प्रत्येक व्यक्ति अपनी क्षमता के अनुसार धर्म-साधना कर सकता है। इस व्यवस्था के कारण ही प्रत्येक धर्म में अनेक सम्प्रदाय और वर्ग बनते गये, लेकिन साधना की गहराई में उतरने के कारण साधकों के प्रति भारतवासियों के मन में श्रद्धा और आदर का भाव पैदा होता गया। वैदिक धर्म के अनुसार वर्ण-व्यवस्था का विकास हुआ, जहां मनुष्य को साधना के बल पर निचले वर्ण से श्रेष्ठ वर्ण की ओर बढ़ने का अवसर सुलभ था। भारतीय दर्शन में शरीर, मन, आत्मा, मुक्ति तथा तप के लिए अलग-अलग प्रकार की साधनाएं निरूपित की गयीं तथा तप के द्वारा सब प्रकार की सुख-सुविधाओं और सम्बन्धों को त्यागकर आत्म-स्वरूप के दर्शन को अभीष्ट मानते हुए मुक्ति प्राप्त करना अथवा परमात्म-पद तक पहुंच जाने को लक्ष्य मान लिया गया।

महर्षि पतञ्जलि भी भारतीय ऋषि और दार्शनिक थे। वह भी आत्मा और मुक्ति के लक्ष्य से दूर न रह सके। लेकिन उन्होंने इस लक्ष्य तक पहुंचने के लिए तप का नहीं, अपितु योग का सहारा लिया। उन्होंने केवल एक वाक्य में मनुष्य-जाति को अपने चरम लक्ष्य तक पहुंचने का सूत्र प्रदान किया—'**योगश्चित्तवृत्ति निरोधः**' अर्थात् चित्तवृत्तियों को जानकर उन्हें उत्पन्न न होने देना, उनका निरोध करना, लेकिन दमन से नहीं, उन्हें पहचानकर। महर्षि के योग शब्द का अर्थ कुछ 'छोड़ना' नहीं है, अपितु 'मिलाना' है, जिसके द्वारा मनुष्य मुक्ति तक पहुंच सकता है। उनकी मान्यता है कि मानव-शरीर अत्यन्त सक्षम और विकसित है, जिसमें सर्वशक्तिमान् मन अथवा चित्त निवास करता है।

जब तक आवश्यकताओं की पूर्ति नहीं होती, तब तक चित्त व्याकुल रहता है और जब तक चित्त व्याकुल रहता है, तब तक आत्म-दर्शन असम्भव है। आत्मा की आकांक्षा है— जन्म-मरण के भटकाव से मुक्ति प्राप्त कर शुद्ध-बुद्ध रूप में स्थित हो जाना। जहां जन्म-मरण शेष नहीं रहता, वहां चिरविश्रान्ति है, चिरसमाधि है।

महर्षि पतञ्जलि ने अपने योग-दर्शन को किसी धर्म अथवा सम्प्रदाय का रूप प्रदान नहीं किया। उनके दर्शन में धर्म के सभी तत्त्व विद्यमान हैं। उनकी विचारधारा और क्रियाएं पूर्णतः वैज्ञानिक हैं। उनमें अद्भुत सामञ्जस्य है, समाधान है, तारतम्य है, जो हर कसौटी पर खरा उतरता है। महर्षि पतञ्जलि ने बिना भेदभाव के मानव-जाति को अपना ज्ञान निःस्पृह भाव से सौंप दिया। लेकिन आज अनेक तथाकथित योगी स्वयं को सर्वज्ञ घोषित करके महर्षि पतञ्जलि के योग-दर्शन पर अपनी छाप लगाकर एक कुचक्र चला रहे हैं। इस सर्वजन सुलभ और सर्वथा सार्वजनिक वस्तु पर अनधिकृत क़ब्ज़ा जमाकर उसे अपनी सम्पत्ति घोषित कर रहे हैं।

व्यक्ति का मन सदा शंकालु रहता है। दर्शन, ज्ञान और अध्यात्म की बातें उसे नहीं सुहातीं। वह हर प्रकार की सुविधा चाहता है, लेकिन मानसिक, दैहिक और भौतिक आवश्यकताओं का समाधान प्रस्तुत कर सकना सम्भव नहीं। अनेक मनोवैज्ञानिक, चिकित्सक अथवा राजनीतिज्ञ तथा दुनिया-भर की जानकारी रखने वाले विद्वान् भी स्वयं के बारे में कुछ नहीं जानते। अपने शरीर और मन के सम्बन्ध में उन्हें कोई ज्ञान नहीं। पूरे विश्व को अपनी अंगुलियों पर नचाने वाले व्यक्तियों का अपने मन पर कोई नियन्त्रण नहीं। इसीलिए ईर्ष्या, लोभ, मोह एवं क्रोध आदि वृत्तियों तथा मानसिक तनाव व अनिद्रा आदि के कारण वे अपने प्राण गंवा बैठते हैं। हमारा मन हमें व्यर्थ ही इधर-उधर दौड़ाता रहता है। तनाव बढ़ते जाते हैं और हम अशान्त और अपूर्ण रह जाते हैं।

यदि आपको अपनी भागदौड़ निरर्थक लगने लगे, तो आप अपने भीतर झांकिये। आप सद्-चिद्-आनन्द को प्राप्त कर लेंगे। यदि किसी अज्ञानी व्यक्ति को कुछ समझाया जाये, तो वह आसानी से समझ सकता है। इसका कारण यह है कि उसके पास कोई आग्रह नहीं होता। लेकिन किसी ज्ञानी को समझाना बहुत कठिन होता है, उसके पास आग्रहों का संग्रह होता है। इसलिए उसे किसी प्रकार की जानकारी देना व्यर्थ होता है। विद्वान् होना एक अच्छी बात है, लेकिन अनुभवी होना, बहुत बड़ी बात है। आवश्यक नहीं कि जो विद्वान् हो, वह अनुभवी भी हो। अनुभव तपस्या से आता है, जो हमारे ऋषि-मुनियों ने प्राप्त किया। पाश्चात्य दर्शन और भारतीय दर्शन में यही अन्तर है। वहां व्यक्ति है, परमात्मा भी है, लेकिन आत्मा और पुनर्जन्म के लिए कोई स्थान नहीं है।

व्यक्ति का औसत जीवन लगभग सत्तर वर्ष होता है, जिसमें से लगभग बीस वर्ष निद्रा में, पांच वर्ष नित्यकर्मों में तथा बीस वर्ष सैर-सपाटे और विश्राम में निकल जाते हैं। शेष पच्चीस वर्षों में से पन्द्रह वर्ष काम-काज में और दस वर्ष व्यर्थ की भागदौड़ में समाप्त हो जाते हैं, यानी सारा जीवन रोटी, कपड़ा, मकान तथा पारिवारिक ज़िम्मेदारियों को निभाते बीत जाता है। पशु- पक्षी भी अपने पूरे जीवन में यही सब करते हैं। यदि सभ्य, शिक्षित और उन्नत प्राणी होने पर हम भी मनुष्य-जन्म को पशु-पक्षियों की भांति व्यतीत कर दें, तो क्या हमारा जीवन निरर्थक नहीं कहलायेगा ? इस निरर्थक जीवन को सार्थक बनाने के लिए हम क्या करें और क्या न करें, पूरी मानसिकता इसी द्वन्द्व में फंसी रहती है।

महर्षि पतञ्जलि का योग-दर्शन श्रेष्ठ, अद्भुत एवं पूर्णत: वैज्ञानिक है, लेकिन लोग मनमाना आचरण कर रहे हैं। आज समूचा विश्व योगासनों के महत्त्व को पहचान रहा है, लेकिन योग-मार्ग पर चलना नहीं चाहता। वह मनमानी करना चाहता है और

अपने स्वार्थ के अनुसार लाभ न मिलने पर पूरा दोष योग-मार्ग के मत्थे मढ़ रहा है। इस दोहरी मानसिकता के कारण उसके जीवन में तनाव भर गया है, लेकिन वह इस दोहरी मानसिकता से बचना चाहता है। इस तनाव से बचने का केवल एक उपाय है—आप संसार के किसी भी पदार्थ से लगाव छोड़ दीजिये, तनाव दूर हो जायेगा। अंगरेजी की एक प्रसिद्ध कहावत है— *'व्हेयर देयर इज़ इण्टेंशन, देयर इज़ टेंशन।'* इस कहावत का भाव समझ में आ जाये, तो तनाव अपने आप दूर हो जायेगा। लेकिन जो तनाव से बचना चाहते हैं और लगाव को छोड़ना भी नहीं चाहते, ऐसी दोहरी मानसिकता वाले व्यक्ति को कौन समझा सकता है?

'योग' और 'योगासन' दोनों शब्द भारत में बहुप्रचलित हैं और इन दोनों में बहुत कम शाब्दिक अन्तर है। भारत में 'योग' शब्द से मिलता-जुलता एक और शब्द है—'वैराग्य'। इसका अर्थ भी 'लगाव' न होना है। लेकिन मूर्खतावश इस शब्द का अर्थ 'त्याग' मानने की परम्परा-सी चल पड़ी है, जो सरासर भूल है। इसी प्रकार 'योग' शब्द का भिन्न अर्थ होते हुए भी इसे 'त्याग' से जोड़ दिया गया। इसीलिए 'योग' शब्द सुनते ही व्यक्ति उससे दूर भागता है; क्योंकि वह कुछ भी छोड़ना नहीं चाहता, सब कुछ प्राप्त करना चाहता है। लेकिन योग का वास्तविक अर्थ 'मिलाना' अथवा 'जोड़ना' है। 'छोड़ना' शब्द सुनते ही हम योग से दूर रहना चाहते हैं और इसी भूल के कारण योग से दूर रहकर नाना प्रकार के कष्ट झेल रहे हैं। 'योगासन' के नाम पर पूरे विश्व में दुकानदारी चल पड़ी है, लेकिन 'योग' से सब दूर हैं। केवल योगासन कर लेने से आप बीमारियों से बच सकते हैं, स्वस्थ रह सकते हैं, नाना प्रकार की कलाबाज़ियां कर सकते हैं, परन्तु योगी नहीं बन सकते। आज भीख मांगते, भटकते अथवा नाना प्रकार के नशे में अनाप-शनाप ज्ञान-चर्चा करने वाले व्यक्तियों को लोग साधु समझ बैठे हैं। इन तथाकथित धूर्तों ने योग के प्रति लोगों के मन में विरक्ति और घृणा भर दी, जिसके कारण अर्थ का अनर्थ हो गया। लेकिन यदि आप 'योग' और 'योगासन'- जैसे शब्दों के पीछे न पड़कर योग-मार्ग पर चलें और आत्म-साक्षात्कार करें, तो इस भटकाव से बच सकते हैं।

भारतीय ऋषियों ने मानव-समाज के लिए चार वर्ण अथवा वर्ग निर्धारित किये थे, जिसके अनुसार मानवीय वृत्तियों के आधार पर सामाजिक व्यवस्था की गयी, जिसे बाद में वर्ण-व्यवस्था नाम दिया गया। लेकिन धूर्त लोगों ने इस व्यवस्था को जाति-व्यवस्था का रूप दे दिया। धीरे-धीरे यह ग़लत अर्थ पनप गया और इस व्यवस्था ने भारतीय मानव-समाज को विवश कर दिया। वह विकास के स्थान पर विनाश के मार्ग पर चल पड़ा। इसीलिए भारतीय समाज पशुओं से भी अधिक गयी-गुज़री अवस्था में जीने के लिए विवश हो गया, जिसका परिणाम हमारी ग़ुलामी के रूप में हमारे

सामने आया। प्राचीन भारतीय वर्ण-व्यवस्था के अनुसार व्यक्ति को यह स्वतन्त्रता थी कि वह अपनी क्षमता के अनुसार सामाजिक ज़िम्मेदारी उठाते हुए समाज को परिपूर्ण बनाये। इस प्रकार जो व्यक्ति अपने साथ दूसरों की उदरपूर्ति की व्यवस्था करते थे, उन्हें 'वणिक्' माना गया, जो समाज को सुव्यवस्था और सुरक्षा प्रदान करते थे, उन्हें 'क्षत्रिय' वर्ण में रखा गया और जो पूरी मानव-जाति को सुशिक्षित और सुसंस्कृत बनाकर कर्तव्य के लिए प्रेरित करते थे, उन्हें 'ब्राह्मण' वर्ण में रखा गया। जो अशिक्षित और असभ्य रहकर केवल उदर-पूर्ति और सन्तानोत्पत्ति तक ही सीमित रह गये, उन्हें 'शूद्र' वर्ण में रखा गया। इस प्रकार के व्यक्तियों को सेवक माना गया और उनकी प्रत्येक आवश्यकता की पूर्ति का भार श्रेष्ठजनों को दिया गया। ब्राह्मणों को सर्वश्रेष्ठ पदवी प्राप्त थी। इसीलिए उनसे प्राप्त शिक्षा और उनके निर्देशन के बदले उन्हें दक्षिणा देने का विधान था।

जब कोई वस्तु, मुद्रा अथवा सम्पत्ति किसी को उदारतापूर्वक और कृपापूर्वक दी जाती थी, तो उसे 'दान' कहा जाता था, लेकिन यदि कोई वस्तु किसी को कृतज्ञतापूर्वक अथवा श्रद्धापूर्वक प्रदान की जाती थी, तो वह 'दक्षिणा' कहलाती थी। गुरु अथवा ब्राह्मण से प्राप्त ज्ञान-दान के बदले गुरुदक्षिणा देना आवश्यक था, अर्थात् अपने से श्रेष्ठ व्यक्ति के प्रति कृतज्ञता ज्ञापित करने के लिए जो वस्तु दी जाती थी, उसे दक्षिणा कहा जाता था, लेकिन अपने से निम्न व्यक्ति को जो कुछ दिया जाता था, उसे दान कहा जाता था। यह सभ्य समाज की व्यवस्था थी। लेकिन मानव-समाज में कुछ व्यक्ति व्यवस्था को नष्ट करके अपनी मनमानी चलाना चाहते हैं। ऐसे दुष्ट शिक्षित और अशिक्षित दोनों प्रकार के होते हैं। ये समाज से सब कुछ लेना चाहते हैं, लेकिन बदले में समाज को दुःख, चोट और अभाव पहुंचाकर ही प्रसन्न होते हैं। ये समाज में रहते हुए हर ओर त्राहि-त्राहि मचा देना चाहते हैं। ऐसे ही व्यक्तियों को असामाजिक कहा जाता है। इन्हें नष्ट करने के लिए सामाजिक अभियान चलाये जाते हैं और चलाये जाते रहने चाहिए। सामाजिक व्यवस्था और नियमों को ताक पर रखकर अव्यवस्था, असुरक्षा और मनमानी करने वाले ये स्वेच्छाचारी सभ्य समाज में सदा ही घृणा के पात्र माने जाते हैं और उनकी यह प्रकृति ही मानव की प्रगति के मार्ग की बाधा सिद्ध होती है।

भारतीय अध्यात्मविदों ने सूक्ष्म अध्ययन करके यह निष्कर्ष निकाला कि चेतना और अनुभूतियां ज्ञानेन्द्रियों के माध्यम से ही ज्ञात हो सकती हैं तथा चेतना का विकास ज्ञानेन्द्रियों के विकास पर ही आधारित होता है। ज्ञानेन्द्रियां पांच होती हैं तथा इनसे प्राप्त होने वाली अनुभूतियों का स्तर अलग-अलग होता है।

1. स्पर्श ज्ञानेन्द्रिय, **2.** रसना ज्ञानेन्द्रिय, **3.** नासिका ज्ञानेन्द्रिय, **4.** नेत्र ज्ञानेन्द्रिय,

5. कर्म ज्ञानेन्द्रिय।

1. स्पर्श ज्ञानेन्द्रिय—यह सुविधा केवल शरीरधारी जीवों को ही प्राप्त होती है। इस इन्द्रिय के द्वारा शरीर पर होने वाले किसी भी स्पर्श के मनोभाव को जाना जा सकता है। इस इन्द्रिय के द्वारा जन्म-मरण, प्रजनन-पोषण, रोग-निरोग तथा विकास और ह्रास आदि क्रियाएं सम्भव हैं। जल, अग्नि, वायु, गीली मिट्टी अथवा वनस्पति जगत् के पास केवल स्पर्श ज्ञानेन्द्रिय ही होती है। वे अपनी इच्छानुसार स्थान परिवर्तन नहीं कर सकते। इसीलिए स्पर्श से प्राप्त होने वाले सुख-दु:ख का अनुभव न होने के कारण उन्हें यह सब भोगना पड़ता है।

2. रसना ज्ञानेन्द्रिय—इस सुविधा-प्राप्त जीवों के पास मुख अथवा जिह्वा भी होती है, जिसके कारण वे अन्य जैविक क्रियाओं के साथ ही घूम-फिरकर भोजन, पानी, हवा आदि का सेवन कर सकते हैं। लेकिन इनका दायरा सीमित ही रहता है। इस प्रकार के जीव ध्वनि भी निकाल सकते हैं। केंचुआ, सीपी, घोंघा आदि जीवों के पास रसना ज्ञानेन्द्रिय होती है।

3. नासिका ज्ञानेन्द्रिय—उपर्युक्त दो ज्ञानेन्द्रियां प्राप्त कर लेने के बाद जीव अपनी चेतना और अनुभूति में प्रखरता लाने के लिए विकास करता रहता है तथा अपने स्पर्श और स्वाद की तुष्टि के लिए तीसरी ज्ञानेन्द्रिय, अर्थात् सूंघने की क्षमता (नाक) प्राप्त करने के बाद उन्नत जीवों की श्रेणी में जा पहुंचता है। इस प्रकार तीन ज्ञानेन्द्रियों वाले जीव दूर से सूंघकर ही अपने भोजन अथवा मित्र, शत्रु या ख़तरा आदि का पता लगाकर उन तक पहुंच जाने में सक्षम होते हैं। इन जीवों के पास अपनी जीवनरक्षा के अनोखे उपाय होते हैं।

4. नेत्र ज्ञानेन्द्रिय—चेतना के अधिक विकसित हो जाने पर ज्ञान-प्राप्ति के लिए जीवों को अन्य सुविधाएं भी मिल जाती हैं, जिसके द्वारा वे एक ही स्थान पर बैठे रहकर नेत्रों द्वारा अनेक वस्तुओं के रंग, रूप, आकृति, भाव, सुविधा अथवा ख़तरों को देखकर स्वयं को सुरक्षित कर लेते हैं। सांप, ततैया, मछली, मक्खी व भंवरा आदि इसी प्रकार के उन्नत जीव हैं।

5. कर्ण ज्ञानेन्द्रिय—उपर्युक्त चार ज्ञानेन्द्रियों के अतिरिक्त जब जीव को पांचवीं ज्ञानेन्द्रिय (कान) भी प्राप्त हो जाती है, तो जीव पूर्णत: परिपक्व हो जाता है। जिन वस्तुओं का पता लगाने में बाधा होती है, उनका पता इस पांचवीं ज्ञानेन्द्रिय—कान—के द्वारा लगाकर, अर्थात् ध्वनि या आहट को सुनकर ये जीव सुविधा अथवा ख़तरे का अनुमान लगा लेते हैं। ऐसे जीवों को उपर्युक्त पांचों ज्ञानेन्द्रियों की सुविधाएं प्राप्त होती हैं। गाय, हाथी, हरिण, शेर, नाना प्रकार के पक्षी तथा स्त्री-पुरुष ऐसे ही जीव हैं।

उपर्युक्त सब प्रकार की सूचनाएं हज़ारों वर्ष पूर्व भारत के ऋषियों ने सूक्ष्म

अध्ययन के द्वारा एकत्र कर ली थीं, लेकिन आधुनिक वैज्ञानिकों और पाश्चात्य दार्शनिकों को लगभग 60-70 वर्ष पूर्व ही यह पता चला कि वृक्षों में भी जीवन होता है। जीवों ने पृथ्वी पर अपने विकास की यात्रा पेड़-पौधों से प्रारम्भ की थी और तब से चलने-फिरने वाले जीवों, जलचरों, पशुओं, पक्षियों आदि से होते हुए वह मानव-जैसे प्राणी तक पहुंच गया। मानव ने शिक्षा, कल्पना और अभ्यास के द्वारा स्वयं को गुण-सम्पन्न बना लिया तथा विश्व के अन्य सभी प्राणियों को पीछे छोड़ते हुए अपने भीतर विद्यमान आत्मा की खोज कर डाली। अपने शुद्ध-बुद्ध रूप को प्राप्त कर उसने मुक्ति प्राप्त करने का मार्ग भी खोज निकाला। इस प्रकार मानव इतना सम्पन्न हो गया कि विश्व की अन्य जीवात्माएं अपने उत्थान के लिए उस पर आश्रित हो गयीं और मानव के ज्ञान तथा उसके कर्तव्य-क्षेत्र में असीम वृद्धि हो गयी।

किसी विशेष अभ्यास को करते-करते वह अभ्यास व्यक्ति की आदत बन जाता है और विभिन्न आदतें मनुष्य का जन्मजात संस्कार बन जाती हैं। महर्षि पतञ्जलि ने विश्व-भर के प्राणियों के जीवनकाल का अत्यन्त सूक्ष्म अध्ययन करने के पश्चात् उनके जीवन में स्थिरता लाने के लिए चौरासी लाख योगासनों का चुनाव किया। उन्होंने न केवल जीव को अस्थिर, अशान्त और दुखी बनाने वाले मानसिक और शारीरिक विकारों का अध्ययन किया, अपितु उनसे बचकर शान्त व सुखी जीवन जीते हुए मुक्ति का मार्ग प्रशस्त करने की विधि भी खोज निकाली।

जीवात्मा द्वारा मानव-जन्म तक की विकास-यात्रा के पीछे जन्म-जन्मान्तरों में भोगे गये कष्ट, अशक्तता, बन्धन और बाधाएं भले ही दिखाई न पड़ें, परन्तु उनके कारण जीव अथवा व्यक्ति सदा तड़पता रहता है। बीच-बीच में कुछ सफलताओं अथवा सुविधाओं का अनुभव होने पर भी उसकी छटपटाहट कम नहीं होती। वह उस शान्ति और आनन्द को पाने के लिए प्रयत्न करता रहता है, जिसे मुक्ति कहते हैं तथा जिसे पाने के बाद कोई बन्धन, कोई विवशता अथवा कोई अशक्तता शेष नहीं रहती। जीवात्मा का ज्ञान ही उसका बन्धन है, विवशता है, अशक्तता है और यही उसके दुःखों का कारण है। लेकिन 'ज्ञान' प्रकाश है, जो सब बन्धनों और विवशताओं से छुटकारा दिलाकर मुक्ति तक पहुंचाने का मार्ग प्रशस्त कर देता है। अज्ञान के अन्धकार में जीव भटकता रहता है, दुखी रहता है तथा रोग, शोक और भय के कारण छटपटाता रहता है। इसीलिए वह बार-बार ठोकर खाता है तथा आत्महत्या, मानसिक तनाव अथवा पागलपन-जैसी अवस्थाओं से घिरा रहता है।

मनुष्य अपने को स्वयं शरीर मानता है तथा शरीर के रोगी हो जाने अथवा शरीर सम्बन्धी कोई मानसिक आघात लगने के कारण पीड़ा का अनुभव करता है। पांच तत्त्वों से बने इस शरीर के जर्जर हो जाने पर, इससे विलग हो जाने के भय के कारण

उसे मृत्यु-बोध सताने लगता है। तब शरीर की मृत्यु उसे अपनी मृत्यु प्रतीत होने लगती है और इस मृत्यु-भय के कारण वह सदा भयभीत रहता है और कष्ट सहता रहता है। यही उसका अज्ञान है, यही उसका सबसे बड़ा दु:ख है।

मनुष्य की आवश्यकताएं तीन प्रकार की होती हैं और आवश्यकताओं की पूर्ति में आने वाले अवरोध के कारण ही मनुष्य व्याकुल रहता है। ये आवश्यकताएं हैं— **1.** शारीरिक, **2.** मानसिक तथा **3.** आत्मिक। सभी मानवेतर प्राणी शारीरिक स्तर पर जीते हैं। उनकी न कोई विशेष महत्त्वाकांक्षा होती है और न उन्हें शरीर के अतिरिक्त कोई विचार आता है। उनका शरीर ही उनका भूत, भविष्य व वर्तमान है। अशिक्षित और असभ्य व्यक्ति केवल शारीरिक स्तर पर टिके रहकर ही पशु के समान जीवन व्यतीत कर देते हैं। ऐसे व्यक्ति रोटी, कपड़ा, मकान अथवा सन्तानोत्पत्ति-जैसी आवश्यकताओं को पूरा कर लेना ही अपने जीवन का उद्देश्य मानते हैं। इसीलिए तथाकथित सभ्य कहलाने वाले शक्तिशाली और चालाक व्यक्ति उनका शोषण करते रहते हैं और शोषित व्यक्ति अपने जीवनकाल में आने वाले संघर्षों से जूझते-जूझते एक दिन मृत्यु को प्राप्त हो जाते हैं। जीवन सम्बन्धी उनकी समस्याएं उनके लिए इतनी विकट होती हैं कि उनके अतिरिक्त वे कुछ सोच ही नहीं सकते। शोषित और शोषक दोनों प्रकार के व्यक्ति केवल शारीरिक स्तर तक ही जीवित रहते हैं। इन लोगों के लिए पाप-पुण्य की परिभाषा का कोई अर्थ नहीं। ऐसे व्यक्ति योग-मार्ग की उपयोगिता को क्या समझेंगे ? कोई भी उपदेशक इन्हें सचेत नहीं कर सकता।

दूसरे स्तर की आवश्यकताएं मानसिक अथवा बौद्धिक होती हैं। बौद्धिक मानसिकता पुस्तकों, ग्रन्थों, समाचारपत्रों, रेडियो अथवा टी.वी. आदि से प्राप्त सूचनाओं का संग्रह-भर होती हैं। अधिकाधिक सूचनाएं संग्रह करके दूसरों के सम्मुख अहंकार का प्रदर्शन किया जा सकता है, उन पर अपनी विद्वत्ता की धाक जमायी जा सकती है अथवा किसी प्रकार की नौकरी पाकर अपने और अपने परिवार का पेट भरा जा सकता है। बौद्धिक मानसिकता की इससे अधिक उपयोगिता नहीं। वर्तमान समाज में शिक्षित, सभ्य अथवा विद्वान् कहलाने के लिए यह पर्याप्त है। मानसिक आवश्यकताओं की पूर्ति वही व्यक्ति कर सकता है, जो शारीरिक आवश्यकताओं से ऊपर उठ चुका हो। ऐसी श्रेष्ठ मानसिकता वाले व्यक्तियों के नाम इतिहास में अमर हो जाते हैं।

तीसरी प्रकार की आवश्यकता आध्यात्मिक होती है, जिसकी खोज कोई विरल व्यक्ति ही कर सकता है। जिसने पहली दो आवश्यकताओं की पूर्ति कर ली हो और जो उनकी निरर्थकता को समझ चुका हो तथा दोबारा उनके भ्रम में न पड़ना चाहे, वही आत्मा की खोज में आगे जाता है। ऐसे व्यक्ति ही राम, कृष्ण, बुद्ध या महावीर

आदि होते हैं।

कोई भी प्राणी अपनी वर्तमान स्थिति से सन्तुष्ट नहीं रहता। जब वह अपने से श्रेष्ठ प्राणियों को देखता है, तो अपनी रुचि और प्रतिस्पर्द्धा की भावना के कारण वैसा ही बनना चाहता है। उसे अपनी स्थिति हीन प्रतीत होती है, जबकि दूसरों की स्थिति को वह श्रेष्ठ मानता है। प्राणी का हीनता-बोध ही उसका सबसे बड़ा दु:ख है और अपने इसी अज्ञान के कारण वह नित-नये कर्म-बन्धनों में बंधता जाता है।

महर्षि पतञ्जलि ने मानव-मात्र का सही मार्गदर्शन करने के लिए उसे 'अष्टांग योग' नामक सूत्र प्रदान किया। महर्षि पतञ्जलि को यह पता था कि मनुष्य एक विकासशील प्राणी है और जैसे-जैसे उसे ज्ञान का प्रकाश मिलता जाता है, वह अपने पहले किये गये प्रयासों तथा कार्यों को व्यर्थ समझते हुए श्रेष्ठता की ओर बढ़ने में सक्षम होकर अधिक उचित कर्म करते हुए आगे क़दम बढ़ाता है। महर्षि पतञ्जलि ने अपने सूक्ष्म ज्ञान, अध्ययन और चिन्तन के द्वारा सत्य के अनेक रूपों को पहचान लिया था। मनुष्य की ज्ञान-सीमा में जब जो आवश्यकता उपस्थित होती है, वही उसका लक्ष्य और इष्ट बन जाती है। अत: निषेध के स्थान पर रचनात्मक ज्ञान के द्वारा ही व्यक्ति विकास कर सकता है।

शारीरिक स्तर पर जीने वाले व्यक्ति के सम्मुख रोटी, कपड़ा, मकान तथा कामेच्छा की पूर्ति ही उसका प्रथम धर्म होता है, जिसकी पूर्ति के लिए वह दिन-रात जूझता रहता है। उसकी यह समस्या इतनी विकराल होती है कि वह थक-हार कर बेईमानी व अनैतिकता करते हुए मानव-समाज की व्यवस्थाओं, उसके आदर्शों और सिद्धान्तों तक को हिलाकर रख देता है। ऐसे व्यक्ति के लिए धर्म-कर्म और पाप-पुण्य का कोई अर्थ नहीं रह जाता। ऐसे व्यक्ति के लिए महर्षि पतञ्जलि ने यह व्यवस्था की कि यदि वह सुख भोगना चाहे, तो पूरी सामर्थ्य से भोग ले, ताकि इस प्रकार के सुख पाने के बाद, जब उसे वे सब निरर्थक प्रतीत होने लगें, तब वह सच्चे सुख की खोज करना आरम्भ करे। इन आवश्यकताओं की पूर्ति के बाद व्यक्ति ज़मीन-जायदाद, धन-दौलत, सत्ता-प्रभुता आदि प्राप्त करने के लिए अनेक प्रकार के दावं-पेच उपयोग में लाता है, ताकि किसी प्रकार समाज में सम्मान प्राप्त कर सके। लेकिन जब उसे अपने आचरण की निकृष्टता का ज्ञान होने लगता है, तो उसकी यह इच्छा भी मर जाती है और तब वह उससे भी अधिक श्रेष्ठ सुख की खोज में आगे बढ़ना चाहता है। तब उसे धन, सम्पत्ति, सत्ता, परिवार आदि का आकर्षण रोक नहीं पाता। फिर वह आत्म-दर्शन के लिए व्याकुल हो उठता है। योग-मार्ग ऐसे व्यक्तियों के लिए श्रेष्ठतम सहायक है। ऐसे ही व्यक्ति तन-मन की आकांक्षाओं व आवश्यकताओं से ऊपर उठ जाते हैं और उनके लिए आत्मा का द्वार खुल जाता है।

महर्षि पतञ्जलि द्वारा प्रस्तुत 'अष्टांग योग-दर्शन' मनुष्य की सब आवश्यकताओं, आकांक्षाओं और सम्भावनाओं को मूर्त रूप प्रदान करने वाला पूर्ण विज्ञान है। यह एक ऐसी सरल विधि है, जिसके द्वारा व्यक्ति चरमोत्कर्ष तक पहुंच सकता है।

महर्षि पतञ्जलि के युग और आज के युग में ज़मीन-आसमान का अन्तर आ चुका है। आज का व्यक्ति महर्षि पतञ्जलि के युग के व्यक्ति से बिल्कुल भिन्न हो गया है। इसीलिए आज महर्षि पतञ्जलि के योग-दर्शन को समझना असम्भव हो रहा है। लेकिन इसका यह अर्थ नहीं कि महर्षि पतञ्जलि का योग-दर्शन अपूर्ण, अवैज्ञानिक अथवा असत्य है। महर्षि पतञ्जलि के इस सत्य के द्वारा मानव अपना मार्ग निर्धारित कर सकता है। योग-मार्ग व्यक्ति की जन्म-जन्म की आवश्यकता है, जन्म-जन्म की प्रेरणा है। इसकी गम्भीरता, प्रवहशीलता तथा इसके वैज्ञानिक निष्कर्ष जीवन के सत्य हैं। योग एक मार्ग है, कोई सम्प्रदाय नहीं, कोई धर्म नहीं। यह एक कल्पवृक्ष है, जिसके नीचे विश्राम करने वाले प्रत्येक व्यक्ति की समस्त कल्पनाएं पूर्ण हो जाती हैं। शारीरिक और मानसिक स्वास्थ्य प्रदान करने के साथ ही योग-मार्ग के द्वारा आत्मिक स्वास्थ्य की भी पूर्ति की जा सकती है तथा सांसारिक सफलताओं के साथ ही व्यक्ति की आध्यात्मिक सफलता भी पूर्ण हो जाती है।

आज मनमाने ढंग से हाथ-पैर हिलाने की प्रक्रिया को 'योगासन' और 'योग' कहकर प्रचारित किया जा रहा है। यहां तक कि योगासन करने वाले व्यक्ति भी अपने को 'योगी' मान बैठे हैं। इस प्रकार योगासन की विधियों द्वारा योगासन का दिखावा तो हो जाता है, परन्तु इसमें योगासन की आत्मा दिखाई नहीं देती। इसके अतिरिक्त योगासन के क्षेत्र में इतना गुरुडम फैल चुका है कि जिस क्रिया को छोटा बच्चा भी कुशलतापूर्वक कर सकता है, उसके लिए भी 'गुरु के निर्देशन' की आवश्यकता बताकर योग की दुकानें खुल गयीं। योगासनों से लोगों का स्वास्थ्य सुधर रहा है, इसीलिए योग की इन दुकानों की बिक्री दिन-दूनी रात-चौगुनी बढ़ रही है।

महर्षि पतञ्जलि के 'अष्टांग योग' में आत्म-विकास के लिए आठ चरण दिये गये हैं, जिनकी वैज्ञानिकता और व्यवस्था इतनी सटीक है कि क्रम से, एक-एक सीढ़ी का अभ्यास करते हुए ही अन्तिम लक्ष्य तक पहुंचा जा सकता है। यदि कोई व्यक्ति बीच की किसी सीढ़ी को छोड़कर साधना अथवा अभ्यास करना चाहे, तो वह आत्म-साक्षात्कार नहीं कर सकेगा। 'अष्टांग योग' की इन आठ सीढ़ियों का क्रम इस प्रकार है— **1.** यम, **2.** नियम, **3.** योगासन, **4.** प्राणायाम, **5.** प्रत्याहार, **6.** धारणा, **7.** ध्यान तथा **8.** समाधि। इस क्रम में योगासन योग-मार्ग की तीसरी सीढ़ी है। योगासन 'योग' का एक अंग है, 'योग' नहीं है। लेकिन पहली और दूसरी सीढ़ी का अभ्यास किये बिना, जो इस तीसरी सीढ़ी का अभ्यास करना चाहते हैं, उनकी सफलता निर्जीव

रह जाती है। योगासन आत्म-साक्षात्कार की पूर्व तैयारी है। योग-मार्ग पर बिना किसी बाधा के आगे बढ़ने की क्षमता योगासनों के द्वारा ही आती है, लेकिन जब हर ओर भ्रन्तियां फैली हों, तो सत्य को समझना और समझाना कठिन हो जाता है। योगासन को योग कहना और समझना भी एक भ्रान्ति है। महर्षि पतञ्जलि ने योग-मार्ग के छठे चरण को 'धारणा' नाम प्रदान करके साधक को इन भ्रान्तियों से बचाने का प्रयास किया है, लेकिन आज के तथाकथित गुरु 'धारणा' शब्द का अर्थ 'धारण करने योग्य' बताकर अनर्थ कर रहे हैं। योगासनों के द्वारा रोगों का उपचार सम्भव है, रोगों से बचाव भी सम्भव है, बिना कुछ ख़र्च किये व्यक्ति का स्वस्थ रहना भी सम्भव है, लेकिन इस अधकचरे ज्ञान का सहारा लेकर आत्मिक विकास नहीं किया जा सकता। लेकिन वह दिन दूर नहीं, जब आत्मिक विकास करके व्यक्ति योग-मार्ग का सच्चा साधक बन सकेगा।

***

अष्टांग योग

आज सारे विश्व में 'योग' का प्रचार हो रहा है और 'योग' के तीसरे और चौथे चरण, अर्थात् 'योगासन' और 'प्राणायाम' को सीखने-सिखाने वाले हर जगह उपलब्ध हैं। लेकिन महर्षि पतञ्जलि के इस 'अष्टांग योग' की वैज्ञानिक विधि जानने वाले कम ही मिलते हैं। महर्षि पतञ्जलि ने 'अष्टांग योग' की आठ सीढ़ियों की व्यवस्था इसलिए की थी कि योग की जानकारी सभी स्तर के लोगों तक समान रूप से पहुंच सके और सभी लोग 'योग' की साधना कर सकें। मनुष्य-जीवन की सार्थकता के लिए व्यक्ति को अपनी शक्ति, सामर्थ्य और स्वास्थ्य को सुदृढ़ बनाना होगा, शरीर को भोगों की परिपूर्णता से तुष्ट करना होगा तथा आवश्यकताओं से ऊपर उठकर मन की गहराइयों को छूना होगा। मन की चञ्चलता शरीर को सदा अस्थिर और अशान्त बनाये रखती है, लेकिन जैसे ही साधक को इस अस्थिरता और अशान्ति की निरर्थकता समझ आती है, वह शान्ति और स्थिरता की ओर बढ़ना आरम्भ कर देता है। मन के शान्त होते ही व्यक्ति को आत्म-साक्षात्कार हो जाता है। तब ज्ञात और अज्ञात शंकाओं का समाधान होकर उसकी चेतना कैवल्य-ज्ञान के रूप में उपलब्ध हो जाती है। फिर वह स्वयं 'सच्चिदानन्द' बन जाता है। यही उसकी मुक्ति का मार्ग है। पाठकों की सुविधा के लिए 'अष्टांग योग' का वास्तविक अर्थ, उसके उद्देश्य और उसकी उपयोगिता आगे प्रस्तुत है।

शारीरिक आवश्यकताओं की पूर्ति करते-करते थकान अथवा बीमारी के कारण व्यक्ति की अनेक आकांक्षाएं अधूरी रह जाती हैं। यदि उसका शरीर सदा स्वस्थ रहता, तो उसे अपनी आवश्यकताओं और आकांक्षाओं की पूर्ति के लिए अधिक समय मिल जाता, उसका धन और श्रम दोनों बच जाते और वह ऊंचाइयों को छूने का प्रयास करता। पृथ्वी पर जिस जीव ने भी जन्म लिया है, वह अपनी जाति के अन्य जीवों से सर्वथा भिन्न है। यह भिन्नता ही उसकी विशेषता है और इसी विशेषता के भीतर उसकी अपनी सम्भावनाओं को प्राप्त कर लेने की कुञ्जी छिपी है। कोई भी व्यक्ति किसी

भी अन्य व्यक्ति की अपेक्षा श्रेष्ठ बन सकता है। महर्षि पतञ्जलि का योग-मार्ग सबके लिए सुलभ और सुगम है, लेकिन किसी भी दुर्गम यात्रा पर बढ़ने से पहले शरीर का स्वस्थ होना अत्यन्त आवश्यक है। परिश्रम, प्रदूषण, समाज, राज्य के प्रतिबन्ध, व्यक्ति की पारिवारिक और अपनी आवश्यकताएं तथा भांति-भांति के रोगाणु अथवा प्राकृतिक बाधाएं आदि अनेक कारण अनजाने ही उसे दिन-रात भयभीत किये हुए हैं। फिर वह आगे बढ़े, तो कैसे? महर्षि पतञ्जलि ने इन सब प्रकार की आवश्यकताओं के उपचार का मार्ग समझाते हुए स्वास्थ्य की परिभाषा दी है।

मृत्यु के बाद जो हमसे छूट जाये अथवा मृत्यु जिसे छीन ले, वह 'पर' है, 'पराया' है, लेकिन जिसे मृत्यु न छीन सके, वह 'स्व' है, अपना है और जो इस 'स्व' में स्थित है, वही स्वस्थ है। 'स्व' में निहित स्वार्थ के द्वारा आप जितना चाहें, आगे बढ़ सकते हैं। महर्षि पतञ्जलि का योग-शास्त्र आपको वहां तक पहुंचा सकेगा। विश्व के सभी व्यक्ति सुख-शान्ति से रहना चाहते हैं और इसी उद्देश्य से प्रत्येक व्यक्ति कुछ-न-कुछ काम कर रहा है। फिर भी, कोई सर्वसम्मत मार्ग नहीं निकल सका। दुनिया-भर में प्रचलित अनेक मत-मतान्तरों एवं तथाकथित धर्मों के कारण हुए ख़ूनी संघर्षों का भी कोई परिणाम नहीं निकला। अशान्ति दिन-प्रतिदिन बढ़ती जा रही है, जिसका अर्थ है कि पूरा विश्व जिन उपायों पर विचार कर रहा है, उनके सार्थक होने पर भी वे परिपूर्ण, समग्र अथवा व्यापक नहीं हैं। इन सम्प्रदायों अथवा तथाकथित धर्मों को अपनाने से व्यक्ति को कुछ शान्ति अवश्य मिल जाती है, लेकिन वह अनेक प्रकार के झूठे अन्धविश्वासों, कुरीतियों एवं मिथ्या आग्रहों में फंस जाता है और इतना फंस जाता है कि चाहकर भी इनसे निकल नहीं पाता। इसी के साथ वह पूर्ण सत्य से भी वञ्चित रह जाता है। अनेक बार तो तथाकथित धर्मों को अपना लेने से भी बात नहीं बनती और उस धर्म से भी भय-सा लगने लगता है। क्या कोई ऐसा मार्ग है, जिस पर विश्व का प्रत्येक व्यक्ति चल सके अथवा जिस पर चलकर प्रत्येक व्यक्ति अपने जीवन में पूर्ण शान्ति व आनन्द प्राप्त कर सके? हां, एक मार्ग है, जिस पर कोई भी व्यक्ति निर्भयतापूर्वक चलकर जीवन में सुख-शान्ति व आनन्द को प्राप्त कर सकता है। यह मार्ग है—महर्षि पतञ्जलि द्वारा प्रतिपादित अष्टांग योग-मार्ग। यह कोई सम्प्रदाय नहीं, कोई मत नहीं, कोई पन्थ नहीं, यह तो जीवन को जीने की एक सम्पूर्ण पद्धति है; क्योंकि विश्व के सभी लोग चाहते हैं कि विश्व में शान्ति स्थापित हो। इसके लिए उन्हें अष्टांग योग का पालन करना ही होगा। महर्षि पतञ्जलि द्वारा रचित सूत्र इस विषय में स्पष्ट है—

यमनियमासनप्राणायामप्रत्याहारधारणाध्यानसमाधयः अष्टौ-अङ्गानि।

(योग-दर्शन 2/29)

योग के आठ अंग हैं, जिनका पालन किये बिना न कोई योगी हो सकता है और न योग-मार्ग पर चल ही सकता है। ये आठ अंग हैं-- यम, नियम, आसन, प्राणायाम, प्रत्याहार, धारणा, ध्यान व समाधि। अंष्टांग योग के इन आठों अंगों का पालन करके व्यक्ति जीवन में पूर्ण सुखी हो सकता है; क्योंकि अष्टांग योग धर्म, अध्यात्म, विज्ञान तथा मानवता की प्रत्येक कसौटी पर खरा उतरता है। अष्टांग योग में जीवन के सामान्य व्यवहार से लेकर अध्यात्म की उच्चतम अवस्थाएं भी समाविष्ट हैं। इसलिए विश्व का जो भी व्यक्ति जीवन के पूर्ण सत्य से परिचित होना चाहता है, उसे अष्टांग योग का पालन करना ही होगा। यम, नियम आदि आठों अंगों को आधार बनाना ही होगा। इन्हीं आठ अंगों के विषय में संक्षिप्त जानकारी आगे प्रस्तुत है।

यम

अष्टांग योग का पहला आधारभूत अंग है—यम, जिसका अर्थ है कि वे सब अशुभ भाव यम हैं, जिन्हें यदि मन से हटा दिया जाये, तो व्यक्ति आत्मकेन्द्रित हो सकता है। महर्षि पतञ्जलि के अनुसार यम पांच प्रकार के होते हैं। अहिंसा, सत्य, अस्तेय, ब्रह्मचर्य और अपरिग्रह। इस सम्बन्ध में महर्षि द्वारा रचित योग-दर्शन में एक सूत्र मिलता है—

अहिंसासत्यास्तेयब्रह्मचर्यपरिग्रहाः यमाः।

(योग-दर्शन 2/30)

पांचों यमों का संक्षिप्त विवरण इस प्रकार है—

1. अहिंसा

अहिंसा का अर्थ है—किसी भी प्राणी को मन, वचन व कर्म से कष्ट न पहुंचाना, अर्थात् मन में भी किसी के अहित की बात न सोचना, कटु वचन न बोलना तथा किसी भी अवस्था में, किसी भी स्थान पर, कभी भी, किसी भी प्राणी की हिंसा न करना। हिंसा का अर्थ केवल किसी का वध करना ही नहीं है। इसका सूक्ष्म अर्थ है—कष्ट। भले ही वह मानसिक हो, शारीरिक हो अथवा आत्मिक। यदि हमारे किसी विचार से अथवा हमारे कुछ कहने से अथवा हमारे किसी भी कार्य से किसी प्राणी को कष्ट होता है, तो वह हिंसा कहलायेगा। महाभारत में महर्षि व्यास ने लिखा है—

तत्राहिंसा सर्वथा सर्वदा सर्वभूतानामनाभिद्रोहः।

2. सत्य

सत्य का अर्थ है—जैसा आपने देखा, सुना अथवा जाना, ठीक वैसा ही शुद्ध

भाव आपके मन में रहे, आपकी वाणी में रहे तथा उसी शुद्ध भाव के अनुरूप आप कार्य भी करें। ऐसे किसी शब्द का उच्चारण न करें, जिसमें छल-कपट हो, भ्रान्ति हो, जो व्यर्थ हो, जिसका कोई प्रयोजन न हो। सदा ऐसे ही वचन बोलने चाहिए, जिनसे सब का लाभ हो, सब का हित हो, अर्थात् आपकी वाणी या आपके शब्द सर्वभूतहिताय होने चाहिए। जिस वाणी से अथवा जिन शब्दों से किसी दूसरे प्राणी हो दु:ख पहुंचे, वह पापमयी वाणी कहलाती है। अत: केवल हितकर और सभी प्राणियों को लाभ पहुंचाने वाली वाणी ही प्रयोग की जानी चाहिए। महर्षि व्यास ने भी लिखा है—**सत्यं यथार्थे वाङ्मनसे।**

3. अस्तेय

अस्तेय, अर्थात् चोरी न करना, अर्थात् बिना पूछे दूसरे की वस्तु पर अधिकार न जमाना। यदि दूसरे की किसी वस्तु को प्राप्त करने की इच्छा भी आपके मन में आती है, तो वह भी चोरी है। परमात्मा ने जो कुछ आपको दे दिया, उससे सन्तोष करें, न स्वयं किसी दूसरे की वस्तु को प्राप्त करने की लालसा रखें और न किसी अन्य व्यक्ति से ऐसा करने को कहें। ध्यान रखें, बिना पूछे किसी दूसरे की वस्तु पर अधिकार करना अथवा मन में उसे प्राप्त करने की लालसा करना भी चोरी है।

4. ब्रह्मचर्य

ब्रह्मचर्य का अर्थ है, किसी भी प्रकार से कामवासना को उत्तेजित करने वाले कर्मों का परित्याग करते हुए वीर्य की रक्षा करना। वासना की दृष्टि से मैथुन के आठ प्रकार बताये गये हैं। **1.** दर्शन, **2.** स्पर्शन, **3.** एकान्तसेवन, **4.** भाषण, **5.** विषय-कथा, **6.** परस्पर क्रीड़ा, **7.** विषय का ध्यान और **8.** सम्भोग। योग-मार्ग पर चलने वाले साधक को इन आठों प्रकार के मैथुनों से बचकर व जितेन्द्रिय होकर अपनी सभी इन्द्रियों को सदा शुभ की ओर प्रेरित करना चाहिए तथा मन में भी शिव संकल्प, अर्थात् सद्‌विचार ही रखने चाहिए। अपने मन में इस विचार को सदा दृढ़ रखना चाहिए कि विकार-रहित रहना मेरी स्वाभाविक अवस्था है। जल का स्वाभाविक गुण है—बहना या शीतलता। जम जाना, गरम होना अथवा वाष्प बनकर उड़ जाना, ये जल के स्वाभाविक गुण नहीं हैं; क्योंकि उनके बाद भी जल अपनी स्वाभाविक अवस्था में वापस आ जाता है। इसी प्रकार ब्रह्मचर्य भी साधक की स्वाभाविक अवस्था है। यदि आप कभी एकान्त में बैठकर अपने भीतर झांकने का प्रयास करें, तो पायेंगे कि आपके भीतर काम, क्रोध, लोभ, मोह, अहंकार अथवा वासना आदि विकार नहीं हैं। वस्तुत: इन विकारों को हम स्वयं आमन्त्रित करते हैं। ये चोरों की भांति हमारे शरीर में प्रवेश करते हैं, कुछ देर ठहरते हैं और हमारे मन, शरीर और आत्मा की

शक्तियों को लूटकर, बिगाड़कर कुछ देर बाद तिरोहित हो जाते हैं, लेकिन उस थोड़ी-सी देर में ही हमारे शरीर में इतना ज़हर घोल जाते हैं कि हम शक्तिहीन और निस्तेज हो जाते हैं। हम भी बार-बार लुटते रहते हैं और यही दोहराते रहते हैं कि इन विकारों का काम हमें लूटना है, ये अवश्य लूटेंगे, हम बच नहीं सकते, कोई भी नहीं बच सका, लेकिन यह भ्रम है। विकार स्वधर्म नहीं है, यह परधर्म है। आप तो आत्मा हैं तथा करुणा, प्रेमी, मैत्री, सहानुभूति, सेवा, समर्पण, परोपकार तथा शान्ति व आनन्द आपके स्वाभाविक गुण हैं। व्यक्ति बाह्य सम्पत्ति को लुटाने के लिए चोरों को निमन्त्रण नहीं देता; क्योंकि वह सम्पत्ति उसके द्वारा इकट्ठी की गयी होती है, वह उसे लुटता हुआ नहीं देख सकता। लेकिन ईश्वरप्रदत्त अनन्त ऐश्वर्य को, अर्थात् सुख-शान्ति, ओज-तेज, शक्ति, बल-बुद्धि, पराक्रम, करुणा, प्रेम अथवा मैत्री-जैसे ऐश्वर्य को काम, क्रोध व वासनारूपी चोरों के हाथों मनुष्य बार-बार लुटा रहा है और फिर भी कहता है, यह सब स्वाभाविक है। लेकिन यदि आप इन सब विकारों से बचना चाहते हैं, सुख-शान्ति पाना चाहते हैं, अपने चरम लक्ष्य को प्राप्त करना चाहते हैं, तो इन विकारों के अस्वाभाविक और अल्पकालीन प्रवाह को पहचानना होगा। ब्रह्मचर्य का पालन करने से परमात्मा द्वारा प्रदत्त दिव्यशक्तियों से सम्पन्न होकर आप असीम शान्ति और अपरिमित आनन्द को प्राप्त कर सकते हैं और अपने जीवन को सुन्दर बना सकते हैं। इसके लिए आपको योग-मार्ग पर चलना होगा तथा अपने ही भीतर बैठे परमात्म-स्वरूप को पहचानना होगा; क्योंकि यही जीवन का सत्य है और यही आपका लक्ष्य है।

5. अपरिग्रह

परिग्रह का अर्थ है, सब ओर से इकट्ठा करने का प्रयास करना। लेकिन इसके विपरीत जो कुछ प्राप्त है, उसी से सन्तुष्ट होकर अपने लक्ष्य को प्राप्त करना अपरिग्रह कहलाता है। ईश्वरप्रदत्त ऐश्वर्य को अपना नहीं मानना चाहिए और साधक को भौतिक सुख-साधनों की इच्छा नहीं करनी चाहिए। अनासक्त भाव से जीवन जीते हुए, जो सुख-साधन उपलब्ध हों, उनका उपयोग दूसरों को सुख पहुंचाने के लिए करना चाहिए। धन आदि पदार्थों के संग्रह करने में, उनकी रक्षा में, उनके नष्ट होने में तथा उनमें आसक्ति होने में प्राणियों को बिना दु:ख दिये सुख का उपभोग सम्भव ही नहीं है। अत: जो व्यक्ति अपरिग्रह का पालन करना चाहते हैं, उन्हें ऋषियों के प्रति आसक्त रहना चाहिए। सीमाओं के बन्धन से ऊपर उठकर ही मन, वचन तथा कर्म द्वारा साधक को इन यम-नियमों का पालन करना चाहिए।

नियम

अष्टांग योग का दूसरा अंग है—नियम, जिसके विषय में महर्षि पतञ्जलि ने लिखा है—

शौचसन्तोषतपः स्वाध्यायेश्वरप्रणिधानानि नियमः।

(योग-दर्शन 2/32)

अर्थात् शौच, सन्तोष, तप, स्वाध्याय और ईश्वर को समर्पण—ये पांचों नियम कहलाते हैं।

1. शौच

शौच का अर्थ है—पवित्रता। शुद्धि दो प्रकार की होती है। **1.** बाह्य शुद्धि, **2.** आभ्यन्तर शुद्धि। जल से शरीर की, सत्य आचरण से मन की, विद्या व तप से आत्मा की तथा ज्ञान के द्वारा बुद्धि की शुद्धि करनी चाहिए। महर्षि मनु का यह वाक्य ध्यान देने योग्य है—

अद्भिर्गात्राणि शुध्यन्ति मनः सत्येन शुध्यति।
विद्यातपोभ्यां भूतात्मा बुद्धिर्ज्ञानेन शुध्यति॥

(मनुस्मृति 5/9)

2. सन्तोष

अपने पास विद्यमान साधनों के द्वारा पूर्ण रूप से पुरुषार्थ करते हुए प्रतिफल से पूर्ण सन्तुष्ट रहना, अप्राप्त की इच्छा न करना तथा प्राप्त का तिरस्कार न करना ही सन्तोष कहलाता है। सुख का आधार सन्तोष है और तृष्णा अथवा लालसा दुःख का कारण है। इसलिए हमें यह कभी नहीं भूलना चाहिए कि परमात्मा ने हमें हमारी आवश्यकताओं और पात्रता से अधिक सब प्रकार के वैभव प्रदान किये हैं। अतः हमें इधर-उधर भटकना नहीं चाहिए, अपितु प्राप्त में ही सन्तोष का अनुभव करना चाहिए।

3. तप

तप का अर्थ है—हर प्रकार के कष्टों व बाधाओं को सहजतापूर्वक स्वीकार करते हुए तथा बिना विचलित हुए निरन्तर अपने लक्ष्य की ओर आगे बढ़ना। ये कष्ट हैं—भूख, प्यास, सर्दी, गरमी, सुख-दुःख, हानि-लाभ, मान-अपमान, सत्कार-तिरस्कार अथवा जय-पराजय आदि। इन सब प्रतिकूलताओं में सम रहना ही तप है। शरीर को सुखाना, आग में तपाना अथवा ठण्डे जल में एक पैर पर खड़े होकर शरीर को कष्ट देना तप नहीं है।

4. स्वाध्याय

स्वाध्याय शब्द के दो मुख्य अर्थ हैं। एक अर्थ है— उत्तम अध्ययन, अर्थात् ऋषियों द्वारा प्रतिपादित उत्तम ग्रन्थों का अध्ययन, जिससे हमारे विचारों और संस्कारों में पवित्रता व दृढ़ता आती है; क्योंकि विचारों की पवित्रता व दृढ़ता के कारण ही जीवन सात्त्विक बनता है। लेकिन स्वाध्याय का दूसरा अर्थ है— स्व-अध्ययन, अर्थात् स्वयं को पढ़ना, स्वयं के अस्तित्व के सम्बन्ध में विचार करना, स्वयं के विषय में चिन्तन करना कि मैं कौन हूं ? क्या कर रहा हूं ? मेरे जीवन का क्या लक्ष्य है ? मुझे क्या करना चाहिए ?

जब साधक ज्ञानपूर्वक विचार करता है, तो वह परमेश्वर के सान्निध्य को प्राप्त कर सफल हो जाता है, तब बाहर के वैभव में उसका मन नहीं लगता।

5. ईश्वर प्रणिधान

अपने सभी कर्मों को ईश्वर के प्रति अर्पित कर देना ही ईश्वर-अर्पण कहलाता है और ईश्वर को हम वही समर्पित कर सकते हैं, जो शुभ या पवित्र है। अत: ऐसा साधक सदा श्रद्धा और भक्तिपूर्वक वही कार्य करेगा, जिसे वह ईश्वर को समर्पित कर सके, अर्थात् कोई भी कार्य करते समय उसका उद्देश्य या ध्येय ईश्वर-समर्पण ही रहेगा। सच्चा साधक जानता है कि उसे सब कुछ ईश्वर की कृपा से ही मिला है। इसलिए वह अपनी समस्त शक्तियों का उपभोग परमात्मा को प्रसन्न करने के लिए ही करता है। वह तो स्वयं भी ईश्वर के प्रति समर्पित हो जाता है।

यम-नियमों के पालन करने में अनेक प्रकार की बाधाएं उपस्थित होती हैं, जिसका मूल कारण लोभ, क्रोध, अज्ञान, अहिंसा, असत्य-भाषण व चोरी आदि हैं। इन बाधाओं के कारण साधक को अनेक प्रकार के दु:ख मिलते हैं, लेकिन उसे इन बाधाओं से दूर रहते हुए अपने मन में यह संकल्प करना चाहिए कि वह इन बाधाओं के फलस्वरूप होने वाले दु:खों से दूर रहेगा तथा इनसे बचकर निरन्तर अपने मार्ग पर आगे-आगे बढ़ता जायेगा। लेकिन इन बाधाओं के विपरीत यम-नियमों के अनुष्ठान से अनेक प्रकार के फल प्राप्त होते हैं, जिससे व्यक्ति का जीवन बदल जाता है। इस प्रकार के यम-नियमों के फलस्वरूप योग- साधक को जो फल प्राप्त होता है, उस फल की इच्छा का भी परित्याग कर देना चाहिए। तब ही साधक को समाधि प्राप्त हो सकती है।

मनुष्य की मूल प्रवृत्तियां उसके व्यवहार को अचेतन रूप से प्रभावित करती हैं। अज्ञान और अचेतन उसकी उन्नति में बाधा पहुंचाता है। लेकिन नियम के अनुसार चलकर व्यक्ति इन मनोविकारों का शमन कर सकता है तथा भय से मुक्त होकर उत्तम स्वास्थ्य व दीर्घायु प्राप्त कर अपनी क्षमता में वृद्धि कर सकता है। योग-मार्ग पर

आगे बढ़ने से पहले उपर्युक्त दो चरणों—'यम' और 'नियम'—के द्वारा व्यक्ति को आगे बढ़ने के लिए तैयारी करना आवश्यक होता है। आधुनिक चिकित्सा विशेषज्ञ भी इस बात को मानते हैं कि सत्तर प्रतिशत से अधिक रोगों का जन्म मानसिक कारणों से होता है, शेष तीस प्रतिशत रोग अतिवादिता, चोट अथवा संक्रमण के कारण होते हैं।

योगासन

योग की उपलब्धियों को प्राप्त करने के लिए शरीर का सक्षम होना बहुत आवश्यक है। इसके लिए वह प्रक्रिया अपनाई जाती है, जिसके द्वारा शरीर अधिक देर तक स्थिर रह सके। इसे ही 'योगासन' कहते हैं। चौरासी लाख योगासनों में से उपयुक्त आसनों का चुनाव प्रशिक्षण के द्वारा प्राप्त किया जा सकता है। सुखासन, सिद्धासन, पद्मासन आदि किसी भी आसन में स्थिरतापूर्वक बैठना ही आसन कहलाता है, लेकिन जप, तप, ध्यान आदि करने के लिए साधक को किसी भी आसन में स्थिरतापूर्वक बैठने का अभ्यास करना चाहिए। कुछ साधक, जो इस प्रकार आसन में नहीं बैठ सकते, वे कुर्सी अथवा दीवार आदि का सहारा लेकर प्राणायाम अथवा ध्यान आदि का अभ्यास कर सकते हैं। लेकिन ध्यान आदि का अभ्यास करते समय साधक भले ही किसी आसन में बैठे अथवा कुर्सी आदि पर, उसका मेरुदण्ड, अर्थात् रीढ़ की हड्डी सदा सीधी रहनी चाहिए तथा स्थान भी सब प्रकार से शुद्ध और एकान्त होना चाहिए।

आज योग के कुछ आसनों का अभ्यास कर लेने पर ही व्यक्ति अपने आप को योगी समझने लगे हैं, जबकि योगासन योग की एक सीढ़ी है। पूर्ण योगी होने के लिए अष्टांग योग का पालन करना पड़ता है और लम्बे समय तक समाधि का अभ्यास करना पड़ता है। ध्यान के लिए जिन आसनों का अभ्यास किया जाता है, उनके अतिरिक्त कुछ आसन ऐसे भी हैं, जिनका सम्बन्ध शारीरिक अथवा मानसिक रोगों से होता है। इन आसनों का अभ्यास करने से शरीर का प्रत्येक अंग स्वस्थ एवं सक्रिय बन जाता है। ऐसे ही कुछ आसनों का चित्र सहित विवरण आगे के पृष्ठों में प्रस्तुत है।

प्राणायाम

वायुमण्डल में व्याप्त अनेक प्रकार की गैसों में से ऑक्सीजन नामक गैस अथवा प्राणवायु मानव-जीवन के लिए अत्यावश्यक है। वाञ्छित मात्रा में ऑक्सीजन, अर्थात् प्राणवायु का सञ्चार और नियमन प्राणायाम के द्वारा ही किया जाता है। इस चरण की साधना करने के पश्चात् व्यक्ति अत्यन्त सशक्त और सामर्थ्यवान् बन जाता है। आसनों का भली-भांति अभ्यास हो जाने के बाद श्वास-प्रश्वास की गति

को यथाशक्ति नियन्त्रित किया जाता है, जिसे प्राणायाम कहते हैं। योग-दर्शन के अनुसार प्राणायाम चार प्रकार के होते हैं। 1. बाह्यवृत्ति प्राणायाम, 2. आभ्यन्तरवृत्ति प्राणायाम, 3. स्तम्भवृत्ति प्राणायाम तथा 4. बाह्याभ्यन्तरवृत्ति प्राणायाम।

1. बाह्यवृत्ति प्राणायाम

लाभ

1. इस प्राणायाम का अभ्यास करने से मन की चञ्चलता दूर होती है।
2. पाचनशक्ति तीव्र होती है।
3. उदररोगों में लाभ होता है।
4. बुद्धि व स्मरणशक्ति बढ़ती है तथा अनेक प्रकार के विकार नष्ट होते हैं और शरीर शुद्ध होता है।

विधि

सुखासन, पद्मासन अथवा सिद्धासन—जिस आसन में भी आप सुखपूर्वक बैठ सकें, बैठ जायें और पूरे श्वास को एक ही बार में बाहर निकाल दें। तत्पश्चात् तुरन्त ही मूल बन्ध, उड्डियान बन्ध और जालन्धर बन्ध लगाकर श्वास को बाहर ही रोक दें। जब श्वास को बाहर रोकना असम्भव प्रतीत होने लगे, तो तीनों बन्धों को एक-एक करके खोलें और उसके पश्चात् धीरे-धीरे श्वास को अन्दर खींचें तथा भीतर बिना रोके पुन: एक ही बार में पूरे श्वास को बाहर निकाल दें और दोबारा तीनों बन्ध लगाकर श्वास को बाहर ही रोककर रखें। इस अभ्यास को धीरे-धीरे बढ़ाते हुए तीन बार से इक्कीस बार तक किया जा सकता है।

2. आभ्यन्तरवृत्ति प्राणायाम

लाभ

प्राणायाम की इस विधि का अभ्यास करने से दमा के रोगियों को बहुत लाभ मिलता है तथा फेफड़ों से सम्बन्धित सभी विकार नष्ट हो जाते हैं और पूरे शरीर में शक्ति व ओज की वृद्धि होती है।

विधि

इस प्राणायाम का अभ्यास करने के लिए सिद्धासन अथवा पद्मासन में बैठकर श्वास को पूरी तरह बाहर निकालने के बाद जितना अधिक भीतर खींचकर भर सकते हैं, भर लें। लेकिन ध्यान रहे, श्वास भीतर भरने पर पूरी छाती उभरी हुई रहेगी, अर्थात् श्वास फेफड़ों में भरना है, पेट का निचला हिस्सा बिल्कुल सिकुड़ा हुआ रहेगा।

फिर ध्यान दें, श्वास भरने के बाद केवल छाती फूलेगी, पेट नहीं। यह बहुत आवश्यक है। इसके पश्चात् जालन्धर व मूल बन्ध लगायें और श्वास को भीतर रोककर रखें। जब श्वास छोड़ना चाहें, तब पहले जालन्धर बन्ध, फिर मूल बन्ध हटाते हुए श्वास को धीरे-धीरे बाहर निकाल दें।

3. स्तम्भवृत्ति प्राणायाम

आभ्यन्तरवृत्ति प्राणायाम करने के बाद स्तम्भवृत्ति प्राणायाम भी किया जा सकता है। इस क्रिया के अनुसार श्वास को कहीं-कहीं रोकना पड़ता है और कुछ देर रोककर बाहर निकालना होता है और सामान्य होने के पश्चात् इसी क्रिया को बार-बार दोहराया भी जाता है। स्तम्भवृत्ति प्राणायाम करते समय जालन्धर बन्ध, मूल बन्ध और उड्डियान बन्ध लगाये जा सकते हैं।

4. बाह्याभ्यन्तरवृत्ति प्राणायाम

इस प्राणायाम को करने से आपके बल और बुद्धि इतने तीव्र हो जाते हैं कि आप कठिन-से-कठिन और सूक्ष्म विषय को भी तुरन्त समझ सकते हैं। शरीर में बल, वीर्य और पराक्रम आदि की वृद्धि होती है तथा व्यक्ति का चित्त निर्मल होकर उपासना में लीन हो सकता है।

विधि

श्वास को भीतर से बाहर निकालते समय कुछ देर के लिए धीरे-धीरे बाहर रोकें और श्वास को भीतर लेते समय भीतर थोड़ा-थोड़ा रोकें, अर्थात् जब प्राणवायु भीतर से बाहर निकलने लगे, तो उसे न निकलने के लिए बाहर से अपान वायु को भीतर खींचें और जब अपान वायु बाहर से भीतर आने लगे, तब भीतर से धक्का देकर अपान वायु को बाहर रोकने का प्रयास करें। इस प्रकार एक-दूसरे के विरुद्ध अभ्यास करने से दोनों की गति रुककर प्राण, मन और इन्द्रियां आपके वश में हो जायेंगे।

प्रत्याहार

हम सब जानते हैं कि हमारी इन्द्रियों का सञ्चालन मन द्वारा ही किया जाता है। जब व्यक्ति अपने मन को जीत लेता है अथवा विषयों से विमुख होकर इन्द्रियों को अपने वश में कर लेता है, तो इसे प्रत्याहार कहते हैं। जब साधक ज्ञान और वैराग्य के सहारे अपने मन पर नियन्त्रण कर लेता है, तब इन्द्रियां उसके वश में हो जाती हैं। प्रत्याहार के द्वारा साधक अपनी इन्द्रियों पर पूर्ण अधिकार कर लेता है। इन्द्रियों की आसक्ति मन को विचलित करती है। शब्द, स्पर्श, रूप, रस व गन्ध की आसक्ति के

कारण व्यक्ति आत्मकल्याण के रास्ते से भटक जाता है। इसीलिए इन्द्रियों के विषयों, अर्थात् रूप, रस, गन्ध आदि में आसक्ति रखने वाले व्यक्ति भोगों में लिप्त रहते हैं। लेकिन अभ्यास, ज्ञान और वैराग्य द्वारा जब प्रत्याहार सिद्ध हो जाता है, तो व्यक्ति इन्द्रियों पर विजय प्राप्त कर लेता है, ठीक उसी प्रकार, जैसे कमल पानी और कीचड़ में पलता है, लेकिन फिर भी सबसे ऊपर रहता है। इसी प्रकार जब व्यक्ति इन्द्रियों के बन्धन में नहीं बंधता, तो प्रत्याहार सिद्ध होता है। उसके पश्चात् साधक को यह संसार निरर्थक प्रतीत होने लगता है और उसका ध्यान परमेश्वर के प्रति समर्पित हो जाता है। तब साधक के लिए अन्य व्यक्तियों को सुख प्रतीत होने वाला लौकिक सुख भी दुःख लगने लगता है और उस दुःख से निवृत्ति प्राप्त करने के लिए वह ईश्वर को पाना चाहता है और उसके लिए पुरुषार्थ करता है।

शरीर की अनेक आवश्यकताओं के साथ ही भोजन और पानी भी उसकी अनिवार्य आवश्यकताएं हैं। व्यक्ति कैसा भोजन करे, कब करे और कितना करे, ताकि उसका शरीर सुचारू रूप से कार्य कर सके, इसकी विधि महर्षि पतञ्जलि ने खोज निकाली। प्रत्याहार के द्वारा साधक को इस प्रकार प्रशिक्षित किया जाता है कि वह भूख-प्यास से मुक्त होकर निश्चिन्ततापूर्वक योग-साधना कर सके।

यम, नियम, आसन, प्राणायाम, प्रत्याहार—यह सब बहिरंग योग के अन्तर्गत आते हैं, लेकिन धारणा, ध्यान और समाधि अन्तरंग योग के अन्तर्गत आते हैं।

धारणा

मनुष्य द्वारा स्वीकृत परम्पराएं, मान्यताएं, आदतें अथवा शिक्षाएं उसकी धारणाएं बनने में प्रमुख योगदान करती हैं। यही धारणाएं जब बार-बार दोहरायी जाती हैं, तो अप्रत्यक्ष सम्मोहन का रूप ले लेती हैं, जिसके कारण व्यक्ति सम्मोहन से मुक्त होकर सत्य के दर्शन करने के योग्य बन जाता है। अपनी चिर-परिचित धारणाओं से मुक्त होना बहुत कठिन है, लेकिन धारणाओं से मुक्ति ही इस चरण का उद्देश्य है।

जब मन का निग्रह नाभिचक्र, भ्रू-मध्य, नासिकाग्र अथवा जिह्वाग्र आदि स्थानों में से किसी एक पर होने लगता है अथवा प्रत्याहार द्वारा जब इन्द्रियां और मन अन्तर्मुखी होने लगते हैं, तो उन्हें किसी स्थान-विशेष पर स्थिर किया जा सकता है, इसे ही धारणा कहते हैं। इस प्रकार मन को लौकिक अथवा बाह्य लक्ष्य से हटाकर एकाग्रचित्त होना धारणा है। धारणा का पूर्ण अभ्यास होने के पश्चात् ही योग की अगली सीढ़ी, अर्थात् ध्यान तक पहुंचा जा सकता है।

देशबन्धश्चित्तस्य धारणा।

(योग-दर्शन 3/1)

ध्यान

जब सारी क्रियाएं और सारे प्रयास समाप्त हो जाते हैं, तो असीम अशान्ति के बीच अस्तित्व प्रकट होता है। यह आत्म-साक्षात्कार ही 'ध्यान' कहलाता है। ध्यान किया नहीं जाता, हो जाता है। जब व्यक्ति शरीर और संसार का मोह त्यागकर अपने जीवन को भी दांव पर लगा देने को तैयार हो जाता है, तब उसे आत्म-ज्ञान प्राप्त होता है और यह ज्ञानमयी स्थिति ही ध्यान कहलाती है।

धारणा का पूर्ण अभ्यास हो जाने के पश्चात्, जब साधक केवल प्रभु के स्मरण में एकाग्रचित्त हो जाये, जब उसे परमेश्वर के अतिरिक्त किसी अन्य बात का कोई स्मरण न रहे, तो इसे ध्यान कहते हैं। यह स्थिति तब बनती है, जब साधक परमेश्वर के आनन्दमय और ज्योतिर्मय स्वरूप में डूब जाता है, उसे संसार या संसार के किसी विषय का कोई ध्यान नहीं रहता। यही ध्यान है। जीवन के प्रत्येक कार्य में यह शब्द जुड़ा हुआ है। आप दिन-रात ध्यान शब्द का प्रयोग करते हैं, लेकिन फिर भी इस शब्द की गहराई पर आपका ध्यान नहीं जाता। ध्यान जीवन का एक अपरिहार्य अंग है। ध्यान के बिना जीवन अधूरा है। ध्यान के बिना आप भौतिक अथवा आध्यात्मिक किसी भी लक्ष्य को प्राप्त नहीं कर सकते। ध्यान अपने आप में एक विस्तृत यौगिक प्रक्रिया है, जिसे प्राप्त करने के लिए साधक को कुछ विशेष दिशा-निर्देशों की आवश्यकता रहती है। साधकों की सुविधा के लिए हम इन दिशा-निर्देशों को स्पष्ट कर रहे हैं।

1. मन को पूर्णत: शान्त और एकाग्र करने के लिए ध्यान से पहले प्राणायाम करें; क्योंकि धारणा और ध्यान का अभ्यास शान्त मन के द्वारा ही किया जा सकता है।

2. कपालभाती और अनुलोम-विलोम—प्राणायाम की इन दो विधियों का अभ्यास करने से ध्यान लगाने में बहुत सहायता मिलती है। तीन मिनट तक कपालभाती तथा पांच से दस मिनट तक अनुलोम-विलोम प्राणायाम करने से साधक के मूलाधार चक्र में ब्रह्म की शक्ति जागृत होकर ऊर्ध्वगामी होने लगती है, जिसके द्वारा समस्त चक्रों और नाड़ियों का शोधन हो जाता है और उसका मन चञ्चलता छोड़कर परमात्मा में स्थित हो जाता है।

3. ध्यान लगाते समय केवल ध्यान को ही महत्त्व दें। उस समय किसी भी अन्य कार्य पर ध्यान न दें। भले ही वह कार्य कितना भी महत्त्वपूर्ण क्यों न हो। ध्यान लगाते समय केवल परमेश्वर को ही अपना लक्ष्य मानें और उसी का चिन्तन करें।

4. ध्यान करने से पहले इस बात पर विचार करें कि मैं सब जड़-चेतन पदार्थों के बन्धन से दूर रहूं। ये धन, धरती, पुत्र, पौत्र आदि मेरे नहीं हैं। यह शरीर भी मेरा

नहीं है। मैं इन्द्रियों के विषय से रहित हूं। शब्द, स्पर्श, रूप, रस, गन्ध से रहित हूं। मैं काम, क्रोध, मोह, लोभ, अहंकार आदि मन के विषयों से भी रहित हूं। मैं सब प्रकार के क्लेशों से भी रहित हूं। मैं ब्रह्म का अंश हूं। मैं अमृतपुत्र हूं। प्रभु ने मुझे सब कुछ दिया है और आज उसी के कारण मुझे यह आनन्द भी मिल रहा है। मैं परमेश्वर में हूं और परमेश्वर मुझ में है। इस प्रकार का मनन व चिन्तन ही आपको ध्यान में ले जायेगा।

5. आप केवल द्रष्टा बनें। कुछ भी करें, फल की अपेक्षा न करें। सब कुछ ईश्वर द्वारा किया जा रहा, समझें। स्वयं को बीच में न लायें, अन्यथा अहंकार आ जायेगा और तब आप ध्यान नहीं लगा सकेंगे। इसलिए जो कुछ भी करें, स्वयं को उसमें न जोड़ें।

6. बाह्य सुख का अथवा सुख के साधनों का भी कोई विचार होता है; क्योंकि जब तक आप सुख का ध्यान करते रहेंगे, परमेश्वर का ध्यान नहीं कर सकेंगे।

7. ध्यान के लिए ओंकार का जप सर्वोत्तम साधन है। ओंकार एक शक्ति है, कोई आकृति नहीं है और यह शक्ति ही सम्पूर्ण ब्रह्माण्ड का सञ्चालन कर रही है। जिस प्रकार शरीर में आत्मा दिखाई नहीं देती, लेकिन शरीर के सब कार्य आत्मा के द्वारा ही किये जाते हैं, उसी प्रकार अपनी शक्ति से सम्पूर्ण ब्रह्माण्ड का सञ्चालन करने वाला ओंकार रूप (ब्रह्म) भी दिखाई नहीं देता। इसीलिए ओंकार का जप सर्वोत्तम माना गया है। आप चाहें, तो गायत्री मन्त्र का जप व ध्यान भी कर सकते हैं।

8. ओंकार का जप करने के लिए मन को श्वास-प्रश्वास पर एकाग्र किया जाता है; क्योंकि प्राण के साथ मन को एकाग्र करके ही ओंकार की उपासना की जा सकती है। हमारी इन्द्रियों में कोई-न-कोई दोष है। भले ही वह आंख हो, कान हो, नाक हो, वाणी हो, रसना हो अथवा मन ही क्यों न हो। पूर्ण निर्दोष कोई नहीं, लेकिन प्राण पूर्ण निर्दोष है। इसलिए उस निर्विकार और निर्दोष प्राण के सहारे ही ओंकार की उपासना करनी चाहिए। इसके लिए जब जी चाहे और जब समय मिल जाये, केवल द्रष्टा बनकर श्वास लेते-छोड़ते रहें और ओंकार का ध्यान करें। लेकिन ध्यान रहे, श्वास को लेते-छोड़ते समय उसकी गति इतनी धीमी होनी चाहिए कि यदि नासिका के आगे रुई रखी हो, तो वह भी न हिले। इसके लिए श्वास को भीतर भरते समय और बाहर निकालते समय एक-एक मिनट का समय अवश्य लगाना चाहिए। इस प्रकार आप श्वास को भी देखने में सिद्ध हो सकेंगे। श्वास के स्पर्श की अनुभूति केवल नासिकाग्र पर होगी, लेकिन आप श्वास के गहरे स्पर्श को अनुभव कर सकेंगे। कुछ समय तक श्वास के साथ द्रष्टा-भाव अथवा साक्षी-भाव रखकर ओंकार का जप करने से ध्यान अपने आप लग जाता है और तब साधक समाधि के दिव्य आनन्द

को भी प्राप्त कर लेता है। यदि साधक सोते समय भी इस प्रकार ध्यान करते हुए सो जाये, तो उसकी निद्रा भी योगमयी हो जाती है और धीरे-धीरे उसका सम्पूर्ण जीवन ही योगमय हो जाता है।

9. प्रतिदिन लगभग एक घण्टा तक इस प्रकार ओंकार का जप, अर्थात् परमेश्वर का ध्यान करना चाहिए। तभी आपके दु:ख समाप्त हो सकते हैं और आपको परमेश्वर की अनुभूति हो सकती है। सदा ध्यान रखें कि जीवन का मुख्य लक्ष्य ईश्वर-प्राप्ति व आत्म-साक्षात्कार है। शेष सब कार्य गौण हैं। योग और ध्यान मानव-जीवन की सर्वोपरि आवश्यकता है।

समाधि

धारणा द्वारा मुक्ति तथा ध्यान द्वारा प्राप्त आत्मज्ञान के कारण व्यक्ति भयमुक्त होकर वीतरागी हो जाता है। तब शरीर चेतना का साक्षी तो रहता है, लेकिन उसे प्रभावित नहीं कर पाता। यही स्थिति 'समाधि' कहलाती है।

जब ध्यान अपने स्वरूप से शून्य के समान हो जाये और ईश्वर के स्वरूप को प्रकाशित करने लगे, तब उसे 'समाधि' कहते हैं।

ध्यान लग जाने पर, जब साधक परमेश्वर में इतना लीन हो जाता है कि उसे स्वयं की भी सुध-बुध नहीं रहती, तो वह ईश्वर के दिव्य आनन्द को प्राप्त कर लेता है। ध्यान और समाधि में यही भेद है। ध्यान में साधक, अर्थात् ध्यान करने वाला, मन तथा जिस वस्तु का ध्यान किया जाता है, ये तीनों विद्यमान रहते हैं, जबकि समाधि में आत्मा परमेश्वर के ज्योतिर्मय स्वरूप में इस प्रकार डूब जाता है कि वहां तीनों में कोई भेद नहीं रहता। जिस प्रकार व्यक्ति जल में डुबकी लगाने के बाद थोड़ी देर जल के भीतर रुका रहता है, उसी प्रकार जीवात्मा भी ईश्वर के ध्यान में डूबकर समाधि को प्राप्त कर लेता है। दूसरे शब्दों में कहें, तो जिस प्रकार अग्नि में डाले जाने पर लोहा भी अग्नि-रूप हो जाता है, उसी प्रकार परमेश्वर के आलोक में प्रकाशित होकर आत्मा भी स्वयं परमेश्वर के प्रकाश में रम जाती है। इसे ही 'समाधि' कहते हैं।

समाधि का ज्ञान होने पर मन के सब विक्षेप दूर हो जाते हैं। एकाग्रता व्याप्त हो जाती है। समाधि की अवस्था में शब्द, अर्थ और ज्ञान भी समाप्त हो जाते हैं। समाधि की स्थिति में चित्त सांसारिक विषय व गुण से रहित हो जाता है। तब उसके भव-बन्धन में गिरने की सम्भावना नष्ट हो जाती है। इसे निर्बीज समाधि कहते हैं। समाधि की यह सबसे उन्नत श्रेणी है। यही योग की अथवा जीवन की पूर्णता है, यही ज्ञान की पराकाष्ठा है, यही वैराग्य है। ज्ञान के इस उच्चतम क्षितिज की प्राप्ति हो जाने पर ही मोक्ष प्राप्त होता है, जिसे पाने के बाद और कुछ पाने की इच्छा शेष नहीं रहती, सब

क्लेश नष्ट हो जाते हैं।

कुछ व्यक्ति ग्राम-ग्राम और नगर-नगर में घूमकर ज़मीन में खोदे गये गड्ढे में कुछ दिन के लिए बन्द होने को समाधि बताते हैं। लेकिन इनमें से अनेक धन के लोभी, नशीले पदार्थों का सेवन करने वाले और मक्कार होते हैं। उन पर न विश्वास किया जा सकता है और न करना ही चाहिए।

आज अनेक व्यक्ति महर्षि पतञ्जलि के योग-सूत्रों का मनमाना अर्थ निकालकर उन्हें केवल शारीरिक चिकित्सा-पद्धति अथवा प्रदर्शन की वस्तु बताकर अपनी जीविका का साधन बना बैठे हैं। लेकिन 'योग' किसी भी साधक की आर्थिक, सामाजिक अथवा राजनीतिक स्थिति को नहीं पूछता और न कुछ छोड़ने को कहता है। दान-पुण्य भी योग की परम्परा में नहीं आते। योग एक खुली दृष्टि प्रदान करता है तथा आपको आत्म-तत्त्व नामक अजर-अमर और अद्‌भुत वस्तु से परिचित कराता है।

योगासन और प्राणायाम सीखने वाले व्यक्तियों को योग्य गुरु की आवश्यकता केवल इसलिए होती है कि वह उनके शरीर की स्थिति और क्षमता को पहचानकर यह निश्चित कर सके कि अमुक व्यक्ति को कौन-सा आसन करना चाहिए और कौन-सा नहीं करना चाहिए। आप प्रयास करें, तो स्वयं अपने लिए उपयुक्त आसन और प्राणायाम का चयन कर सकते हैं।

***

योगासन

योगासन योग नहीं है, यह योग तक पहुंचने की पूर्व तैयारी है। किसी भी कठिन कार्य को करते ही व्यक्ति के शरीर का रक्त-सञ्चालन, मांसपेशियों की शक्ति, श्वास की गति तथा अस्थियों की स्थिति में परिवर्तन आ जाता है। शरीर को वाञ्छित स्थिति में मनचाहे समय तक स्थिर बनाये रखने की वैज्ञानिक क्षमता का नाम ही 'योगासन' है। इसके लिए किसी गुरु की आवश्यकता नहीं। आप अपने गुरु स्वयं बन सकते हैं; क्योंकि योग-मार्ग पर आपको बढ़ना है। इसलिए अपनी शक्ति और क्षमताओं को भली-भांति समझकर उनका विकास कीजिये और स्वयं यह निर्धारित कीजिये कि आपको कब, कौन-सा आसन करना है और कितनी देर तक उसका अभ्यास करना है।

शरीर की भीतरी रुकावटों को दूर करके, शरीर को निरोग रखने की प्रक्रिया प्रकृति स्वयं करती है, लेकिन आपका मन नाना प्रकार की आकांक्षाएं और ज़ोर-ज़बरदस्ती करके शरीर की व्यवस्थाओं को अस्त-व्यस्त कर डालता है, जिसके फलस्वरूप शरीर में प्राणलेवा रोग पनपने लगते हैं। शरीर के निन्यानवे प्रतिशत रोगों के लिए ज़िम्मेदार आपका मन होता है। यदि मन को अपने वश में कर लिया जाये, तो मानवीय विकास की अनेक सम्भावनाएं खुल सकती हैं।

मानव-शरीर में लगभग पांच लीटर रक्त होता है, जो सिर से पैर तक फैली हुई नस-नाड़ियों का चक्कर लगाकर पुनः हृदय में वापस लौट आता है। लेकिन हमारे मस्तिष्क में अनेक प्रकार की छोटी-छोटी ग्रन्थियों से निकलकर विष हमारे रक्त में मिल जाता है और तब हमारे मन में काम, क्रोध, लोभ, चोरी, बेईमानी, हिंसा, ईर्ष्या और झूठ के भाव पैदा होते रहते हैं। कभी-कभी हमारे मन में परमार्थ, पश्चात्ताप, सहयोग अथवा करुणा के भाव भी पैदा होते हैं, जिसके कारण मानसिक असन्तुलन हो जाता है। तब श्वास की गति तेज़ हो जाती है, हाथ-पैरों में कम्पन होने लगता है तथा

दिल की धड़कन बढ़ जाती है। उस समय व्यक्ति किसी पागल की भांति कोई दुष्कर्म अथवा अपराध कर बैठता है। महर्षि पतञ्जलि ने इस प्रकार के अज्ञात दु:खों से छुटकारा दिलाने के लिए कुछ विधियां खोज निकालीं, जिनके द्वारा अनियन्त्रित श्वास और शरीर की अस्थिरता नियन्त्रित और स्थिर हो जाती है।

आधुनिक युग में लगभग प्रत्येक व्यक्ति प्रत्येक बात को धन से तौलता है। श्रमिक हो या किसान, कर्मचारी हो या व्यापारी, उद्योगपति हो या राजनीतिज्ञ अथवा समाजसेवक, वह जो भी काम करता है, उसका मूल्यांकन धन से करना चाहता है। धन-लिप्सा इतनी बढ़ गयी है कि सभी आवश्यकताएं पूर्ण हो जाने के बाद भी वह समाप्त नहीं होती। लेकिन जिस धन के लिए इतनी उठा-पटक और असन्तोष है, वह सब यहीं रह जाता है। फिर उस धन के लिए झूठ, चोरी, बेईमानी, भ्रष्टाचार और प्यास क्यों ?

बचपन से लेकर आज तक आपने कभी शिक्षा-प्राप्ति के लिए, तो कभी कुशलता अर्जित करने के लिए अपना मूल्यवान् समय और धन व्यय किया। अब आप योगासन और प्राणायाम सीखना चाहते हैं, तो हो सकता है इसके लिए भी आपको कुछ समय और धन व्यय करना पड़े। अब से पहले आपने जो कुछ व्यय किया, उसे आपने किसी-न-किसी प्रकार वसूल कर लिया। लेकिन अब आप जो ख़र्च करेंगे, उससे आपको धन नहीं मिल सकेगा। धन से आप कुछ सुख-सुविधाएं जुटा सकते हैं तथा अनेक प्रकार की बीमारियों अथवा सुविधाओं का निराकरण कर सकते हैं, लेकिन योगासन अथवा प्राणायाम सीखकर आप धन नहीं कमा सकते। योगासनों के द्वारा आपका चित्त स्थिर और शरीर सन्तुलित बन सकता है तथा आपके व्यवहार में माधुर्य, कार्य में निष्ठा और आयु में वृद्धि हो सकती है।

आधुनिक युग में चिकित्सा की अनेक सुविधाएं और साधन उपलब्ध होने पर भी योग की आवश्यकता पूरी नहीं होती; क्योंकि योग एक सम्पूर्ण जीवन-विज्ञान है। व्यक्ति की अनेक आवश्यकताओं में से केवल कुछ ही पूरी होती हैं। जिनकी कुछ आवश्यकताएं कहीं पूरी नहीं होतीं, वे योग की प्रशंसा करते नहीं थकते। अनेक चिकित्सा-विशेषज्ञ भी स्वास्थ्य की विधियों से अनभिज्ञ होते हैं। आज अनेक शिक्षित व्यक्ति भी उठना-बैठना, खाना-पीना, सोना, यहां तक कि सांस लेना भी नहीं जानते। वे अपने जीवन की गाड़ी को जैसे-तैसे धकेल रहे हैं, उन्हें जीना नहीं आता।

सब जानते हैं कि श्वास स्वयं आता है और स्वयं ही जाता है। फिर भी हम इस प्रकृतिप्रदत्त सुविधा को लेने में कञ्जूसी करते हैं और फलस्वरूप अनेक प्रकार के रोगों से पीड़ित होते रहते हैं। यदि हमें आधे घण्टे के लिए भी कहीं बैठना पड़ जाये, तो वह हमें दु:साध्य लगता है। जब हम बार-बार अपनी स्थिति में परिवर्तन करते हैं,

तो हमारी बेचैनी स्पष्ट दिखाई पड़ती है। ठीक यही हाल हमारी नींद का है, हमारे भोजन का है, हमारी भूख का है। बिस्तर पर लेटने के बाद भी नींद नहीं आती, करवटें बदलते-बदलते रात बीत जाती है और हारकर बिस्तर छोड़ने के सिवा कोई चारा नहीं रहता, जिसके कारण शारीरिक और मानसिक थकान हमें घेर लेती है। नाना प्रकार के स्वादिष्ट और पौष्टिक खाद्य-पदार्थ उपलब्ध होने पर भी भूख नहीं लगती। हमें भोजन करना नहीं आता। हम खाते अवश्य हैं, लेकिन उसे हज़म नहीं कर पाते। इस सबसे यह सिद्ध होता है कि व्यक्ति को धन, मान और शिक्षा के अतिरिक्त शरीर-विज्ञान का भी ज्ञान होना आवश्यक है।

संसार का कोई भी काम करना हो, किसी-न-किसी आसन के द्वारा ही किया जाता है, अर्थात् जब तक शरीर किसी वाञ्छित और सुविधापूर्वक स्थिति में नहीं होता, सम्पन्न किये जाने वाले कार्य के लिए वाञ्छित एकाग्रता प्राप्त नहीं हो सकती। शारीरिक, मानसिक तथा भौतिक व आध्यात्मिक लाभ-प्राप्ति के लिए योगासन आवश्यक है। आसन-सिद्धि का अभ्यास करने से व्यक्ति की मानसिक और शारीरिक क्षमता बढ़ जाती है। उसके शरीर की जड़ता और तमोगुण का नाश होकर सत्त्वगुण का विकास होता है। योगासन और प्राणायाम एक-दूसरे को प्रभावित करते हैं। योगासन करने वाला व्यक्ति अपनी क्षमताओं से लाभ उठाकर सन्तुष्ट रहता है तथा सांसारिक सफलताएं प्राप्त कर लोकप्रियता भी प्राप्त कर लेता है।

योगासनों के प्रकार

महर्षि पतञ्जलि की दृष्टि अत्यन्त पैनी और पूर्णतः वैज्ञानिक थी। इसलिए उन्होंने विश्व के सभी प्रकार के जीवों का अत्यन्त सूक्ष्म अध्ययन करने के पश्चात् चौरासी लाख आसनों का चुनाव किया। लेकिन कोई भी व्यक्ति इतने आसन कई जन्मों में भी नहीं सीख सकता, इसलिए 'घेरण्ड संहिता' में केवल चौरासी आसनों को ही मान्यता प्रदान की गयी। कुछ ऋषियों ने तो मुक्ति प्राप्त करने के लिए केवल 'सिद्धासन' और 'पद्मासन' को ही पर्याप्त माना। स्वामी स्वात्मारामजी को चौरासी आसनों की संख्या भी अधिक प्रतीत हुई और उन्होंने 'हठयोग प्रदीपिका' में केवल ग्यारह आसनों का ही वर्णन किया। इस प्रकार अनेक ऋषि-मुनियों ने पातञ्जल योग को स्वीकार करने पर भी व्यक्ति की सुविधा और उपयोगिता को ध्यान में रखते हुए अलग-अलग योगासनों का चुनाव किया।

महर्षि पतञ्जलि ने भी इस तथ्य को माना है कि चौरासी लाख आसनों में से कोई एक आसन ही आपके लिए उचित योगासन हो सकता है। अपने शरीर की सीमाओं का ज्ञान आपसे अधिक किसी अन्य व्यक्ति को नहीं हो सकता। इसलिए

उपयुक्त आसन का चुनाव भी व्यक्ति को स्वयं करना चाहिए। महर्षि पतञ्जलि की यह मान्यता है कि आपके शरीर की जो सुखद और सुविधाजनक स्थिति आपको अपने 'स्व' में अवस्थित करा दे, वही आपका योगासन है। मनुष्य के शरीर की महत्त्वपूर्ण स्थितियां प्रमुखत: तीन हैं। अत: इन स्थितियों के अनुसार ही आसन भी तीन श्रेणियों में विभाजित किये गये। लेकिन इन तीनों स्थितियों से अलग भी एक स्थिति होती है, जिसे ऊर्ध्व स्थिति कहा जाता है। इस स्थिति में शरीर का थोड़ा-सा भाग ही पृथ्वी के स्पर्श में आता है, शेष शून्य में रहता है। इस प्रकार योगासनों को चार श्रेणियों में विभाजित किया जा सकता है—

1. एक ही स्थान पर बैठे रहकर किये जाने वाले योगासन।

2. एक ही स्थान पर खड़े रहकर किये जाने वाले योगासन।

3. एक ही स्थान पर लेटे रहकर किये जाने वाले योगासन।

4. बैठे, खड़े व लेटे, तीनों स्थितियों से भिन्न स्थिति में किये जाने वाले योगासन।

पाठकों की सुविधा के लिए चारों प्रकार के प्रमुख आसनों के सम्बन्ध में अधिकाधिक जानकारी आगे के पृष्ठों में दी जा रही है, ताकि पाठक रोगों की चिकित्सा करने के साथ ही उत्तम स्वास्थ्य व भौतिक सफलता भी प्राप्त कर सकें।

अनेक चिकित्सकों और योगाचार्यों ने कुछ जानकारियों को गुप्त रखा है और यह निर्देश दिया है कि योगासन किसी योग्य गुरु के निर्देशन में ही किये जाने चाहिए, अन्यथा लाभ के स्थान पर हानि हो सकती है। लेकिन इस बात का क्या प्रमाण है कि आप जिस व्यक्ति को गुरु मान रहे हैं, वह योग्य है अथवा नहीं। यह एक प्रकार का गुरुडम है। योगासन करने के लिए ऐसे किसी गुरु की आवश्यकता नहीं है, लेकिन फिर भी योगासनों से पूर्व कुछ तैयारी अवश्य करनी चाहिए।

***

योगासनों से पूर्व की जाने वाली तैयारी

1. योगासन करने से पूर्व यम, नियम तथा शरीर--विज्ञान का उचित अध्ययन करना आवश्यक है। लेकिन योगासन सीखने के लिए किसी गुरु की कोई आवश्यकता नहीं। यदि व्यक्ति अपने शरीर के प्रति सावधान रहेगा, तो उसे किसी प्रकार की कोई हानि नहीं हो सकती और यदि वह असावधान रहेगा, तो गुरु की उपस्थिति में भी वह हानि से बच नहीं सकता।

2. योगासन करने के लिए उचित समय एक महत्त्वपूर्ण आवश्यकता है। लेकिन इस विषय में अलग-अलग विशेषज्ञों की अलग-अलग राय है। शास्त्रों के अनुसार योगासन करने के लिए सन्ध्याकाल को उचित माना गया है। प्राय: दिन की समाप्ति और रात्रि के प्रारम्भकाल को ही सन्ध्याकाल माना जाता है। जब रात्रि समाप्त हो रही हो और दिन का आरम्भ हो रहा हो, तो उसे सन्ध्याकाल कहेंगे, लेकिन साहित्यिक भाषा में उसे प्रात:काल कहा जाता है। योगासनों के लिए प्रात:काल ही सर्वश्रेष्ठ माना जाता है। लेकिन प्रात:काल भी उनके लिए श्रेष्ठ है, जिन्होंने रात्रि में पूर्ण विश्राम कर लिया हो, जिनका शरीर तनाव से पूर्णत: मुक्त हो चुका हो अथवा जिन्हें थकान या नींद शेष न रह गयी हो। इस प्रकार रात्रि में विश्राम न कर, दिन में सोने वाले व्यक्ति के लिए पूर्ण विश्राम के पश्चात् ख़ाली पेट उठने के बाद का समय ही उपयुक्त माना जायेगा। भले ही उस समय सायंकाल हो, रात्रि हो अथवा दोपहर हो।

3. जिन योगासनों को करने से पेट पर दबाव पड़े अथवा शरीर गतिमान हो जाये, ऐसे आसनों को भोजन करने के पांच घण्टे बाद या दूध पीने के दो घण्टे बाद अथवा ख़ाली पेट ही किया जाना चाहिए, अन्यथा भोजन से बोझिल आंतें अपने स्थान से हट जाती हैं तथा पेट के कुछ रोग भी हो सकते हैं। इस प्रकार आसनों का उत्तम समय रात्रि में विश्राम करने के पश्चात् प्रात:काल ही माना जाता है।

4. आसन करने से पूर्व पेट की शुद्धि होना बहुत आवश्यक है। यदि आपको

क़ब्ज की शिकायत है, तो जुलाब के स्थान पर कुनकुने पानी में थोड़ा-सा नमक मिलाकर पी जाइये। उसके बाद दोबारा से वैसा ही नमक मिला पानी और पीजिये, मल-शुद्धि हो जायेगी। लेकिन ठण्डा पानी प्रयोग में न लायें। ठण्डे जल के कारण शौच आदि बन्द हो सकता है।

5. यदि आप स्नान के बाद योगासन करना चाहें, तो सिर पर केवल ठण्डा अथवा बहुत कम गरम पानी ही डालें, शेष शरीर पर गरम पानी प्रयोग में ला सकते हैं। लेकिन इस बात का ध्यान रखें कि स्नान करने के बाद आपका सिर तनिक भी गीला न रहे, पूर्ण रूप से सूख जाये। इसके साथ यह भी ध्यान रखें कि योगासन करने के बाद कम-से-कम एक घण्टे तक स्नान न करें, अन्यथा लाभ के स्थान पर हानि हो सकती है।

6. पर्याप्त समय तक धूप में रहने के बाद अथवा धूप-स्नान करने के तुरन्त बाद योगासन करना अथवा जल से स्नान करना भी स्वास्थ्य के लिए हानिकारक होता है।

7. योगासन आरम्भ करने से कुछ समय पहले एक गिलास जल पी लेना चाहिए; क्योंकि योगासनों से उत्पन्न शरीर की विद्युत्-ऊर्जा उस पानी को हाइड्रोजन और ऑक्सीजन में विभाजित कर देती है, जिसके कारण भीतरी जोड़ों में एकत्रित मल शुद्ध हो जाता है। इसलिए योगासन करने के तत्काल बाद मूत्र-त्याग भी अवश्य करें। शरीर की गन्दगी मूत्र के साथ बाहर निकल जायेगी और शरीर स्वस्थ हो जायेगा।

8. योगासन करने के लिए ज़मीन पर मोटा कम्बल बिछा लेना आवश्यक है। योगासन करने पर शरीर में अत्यधिक विद्युत्-ऊर्जा बनती है और शरीर के किसी भी अंग द्वारा पृथ्वी का सीधा स्पर्श करने से वह ऊर्जा नष्ट हो सकती है। इसके अतिरिक्त सख़्त भूमि पर आसन करने से अनावश्यक कष्ट भी होता है।

9. योगासन आरम्भ करते हुए आप इस बात का ध्यान रखें कि अपने शरीर को केवल उतना झुकायें, जितना आसानी से झुका सकते हैं, अनावश्यक ज़ोर न लगायें। धीरे-धीरे निरन्तर अभ्यास करने से आपका शरीर भी लचीला और सक्षम बन जायेगा और तब आप कठिन योगासन भी कर सकेंगे।

10. योगासन करते समय आपके मन में सात्त्विक विचार और आपकी मानसिक स्थिति तनाव-रहित होनी चाहिए। विराम के समय बीच-बीच में ठहाके लगाकर हंसने से आपका मन तनाव-रहित रहेगा।

11. योगासन करते समय केवल नाक से श्वास लें और ध्यान रहे कि केवल आपकी छाती फूलनी चाहिए, पेट नहीं।

12. अपने श्वासोच्छ्वास पर नियन्त्रण रखें। जब पेट पर दबाव बने, तब सांस

को धीरे-धीरे बाहर निकालें और जब पेट दबाव-मुक्त हो, तो सांस को धीरे-धीरे अन्दर भरें।

13. शीर्षासन और चक्रासन करते समय इस बात का विशेष ध्यान रखें कि जिन व्यक्तियों के हाथों में सूजन हो, सिर में चोट हो अथवा जिनकी आंतों में गैस बनती हो या रुकती हो या जो उच्चरक्तचाप से पीड़ित हों अथवा जिनके शरीर पर खुजली या त्वचा रोग हो, वे इन आसनों को न करें।

14. योगासनों के तुरन्त बाद ठण्डी हवा या तेज़ धूप में न निकलें तथा योगासनों के तुरन्त बाद शीतल पेय पदार्थों का सेवन न करें।

15. अपने शरीर की सुविधा को ध्यान में रखते हुए लेटकर अथवा अधिक देर तक बैठकर करने वाले आसनों से पहले कम्बल को कई तहों में मोड़कर प्रयोग किया जा सकता है।

16. योगासन करते समय ढीले वस्त्र पहनें, जो मौसम के अनुकूल हों। तंग वस्त्र पहनने से रक्त-सञ्चालन में बाधा पड़ती है।

17. योगासन करने वाले व्यक्ति के भोजन पर कोई रोक-टोक नहीं है, लेकिन फिर भी अपने स्वास्थ्य को ध्यान में रखते हुए यथासम्भव हलका भोजन ही ग्रहण करें।

18. योगासन करते समय छाती को खुला न रखें और शरीर में थकान या तनाव अनुभव होते ही शवासन अवश्य करें। शरीर अथवा श्वास के साथ किसी प्रकार की ज़ोर-ज़बरदस्ती न करें।

19. योगासन करते समय श्वासोच्छ्वास का विशेष ध्यान रखें। योगासन के बाद ही प्राणायाम का अभ्यास करें।

20. आवश्यकतानुसार या इच्छानुसार योगासन किसी भी ऋतु में आरम्भ किया जा सकता है। फिर भी दो ऋतुओं का सन्धिकाल उत्तम रहता है, जैसे—हेमन्त, शरद् अथवा वसन्त ऋतु।

***

क्या स्त्री-पुरुषों के लिए अलग-अलग योगासन हैं?

अनेक व्यक्तियों की यह जिज्ञासा रहती है कि क्या स्त्री-पुरुषों के लिए अलग-अलग योगासन होते हैं तथा क्या बालक और वृद्धजन भी योगासन कर सकते हैं?

इस प्रश्न का उत्तर यह है कि योगासन केवल योगासन होते हैं। उन्हें न किसी आयु-सीमा में बांधा जा सकता है और न स्त्री-पुरुषों के लिए अलग-अलग योगासन ही होते हैं। महर्षि पतञ्जलि ने सभी आयु, सभी वर्गों, सभी धर्मों और सभी लिंगों के व्यक्तियों के लिए बिना किसी भेदभाव के योगासन विकसित किये। योगासनों के द्वारा बालकों का शरीर अत्यन्त लचीला बनता है और वे जीवन-भर स्वस्थ, सजग और सक्षम बने रह सकते हैं। स्त्रियों के विषय में स्थिति थोड़ी भिन्न है; क्योंकि मासिक-धर्म, गर्भाधान और प्रसव आदि कुछ स्थितियों के कारण उन्हें अपने शरीर को विभिन्न स्थितियों में तोड़ने-मरोड़ने से बचाना पड़ता है।

कुछ ऐसी ही स्थिति वृद्धावस्था में भी होती है। वृद्धावस्था में व्यक्ति की मांसपेशियां शिथिल हो जाती हैं और जोड़ों को घुमाने-फिराने में बाधा आती है। अतः वृद्धावस्था में भी सारे आसन नहीं करने चाहिए। इसके अतिरिक्त युवावस्था और प्रौढ़ावस्था में समय की कमी अथवा नाना प्रकार की चिन्ताओं के कारण व्यक्ति योगासन के लिए समय नहीं निकाल सकता। इसलिए युवकों और प्रौढ़ों के लिए भी सभी आसन करना आवश्यक नहीं है। यदि व्यक्ति जागने के बाद बिस्तर पर ही लेटकर दो-चार आसन भी कर ले, तो वे उसके लिए पर्याप्त रहेंगे। महर्षि पतञ्जलि का वचन है—**'ततोः द्वन्द्वोभिघातः'**। इसका अर्थ है कि योगासनों के द्वारा सभी प्रकार के शारीरिक और मानसिक द्वन्द्वों का आघात, अर्थात् विनाश हो जाता है, रजोगुण और तमोगुण नष्ट हो जाते हैं और सात्त्विक गुणों का विकास होने लगता है, जिसके कारण व्यक्ति के विकास की साधना का मार्ग स्पष्ट हो जाता है और उसके आध्यात्मिक स्वास्थ्य की वृद्धि होने लगती है।

आधुनिककाल में व्यक्ति के भटकाव को समाप्त करके मानसिक एकाग्रता, शारीरिक सहनशीलता और स्थिरता प्राप्त करने के लिए योगासनों से बढ़कर दूसरा कोई उपचार नहीं। इस सत्य को पाश्चात्य वैज्ञानिक भी स्वीकार कर चुके हैं। निश्चित ही पातञ्जल योग का महत्त्व और श्रेष्ठता अद्वितीय है।

★★★

विशिष्ट योगासन

आप जान चुके हैं कि योगासनों को चार वर्गों में बांटा जा सकता है और आवश्यकता के अनुसार चौरासी लाख आसनों में से चुनाव किया जा सकता है। आगे विशिष्ट योगासनों का विवरण दिया जा रहा है।

1. सुखासन

नामकरण

अनेक बार किसी-न-किसी कारणवश व्यक्ति को स्थिर होकर बैठना पड़ता है। अत: जिस आसन में भी सुखपूर्वक बैठा जा सके, उसे 'सुखासन' कहते हैं।

लाभ

1. इस आसन में पर्याप्त देर तक बैठने पर भी थकान नहीं होती।

2. धार्मिक अथवा सामाजिक अवसरों पर भूमि पर बैठने के लिए यह सर्वोत्तम आसन है।

3. इस आसन में बैठने पर शरीर सीधा और निश्चल रहता है।

4. इस आसन में पर्याप्त समय तक भी बैठने पर रक्त-सञ्चार सही रूप से होता रहता है।

विधि

सामान्य भाषा में पालथी मारकर बैठने को ही सुखासन कहते हैं। इस आसन का अभ्यास करने के लिए एक पांव को मोड़कर दूसरे पांव के टख़ने पर टिका दें, लेकिन ध्यान रहे कि टख़ने की हड्डी न चुभे। चाहें, तो दोनों हाथों को ढीला रखते हुए अपनी गोद में या घुटनों पर रख लें। रीढ़ की हड्डी सीधी रहनी चाहिए, तभी आप इस आसन में अधिक देर तक बैठ सकेंगे।

सुखासन

2. पद्मासन

नामकरण

इस आसन में बैठने से व्यक्ति की आकृति खिले हुए कमल के समान बन जाती है। कमल को पद्म भी कहा जाता है, इसीलिए इसे 'पद्मासन' नाम प्रदान किया गया है। यह आसन देखने में बहुत साधारण लगता है, लेकिन ऐसा नहीं है। सामान्य व्यक्ति के लिए भली प्रकार से पद्मासन लगाकर पांच मिनट के लिए बैठना भी कठिन होता है। योगीजन और ऋषि-मुनि मनोरथ पूर्ण करने के लिए इसी आसन का प्रयोग करते हैं। प्राणायाम द्वारा मन तथा ध्यान को एकाग्र करने के लिए यह सर्वोत्तम आसन है, इससे अच्छा दूसरा कोई आसन नहीं।

लाभ

1. इस आसन के अभ्यास से मन, शरीर और श्वास में स्थिरता प्राप्त होती है

तथा थोड़ी देर के बाद ही ध्यान लगने लगता है।

2. रीढ़ की हड्डी को सीधा रखने के कारण व्यक्ति पर बुढ़ापे का कोई प्रभाव नहीं पड़ता। बच्चे-बूढ़े भी इस आसन को कर सकते हैं।

3. इस आसन के अभ्यास से फेफड़ों के सभी प्रकार के रोग दूर हो जाते हैं।

4. पाचन-क्रिया के प्रभावित होने से क़ब्ज़ नष्ट होता है और भूख खुलकर लगती है।

5. अनावश्यक निद्रा व आलस्य दूर होकर उत्साह-वृद्धि होती है।

पद्मासन

विधि

किसी भी समतल स्थान पर कम्बल अथवा मोटा कपड़ा बिछाकर सामने की ओर पांव फैलाकर बैठ जायें। अब बायें पांव को घुटने से मोड़ते हुए दायें पांव की जंघा तक ले आयें और बायीं एड़ी को घुमाकर दाहिनी जंघा पर रख दें। इसी प्रकार दाहिने पांव को मोड़कर धीरे-धीरे दाहिनी एड़ी को बायें पांव की जंघा पर रख दें। इस प्रकार आपकी एड़ी का दबाव पेडू पर पड़ेगा और दोनों पांव आपस में मिलकर

खिले हुए कमल की भांति आकृति बना लेंगे। इस स्थिति में रीढ़ की हड्डी को बिल्कुल सीधा रखें। आपको अपने शरीर में एक नयी स्फूर्ति का अनुभव होगा। इस आसन में बैठने के बाद आप अपनी दृष्टि नासिका के अग्रभाग पर टिकाने का प्रयास करें और मन-ही-मन किसी मन्त्र का पाठ करें अथवा अपनी दृष्टि दोनों भौंहों के मध्य टिकाने का प्रयास करें। आपका ध्यान स्थिर होने लगेगा और मन-मस्तिष्क आपके नियन्त्रण में रहेंगे। जीवन में समृद्धि प्राप्त करने के लिए अथवा किसी भी कार्य में सिद्धि प्राप्त करने के लिए यह आसन बहुत उपयोगी है।

3. सिद्धासन

नामकरण

सिद्ध योगियों के लिए यह आसन प्रमुख माना जाता है। इसीलिए इसे 'सिद्धासन' नाम प्रदान किया गया है।

सिद्धासन

लाभ

1. इस आसन में बैठने से मानसिक उथल-पुथल शान्त हो जाती है तथा व्यक्ति

की धारणाशक्ति और एकाग्रता में वृद्धि होती है।

2. शरीर की सहनशीलता, मुख की कान्ति और ओज बढ़ते हैं।

3. कामवासना शान्त होती है तथा शारीरिक और मानसिक स्थिरता बढ़ती है।

विधि

सिद्धासन सुखासन से कुछ भिन्न है। सुखासन में एक पांव को दूसरे पांव के टख़ने पर रखा जाता है, लेकिन सिद्धासन में एक प्रांव को दूसरे पांव की पिंडली पर रखा जाता है। पहले दोनों पांवों को सामने की ओर फैलाकर बैठ जायें। अब दायें पांव को मोड़कर उसकी एड़ी को गुदा तथा मूत्र-मार्ग के बीच के स्थान पर जमा दें। इस प्रकार आपके दायें पांव का तलवा बायें पांव की जंघा और पिंडली के बीच में पहुंच जायेगा। अब बायें पांव को मोड़ते हुए उसकी एड़ी को दाहिनी जंघा और पिंडली के बीच जमा दें। दोनों हड्डियों पर दबाव बना रहेगा और रीढ़ की हड्डी सीधी रहेगी। बायें हाथ की हथेली को गोद में रखकर उसके ऊपर दाहिने हाथ की खुली हथेली जमा दें। इस आसन में पूरा शरीर सीधा उठा रहता है, लेकिन पांवों के टख़ने भूमि का स्पर्श नहीं करते, फिर भी बैठक सन्तुलित और स्थिर रूप में रहती है।

4. वज्रासन

नामकरण

इस आसन के अभ्यास से व्यक्ति की पाचन-शक्ति वज्र के समान सुदृढ़ हो जाती है। इसीलिए इसका नाम 'वज्रासन' रखा गया है। इसके साथ ही व्यक्ति के पांवों की शक्ति तथा प्रहार की क्षमता में भी वृद्धि होती है।

लाभ

1. इस आसन को भोंजन के तुरन्त बाद किया जा सकता है।

2. पाचनशक्ति तीव्र होती है।

3. घुटनों और एड़ियों में होने वाला वातरोग तथा सायटिका रोग दूर होता है।

4. क़ब्ज़ दूर करने के लिए यह परम उपयोगी आसन है। इस आसन का अभ्यास करने वाला व्यक्ति उच्चरक्तचाप से बचा रहता है।

5. वज्रासन का अभ्यास करने वाले व्यक्ति की स्मृति या स्मरणशक्ति तीव्र होती है।

6. उदर में पैदा होने वाली वायु ऊपर नहीं उठती।

7. पांवों, पिंडलियों, जांघों व कमर के अनेक कष्ट दूर होते हैं।

8. स्त्रियों को मासिक-धर्म सम्बन्धी कष्टों से मुक्ति मिलती है।

विधि

दोनों पञ्जे और दोनों एड़ियां मिलाकर सीधे खड़े हो जायें और घुटनों को मोड़ते हुए तथा सामने की ओर झुकाते हुए पृथ्वी पर ले आयें। अब एड़ियों को थोड़ा दूर-दूर करके पञ्जों को एक-दूसरे के ऊपर इस प्रकार रखें कि दोनों तलवे आकाश की ओर उठ जायें। अब पृथ्वी पर टिके हुए पञ्जों के बीच में बैठ जायें। इस स्थिति में दोनों घुटने आपस में मिले रहेंगे और कमर के ऊपर का भाग ऊपर की ओर सीधा रहेगा। दोनों हाथों को दोनों घुटनों पर रखकर कन्धों को थोड़ा पीछे की ओर खींचें और ऐसी स्थिति बनायें कि शरीर के निचले भाग पर अत्यधिक भार न पड़े।

वज्रासन

इस आसन को करते समय श्वास की गति सामान्य रहेगी। यदि कोई कष्ट अनुभव हो, तो थोड़ा-बहुत इधर-उधर खिसककर सुखपूर्वक बैठ जायें। इस प्रकार

वज्रासन में बैठने पर कमर के निचले भाग तथा पांव के रक्त-दबाव-बिन्दुओं पर रक्त-सञ्चार कम हो जाता है, जिसके फलस्वरूप पाचन-अंगों में रक्त की पर्याप्त मात्रा पहुंचने लगती है और पाचन-क्रिया तेज़ हो जाती है। वज्रासन में बैठने से गरिष्ठ भोजन के पाचन की समस्या भी समाप्त होती है। इस आसन में घण्टों सुखपूर्वक बैठा जा सकता है।

5. ताड़ासन

नामकरण

खड़े होकर किये जाने वाले आसनों में ताड़ासन प्रमुख माना जाता है। इस आसन में ताड़ वृक्ष की ऊंचाई, उसका सौन्दर्य तथा उसके दीर्घायु होने का रहस्य छिपा है। इसीलिए इसे 'ताड़ासन' नाम प्रदान किया गया है।

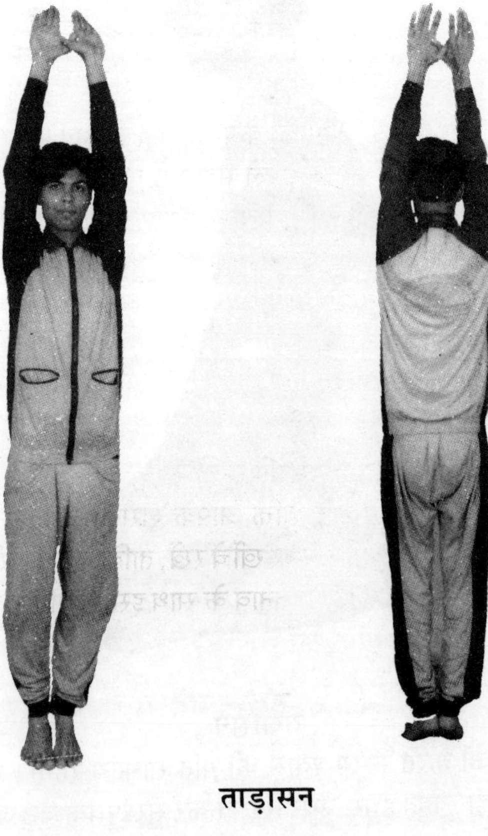

ताड़ासन

लाभ

1. इस आसन का अभ्यास करने पर क़ब्ज़ की समस्या दूर हो जाती है और भूख खुलकर लगने लगती है।

2. यदि शौच जाने से पहले दो गिलास कुनकुना जल पीकर कुछ देर तक ताड़ासन का अभ्यास कर लिया जाये, तो मल-शुद्धि भली प्रकार हो जाती है।

3. ठिगने व बेडौल शरीर की ऊंचाई में वृद्धि होती है तथा शरीर का शारीरिक सौन्दर्य बढ़ जाता है। महिलाओं का बेडौल शरीर सुडौल बन जाता है तथा वे दीर्घकाल तक युवा बनी रह सकती हैं।

सावधानी

गर्भवती महिलाएं इस आसन को छठे मास तक कर सकती हैं, छठे मास के पश्चात् इस आसन को कदापि न करें। इसके अभ्यास से उनकी सन्तान लम्बी और पूर्णतः स्वस्थ होती है। प्रसव के कुछ दिन बाद इस आसन का अभ्यास करने से महिलाओं के पेट की मांसपेशियां न सिकुड़ती हैं, न ढीली पड़ती हैं।

विधि

यदि फ़र्श पर कम्बल या मोटा कपड़ा आदि बिछाने की सुविधा न हो, तो इस आसन को मोज़े पहनकर अथवा खुले मैदान में नंगे पांव भी किया जा सकता है। दोनों एड़ियां और पञ्जे आपस में मिलाकर *अटेंशन* की मुद्रा में खड़े हो जायें। दोनों एड़ियां और दोनों हाथ धीरे-धीरे ऊपर की ओर उठाते हुए श्वास को भीतर भरें। ये तीनों काम एकसाथ और एक गति से सम्पन्न होने चाहिए। अब पांव के अंगूठे और अंगुलियों पर शरीर के भार को सन्तुलित करते हुए एड़ियों को धीरे-धीरे और ऊपर उठायें। आपका शरीर पञ्जों के बल ऊपर उठा रहेगा और आपके दोनों हाथ एड़ियों के साथ ऊपर उठते हुए सिर की सीध में मिल जायेंगे। श्वास भीतर भरती जायेगी। अब पूरे शरीर को पांव की अंगुलियों से लेकर हाथ की अंगुलियों तक इस प्रकार ऊपर उठायें, मानो कोई अदृश्य शक्ति आपके शरीर को ऊपर की ओर खींच रही हो। अपने सिर को भी लगातार ऊपर खींचे रखें, ताकि आपकी रीढ़ की हड्डी में भी खिंचाव होने लगे। शरीर में भरपूर तनाव के साथ इसी स्थिति में पञ्जों के बल थोड़ा आगे-पीछे चलने का अभ्यास करें।

6. उत्तानपादासन

नामकरण

इस आसन का अभ्यास करते समय कमर के निचले हिस्से को, अर्थात् नितम्बों

से लेकर पांव तक के भाग को ऊपर उठाना होता है। इसीलिए इसे 'उत्तानपादासन' नाम दिया गया है।

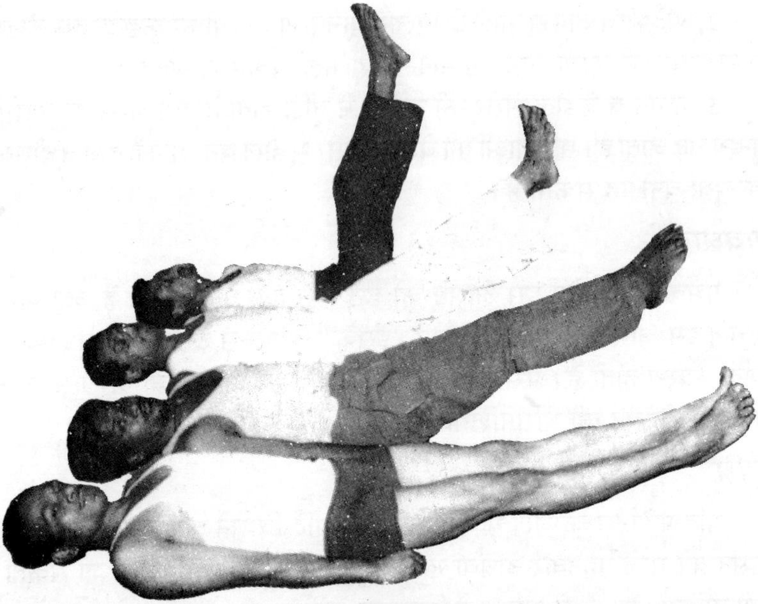

उत्तानपादासन

लाभ

1. इस आसन का अभ्यास करते समय श्वास को नियमित रूप से चलाने पर बहुत लाभ होता है।

2. भूख न लगना, क़ब्ज व अपच आदि दूर होकर सिर, आंखों व मानसिक शक्तियों का विकास होता है तथा नेत्र-ज्योति भी बढ़ती है।

3. उदर का थुलथुलापन नष्ट होता है तथा शरीर और जांघें सुडौल होने लगती हैं।

4. पेट का मोटापा दूर करने के लिए यह अत्यन्त उत्तम आसन है।

5. इस आसन के अभ्यास से नाभि-केन्द्र अपने सही स्थान पर रहता है।

6. यदि इस आसन को प्राणायाम के साथ किया जाये, तो सभी प्रकार के रक्त-विकार, वात-विकार, सिरदर्द अथवा पीलिया आदि रोगों में विशेष लाभ होता है तथा पुराना-से-पुराना क़ब्ज़ भी दूर हो जाता है।

विधि

किसी समतल स्थान पर कम्बल आदि कोई मोटा कपड़ा बिछाकर सीधे लेट जायें तथा जांघें और पांव आपस में मिलाकर नितम्बों के पास रख लें। एड़ियां और पञ्जे भी आपस में पूरी तरह मिले हुए रहें। अब धीरे-धीरे श्वास भरते हुए और टांगों को सीधा रखते हुए ऊपर की ओर उठायें। टांगें ऊपर उठाते हुए बीच-बीच में रुका भी जा सकता है, लेकिन टांगों को नीचे नहीं लाना है। इस प्रकार आपके पेट पर ज़ोर पड़ेगा। टांगों को ऊपर ले जाने के बाद, कुछ देर के लिए वहीं स्थिर कर दें और श्वास को भीतर रोककर रखें। कुछ देर बाद श्वास को धीरे-धीरे बाहर निकालते हुए टांगों को अत्यन्त धीरे-धीरे नीचे लायें और आराम से ज़मीन पर टिका दें। ध्यान रहे, यह आसन धीरे-धीरे ही किया जाना चाहिए तथा पांवों को नीचे रखते समय भी विशेष ध्यान रखना चाहिए। पांवों को पटकना नहीं है, अपितु बिल्कुल आराम से ज़मीन पर टिका दें। इस आसन को धीरे-धीरे करने से ही आपको लाभ मिलेगा। अब श्वास भरते हुए टांगों को पहले की भांति ऊपर उठायें और ऊपर ही रोककर रखें तथा श्वास को भी भीतर रोककर रखें।

इस आसन में जहां टांगों को सीधा रखते हुए ऊपर उठाना होता है, वहीं पांवों को नीचे टिकाते हुए भी सावधानी रखनी चाहिए, ताकि पांव टिकने का पता भी न चले। इस आसन को दो-तीन बार किया जा सकता है। अभ्यास होने पर अधिक-से-अधिक दस बार तक किया जा सकता है। यदि एक-दो बार करने पर थकान का अनुभव होने लगे, तो बीच-बीच में शवासन किया जा सकता है।

इस आसन का अभ्यास प्रातःकाल अथवा सायंकाल, लेकिन ख़ाली पेट ही किया जाना चाहिए। जब आप अपने श्वास को धीरे-धीरे बढ़ाकर दो-तीन मिनट तक रोकने का अभ्यास कर लेंगे, तो आपको इस आसन का प्रभाव अनुभव होगा।

इस आसन को करने से हर्निया रोग नहीं होता और यदि हो गया हो, तो वह भी धीरे-धीरे दूर हो जाता है।

7. पश्चिमोत्तानासन

नामकरण

इस आसन का अभ्यास करते समय पांव की एड़ियों से लेकर सिर तक शरीर के पूरे पिछले भाग में भरपूर तनाव पैदा होता है। इसीलिए इसे 'पश्चिमोत्तानासन' कहते हैं।

लाभ

1. इस आसन के करने से पाचनशक्ति बढ़ती है तथा भूख खुलकर लगती है।

2. वृद्धावस्था में होने वाली शिथिलता दूर होती है तथा उत्साह में वृद्धि होती है।

3. पेट की चर्बी नष्ट होती है तथा पांवों और नितम्बों का मोटापा दूर होकर वे सुडौल हो जाते हैं।

4. क़ब्ज़ दूर हो जाता है तथा पेट के कीड़े भी नष्ट हो जाते हैं।

5. गुर्दों के रोग दूर होते हैं।

6. मन शान्त और प्रसन्न रहता है। जिन्हें क्रोध आता है, उनके लिए यह अत्यन्त लाभप्रद आसन है।

7. इस आसन के अभ्यास से कमर, पीठ, घुटने अथवा पिंडलियों आदि के रोग दूर होते हैं, रीढ़ की हड्डी लचीली बनती है और शरीर का बौनापन दूर होकर क़द भी बढ़ता है।

8. यह आसन पुंसत्व बढ़ाने तथा स्वप्नदोष और वीर्य का पतलापन नष्ट करने में सहायक है।

9. इस आसन के अभ्यास से जिगर, तिल्ली व आंतें ठीक रहती हैं।

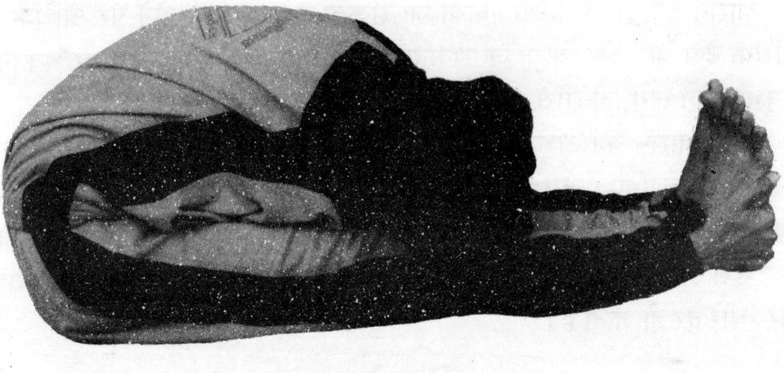

पश्चिमोत्तानासन

विधि

दोनों पांव सामने की ओर सीधे फैलाकर इस प्रकार बैठ जायें कि घुटनों के नीचे का भाग नीचे ज़मीन से सटा रहे तथा दोनों एड़ियां व पञ्जे आपस में जुड़े रहें। अब दोनों हाथ एक साथ मिलाकर सिर के ऊपर उठायें। हथेलियां सामने की ओर रहें तथा सिर दोनों बाज़ुओं के बीच में रहे। अब धीरे-धीरे श्वास छोड़ते हुए तथा सिर

को दोनों हाथों से दबाते हुए नीचे लाकर व पेट को अन्दर खींचते हुए बायें हाथ से बायें पांव का अंगूठा छूने का प्रयास करें। इसके साथ ही मस्तक को घुटनों के पास लगाने का प्रयत्न करें। लेकिन ध्यान रखें, जल्दबाज़ी अथवा बलप्रयोग बिल्कुल नहीं करना चाहिए और घुटने मुड़ने नहीं चाहिए। जांघें और पिंडलियां धरती को छूती रहें।

यह एक कठिन आसन है और पर्याप्त समय के बाद ही अभ्यास करते रहने से सिद्ध हो सकता है। यह आसन एक-एक मिनट के लिए केवल तीन बार करना पर्याप्त रहता है। यदि आरम्भ में पूरा आसन न कर सकें अथवा किसी कारणवश पांव के अंगूठों को न पकड़ सकें या सिर को घुटनों से न लगा सकें, तो निराश न हों। हाथ जहां तक आराम से पहुंचें, वहीं तक ले जाने के बाद टांग के निचले हिस्से को पकड़ें। श्वास को छोड़ते हुए सिर को नीचे झुकाना चाहिए, पर पेट को जांघों से नहीं लगाना चाहिए।

मोटापा दूर करने के लिए पश्चिमोत्तानासन करने की दूसरी सरल विधि इस प्रकार है—पीठ के बल लेटकर हाथों, जांघों और टांगों को शरीर के साथ चिपकाकर तथा पञ्जे व एड़ियां एक साथ मिलाकर हाथों को सिर की ओर ले जायें और ऊपर ले जाकर तान दें। अब श्वास छोड़ते हुए कमर के ऊपरी हिस्से को पहले ऊपर उठायें और फिर पांवों पर झुकाते हुए हाथों से पांवों को पकड़ने का प्रयास करें। दो-चार सैकण्ड तक इस स्थिति में श्वास को बाहर निकालें और फिर धीरे-धीरे श्वास भीतर खींचते हुए लेट जायें। इस प्रकार चार-पांच बार अभ्यास करें, तो पश्चिमोत्तानासन से प्राप्त होने वाले लगभग सभी लाभ आपको मिल जायेंगे।

पश्चिमोत्तानासन करने की एक अन्य विधि इस प्रकार है—दोनों पांवों को लगभग साठ सेण्टीमीटर चौड़ा फैलाकर बैठ जायें और श्वास छोड़ते हुए तथा दोनों हाथों से सिर को दबाते हुए बायें पांव का अंगूठा छूने या पकड़ने का प्रयास करें। इसके बाद धीरे-धीरे श्वास भरते हुए हाथ और सिर को ऊपर उठा लें। अब दूसरी बार श्वास को छोड़ते हुए और सिर को नीचे झुकाते हुए दोनों हाथों से दाहिने पांव का अंगूठा पकड़ने का प्रयास करें। ध्यान रहे, शरीर के साथ तनिक भी ज़ोर-ज़बरदस्ती नहीं की जानी चाहिए, अन्यथा लाभ के स्थान पर हानि होने की सम्भावना है।

सावधानी

इस आसन का अभ्यास आरम्भ में दो-तीन बार ही करें। अभ्यास हो जाने पर अधिक समय तक भी किया जा सकता है। इस आसन को भरे पेट अथवा झटके के साथ भूलकर भी न करें। यदि आंतों अथवा पेट का कोई रोग हो, तो भी इस आसन को न करें। इस आसन के प्रयोग से नाना प्रकार के रोग जड़ से नष्ट हो जाते हैं। मोटापा, सायटिका, कमरदर्द अथवा वायुरोगों के लिए यह आसन रामबाण है।

8. भुजंगासन

नामकरण

इस आसन में व्यक्ति की आकृति फन उठाये हुए सांप की भांति बन जाती है। इसीलिए इसका नामकरण 'भुजंगासन' किया गया है। भुजंग सांप को कहते हैं। लेटकर किये जाने वाले आसनों में भुजंगासन प्रमुख है।

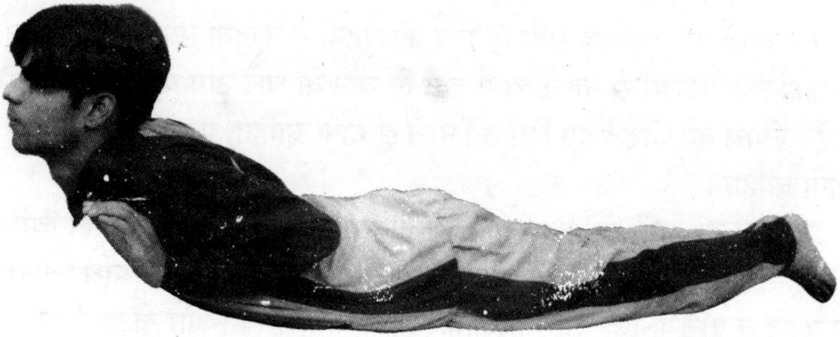

भुजंगासन

लाभ

1. इस आसन के करने पर रीढ़ की हड्डी का तनाव दूर होता है, वह लचीली बनती है तथा छाती और पीठ की सभी विकृतियां दूर होती हैं। रीढ़ की हड्डी और कमर के दर्द के लिए यह आसन अद्वितीय है। यदि रीढ़ की हड्डी का कोई अंग या कशेरुका अपने स्थान से हट गयी हो, तो इस आसन के अभ्यास से वापस अपने स्थान पर आ जाती है।

2. इस आसन से सीना चौड़ा होता है, कमर पतली होती है, क़द बढ़ता है, बढ़ा हुआ पेट और बेडौल कमर अनुपात में आकर सुडौल एवं आकर्षक बन जाते हैं। इस आसन के अभ्यास से युवक-युवतियां अपने वक्षस्थल को उन्नत बना सकते हैं। युवकों का स्वप्नदोष दूर करने के लिए यह आसन अत्यन्त उपयोगी है।

3. इस आसन के अभ्यास से व्यक्ति की पीठ, कन्धे, गर्दन, भुजाएं तथा छाती व हृदय की पेशियां शक्तिशाली बनती हैं। गर्दन, कमर व पीठ आदि का दर्द दूर होता है तथा गले की ग्रन्थियां पुष्ट होने से टांसिल रोग भी नहीं होता।

4. सम्पूर्ण शरीर का नाड़ी-तन्त्र शक्तिशाली बनता है। ज्ञान-तन्तु पुष्ट होते हैं तथा आधे सिर का दर्द अथवा माइग्रेन दूर होता है।

5. इस आसन के अभ्यास से पेट के सभी रोग और विशेषकर क़ब्ज़, मन्दाग्नि

तथा गैस बनने की शिकायत दूर होती है।

6. गुर्दों की कार्यशीलता में विशेष सुधार आता है।

7. फेफड़े मज़बूत होते हैं तथा दमा, खांसी, ब्रांकाइटिस और स्नोफ़ीलिया आदि रोग दूर हो जाते हैं।

8. थकावट दूर होती है।

9. महिलाओं के लिए भी यह आसन बहुत उपयोगी है; क्योंकि इस आसन के अभ्यास से प्रदररोग तथा गर्भाशय एवं भीतरी अंगों के रोग दूर होते हैं और उनका यौवन स्थायी रहता है।

विशेष

यह आसन स्त्री-पुरुष, बाल-वृद्ध, रोगी-निरोगी सब कर सकते हैं। लेकिन गर्भवती महिलाएं तथा हर्निया के रोगी इस आसन को भूलकर भी न करें। प्रतिदिन प्रात:-सायं पांच मिनट तक इस आसन का अभ्यास करने से पेट में बनने वाली गैस के रोग में तुरन्त लाभ होता है।

विधि

पेट के बल सीधे लेट जायें और पांवों को एक-दूसरे से मिला लें। टांगें बिल्कुल सीधी रहें। हाथ छाती के बग़ल में और कोहनियां मुड़ी रहें। जांघों तक का भाग पृथ्वी पर ही लगा रहे। हथेलियां छाती के बग़ल में फ़र्श तक लगी रहें। इसके बाद श्वास को भीतर खींचते हुए पहले सिर, फिर गर्दन, उसके बाद सीना और फिर पेट को धीरे-धीरे ऊपर उठायें। ध्यान रखें, पांवों की अंगुलियों से नाभि तक का भाग फ़र्श से चिपका रहे, लेकिन कमर से सिर तक का भाग ऊपर उठ जाये। सिर इतना ऊंचा उठा लें कि आंखें आकाश की ओर अथवा छत की ओर उठ जायें। इस प्रकार शरीर का ऊपरी भाग सांप के फन के समान ऊंचा उठ जायेगा तथा पीठ के नीचे कमर और नितम्बों के जोड़ पर खिंचाव अनुभव होगा। इसी स्थिति में पांच सैकण्ड तक श्वास रोककर स्थिर रहें। यदि श्वास न रोक सकें, तो उसे सामान्य गति से चलने दें। इसके बाद श्वास को बाहर निकालते हुए पहले छाती को ज़मीन पर टिकायें और उसके बाद गर्दन को नीचे झुकाकर माथे को ज़मीन पर लगाने के बाद बायें गाल को भी ज़मीन पर रखकर शरीर को ढीला छोड़ दें।

कुछ दिन बाद इस आसन का अभ्यास करते हुए हथेलियों का सहारा लेना बन्द कर दें तथा उन्हें ज़मीन से ऊपर उठा लें और इस आसन का अभ्यास तीन बार करें। पूर्ण अभ्यस्त होने के बाद भी इस बात का ध्यान अवश्य रखें कि सिर को ऊपर उठाते समय सांस को भीतर खींचना है और सिर को नीचे लाते समय सांस को बाहर

निकालना है।

कोई भी योगासन करते समय शरीर के साथ किसी भी प्रकार की जोर-ज़बरदस्ती नहीं करनी चाहिए। धीरे-धीरे अभ्यास करते हुए आप किसी भी आसन को करने में निपुणता प्राप्त कर सकते हैं। लेकिन जहां तक उस आसन-विशेष से लाभ मिलने की बात है, तो लाभ पहले दिन से ही मिलने लगता है और धीरे-धीरे अभ्यास करने पर पूर्ण लाभ प्राप्त होता है।

9. शवासन

नामकरण

अब हम जिस प्रमुख आसन के विषय में बताना चाहते हैं, वह बहुत आवश्यक और आसान है। इस आसन के करने से व्यक्ति का शरीर और मन फूल के समान हलका और तरोताज़ा हो जाता है। इसलिए जब भी आपका शरीर और मन किसी प्रकार की थकान अनुभव करे अथवा आपकी कुछ भी काम करने की इच्छा न रहे, आप निराश हों या किसी कारणवश परेशान हों, तो इस आसन को उचित ढंग से करें। आपकी हर प्रकार की परेशानी व मानसिक व्यथा, उत्तेजना अथवा थकान तुरन्त दूर हो जायेगी और आप नये सिरे से प्रत्येक कार्य करने के लिए तैयार हो जायेंगे। यह आसन स्त्री-पुरुष सभी के लिए विशेष उपयोगी है। इस आसन का नाम शवासन है। इसे करते समय शरीर पूर्णत: शव के समान हो जाता है। इसीलिए इसका नामकरण 'शवासन' किया गया है। इस आसन के करने से तन और मन के सब विकारों से मुक्ति मिलती है।

शवासन

लाभ

1. इस आसन के अभ्यास से शारीरिक अथवा मानसिक थकान तुरन्त दूर हो जाती है।

2. उच्चरक्तचाप, हृदयविकार, मधुमेह, अवसाद *(डिप्रेशन)* अथवा नाना प्रकार

के मानसिक विकारों को दूर करने के लिए शवासन अद्वितीय है।

3. शवासन करने से शरीर के भीतर के रोगाणु श्वास द्वारा बाहर निकल जाते हैं।

4. कुण्ठा, निराशा तथा थकावट दूर होती है।

5. चित्त शान्त रहता है।

6. थका हुआ शरीर पुनः काम करने के योग्य बन जाता है।

विधि

यह आसन अत्यन्त सरल होते हुए भी बहुत कठिन है। इस आसन का अभ्यास करने से शरीर के साथ ही मन को भी विचारों से रहित करना पड़ता है। इस आसन को करने के लिए आप किसी दरी, कम्बल अथवा तख़्तपोश आदि पर बिल्कुल सीधे लेट जायें। पांव सीधे रहें तथा हाथ शरीर के समानान्तर और हथेलियां नीचे पृथ्वी की ओर रहें। यदि कोई कठिनाई प्रतीत हो, तो हाथों को थोड़ा दूर रख सकते हैं और पांवों में भी कुछ दूरी रखी जा सकती है। इसके बाद शरीर को एकदम ढीला छोड़ दें तथा पांव से ध्यान आरम्भ करते हुए धीरे-धीरे टांगें, पिंडलियां, जांघें, कमर, पेट, छाती, गर्दन, चेहरा और सिर को एकदम शिथिल हो जाने दें। आपका मन और शरीर दोनों इतने शिथिल हो जायेंगे कि आपको किसी प्रकार का तनाव नहीं रहेगा। अब मन को श्वास-क्रिया पर टिकायें और केवल यह ध्यान करें कि सांस आ रही है, सांस जा रही है। थोड़ी देर में आपके शरीर में एक ठहराव-सा आ जायेगा। लेकिन आपको उसकी कोई चिन्ता नहीं करनी है। शरीर के साथ कोई संघर्ष नहीं करना है, कोई टकराव नहीं होना चाहिए। शरीर का कोई अंग इधर-उधर लुढ़क जाये, तो लुढ़कने दीजिये, पूर्ण विचारहीनता की स्थिति बन जायेगी। मन को केवल श्वास-क्रिया पर लगायें और लम्बे सांस लें। इस प्रकार आपके भीतर के रोगाणु श्वास के द्वारा बाहर निकल जायेंगे। यदि शवासन के समय आप थोड़ा सोना चाहते हैं, तो अवश्य सो जाइये और यदि प्राणायाम करना चाहते हैं, तो उसका अभ्यास भी कर सकते हैं। कुछ देर बाद आपको प्रतीत होगा कि आपका शरीर एकदम हलका हो गया है और आप न जाने कितना विश्राम कर चुके हैं।

शवासन को करने से शरीर और मन की थकान, कुण्ठा अथवा निराशा आदि सभी रोग नष्ट हो जाते हैं। मन की उद्विग्नता समाप्त हो जाती है, चित्त शान्त रहता है तथा नींद भरपूर आती है। यह आसन शरीर के लिए परम उपयोगी है। योगासन करते हुए अथवा किसी भी दैनिक कार्य को करते हुए जब भी आप थकान अनुभव करें अथवा आपका रक्तचाप उच्च हो जाये, आपको हृदय का कोई कष्ट हो, तो आप दो-चार मिनट के लिए शवासन कर लें, आप तुरन्त पूर्ण स्वस्थ हो जायेंगे।

10. बद्ध पद्मासन

नामकरण

कमल के फूल की पंखुड़ियां खिलने से पहले आपस में मिली रहती हैं। इस आसन में भी शरीर की आकृति कमल के बन्द फूल के समान बन जाती है। इसीलिए इसे 'बद्ध पद्मासन' कहा जाता है।

बद्ध पद्मासन

लाभ

1. इस आसन का अभ्यास करने से हाथों-पांवों की मांसपेशियां मज़बूत और लचीली बनती हैं।

2. उदररोग दूर होते हैं और जठराग्नि प्रचण्ड होती है।

3. पीठ तथा रीढ़ की हड्डी के रोग दूर होते हैं।

4. नितम्बों एवं कमर पर बढ़ी हुई चर्बी कम होती है।

5. मूत्राशय के सभी रोग दूर होते हैं तथा मूत्राशय पुष्ट व सक्षम बनता है।

6. पद्मासन से होने वाले अन्य सभी लाभ प्राप्त हो जाते हैं।

विधि

इस आसन को करने से पहले यह निश्चित कर लें कि आपके हाथों-पांवों की मांसपेशियां लचीली व मज़बूत हो चुकी हों, अन्यथा इस आसन को न करें। इस आसन को करते समय सबसे पहले पद्मासन में बैठ जायें और बायें हाथ को पीठ के पीछे से लाते हुए बायें पांव का अंगूठा पकड़कर पीछे की ओर खींचें। इसके बाद दाहिने हाथ को पीठ के पीछे से लाते हुए दाहिने पांव के अंगूठे को पकड़ें। ऐसा करना सबके लिए सम्भव नहीं होता। यदि हाथों-पांवों की मांसपेशियां लचीली हो चुकी हों, तो यह आसन आसानी से किया जा सकता है। इस आसन के अभ्यास से, कन्धे से लेकर पांवों की अंगुलियों तक पूरे शरीर की मांसपेशियां सक्रिय, पुष्ट व सक्षम हो जाती हैं।

यह एक कठिन आसन है। अत: आरम्भ में इसका अभ्यास मात्र दस-पन्द्रह सैकण्ड के लिए ही करना चाहिए। हां, धीरे-धीरे अवधि बढ़ाकर इसे अधिक देर तक किया जा सकता है।

11. उत्थित पद्मासन

नामकरण

इस आसन को करते हुए शरीर की आकृति जल में उठे हुए कमल की भांति बन जाती है। इसीलिए इसे 'उत्थित पद्मासन' कहते हैं।

लाभ

1. पद्मासन से होने वाले सभी लाभ इस आसन से भी प्राप्त होते हैं।
2. उदररोगों में लाभ मिलता है।
3. हाथों व कमर की मांसपेशियां लचीली और सुदृढ़ बनती हैं।

विधि

पद्मासन में बैठकर दोनों हाथों को शरीर से सटाते हुए नितम्बों के पास इस प्रकार रखें कि शरीर का सन्तुलन बन सके। उसकेपश्चात् दोनों हाथों पर ज़ोर डालते हुए शरीर को धरती से थोड़ा ऊपर उठायें। इस प्रकार घुटने थोड़ा छाती की ओर उठे हुए व खिंचे हुए रहेंगे और पूरे शरीर का भार दोनों हाथों पर टिका रहेगा।

उत्थित पद्मासन

12. कुक्कुटासन

नामकरण

देखने में यह आसन भी उत्थित पद्मासन-जैसा लगता है। लेकिन इस आसन को करते समय दोनों हाथ टांगों के बीच से निकालकर धरती पर टिकाये जाते हैं और शरीर की आकृति खड़े हुए मुर्गे के समान बन जाती है। मुर्गे को ही कुक्कुट भी कहते हैं। इसीलिए इस आसन को 'कुक्कुटासन' कहा जाता है। कुछ व्यक्ति आकृति के आधार पर इस आसन को 'तुलासन' भी कहते हैं।

लाभ

1. पद्मासन से होने वाले सभी लाभ इस आसन से भी प्राप्त होते हैं।

2. छाती तथा हाथों की मांसपेशियां सुदृढ़ होती हैं।

3. क़ब्ज़ तथा पेट के कीड़े नष्ट होते हैं तथा भूख बढ़ती है।

4. शरीर की बढ़ी हुई चर्बी को कम करने के लिए यह आसन बहुत उपयोगी है।

कुक्कुटासन

विधि

यह आसन उत्थित पद्मासन से भी कठिन है और इसका अभ्यास भी वही लोग कर सकते हैं, जिनके हाथों-पांवों की मांसपेशियां लचीली और स्वस्थ बन चुकी हैं। इस आसन को करते समय ज़ोर-ज़बरदस्ती नहीं करनी चाहिए।

इस आसन को करने के लिए पहले बद्ध या उत्थित पद्मासन में बैठ जायें और दोनों हाथों को जांघों और पिंडलियों के बीच से निकालते हुए हथेलियों को ज़मीन पर टिका दें। पद्मासन छिन्न-भिन्न न हो, इस बात का ध्यान रखें। अब हथेलियों पर शरीर के भार का सन्तुलन बनाते हुए शरीर को ऊपर हवा में उठा दें। इस आसन में वक्षस्थल तथा गर्दन कुछ आगे की ओर झुक जाती है, लेकिन इस आसन को अधिक देर तक नहीं करना चाहिए।

13. सिंहासन

नामकरण

सिंह, चीता, भेड़िया आदि मांसाहारी पशु सांस लेते समय अपनी जीभ को बाहर निकाले रहते हैं और उनके गले से हलकी-सी आवाज़ भी निकलती रहती है। इस आसन को करने से आकृति कुछ इसी प्रकार की हो जाती है। इसीलिए इस आसन का नामकरण 'सिंहासन' किया गया है।

सिंहासन

लाभ

1. इस आसन का प्रमुख लाभ श्वसन-तन्त्र और स्वर-यन्त्र का निर्दोष और पुष्ट होना है।

2. हकलाहट तथा जबड़ों की. जकड़न को दूर करने के लिए यह अत्यन्त लाभदायक आसन है।

3. इस आसन के अभ्यास से निर्भीकता बढ़ती है तथा साहस का सञ्चार होता है।

4. कान, नाक, गला, मुंह और दांतों के अनेक रोग दूर करने में सहायता मिलती है।

5. छाती, हाथ और घुटनों की मांसपेशियां सुदृढ़ बनती हैं।

विधि

इस आसन को किसी भी समय किया जा सकता है, लेकिन अधिक लाभ प्राप्त करने के लिए इसे प्रातःकाल सूर्य की ओर मुख करके ही करें। दोनों घुटने फैलाकर पांवों की अंगुलियों के बल एड़ी और तलवे को उठाकर वज्रासन में बैठ जायें। दोनों घुटनों के मध्य थोड़ा अन्तर रखें और हथेलियों को घुटनों के बीच से शरीर की ओर फैलाकर थोड़ा पास-पास रखें। इसके बाद गर्दन झुकाकर ठुड्डी को छाती पर टिका दें, मुंह को अधिकतम खोलकर व जीभ को बाहर निकालकर आगे की ओर लटका दें और नाक से सांस लेते हुए तथा गले से आवाज़ करते हुए सांस को मुंह से बाहर निकाल दें। इसके बाद पुनः अधिकतम सांस अन्दर भरते हुए तीन बार इतनी ज़ोर से सिंह की भांति गर्जना करें कि आस-पास का वातावरण कांपने लगे। उस समय आपका स्वरूप किसी विकराल सिंह की भांति प्रतीत होगा और आपको अधिकाधिक लाभ प्राप्त होगा।

14. उष्ट्रासन

नामकरण

ऊंट के ऊबड़-खाबड़ शरीर तथा उसके उठने-बैठने के विचित्र ढंग को देखकर इस आसन की रचना की गयी है। इसीलिए इस आसन का नामकरण 'उष्ट्रासन' किया गया है।

लाभ

1. इस आसन का अभ्यास करने से रीढ़ की हड्डी लचीली व स्वस्थ बनती है।

2. कमर के रोगों, पेट के रोगों तथा क़ब्ज़ आदि को दूर करने में यह आसन अत्यन्त लाभप्रद है।

3. स्त्रीरोगों का उपचार करने में तथा स्तनों के उभार में सहायता प्रदान करता

है।

4. इस आसन का अभ्यास करने से कामेन्द्रियां विकसित होती हैं तथा जीवनीशक्ति बढ़ती है।

5. आलस्य दूर होता है तथा बुढ़ापे के कारण आयी शिथिलता नष्ट होती है।

6. शरीर के अंग-प्रत्यंग में उत्साह दिखाई देने लगता है।

उष्ट्रासन

विशेष

यदि उष्ट्रासन को सर्वांगासन करने के बाद किया जाये, तो दोनों आसनों से होने वाले लाभ दुगुने हो जाते हैं।

विधि

घुटने मिलाकर व एड़ियों को ऊपर उठाकर पञ्जों के बल वज्रासन में बैठें। शरीर को थोड़ा-थोड़ा पीछे की ओर झुकाते हुए दोनों हाथों को दोनों पगतलियों के थोड़ा पीछे भूमि पर टिका दें। इस स्थिति में अंगूठे, अंगुलियां और हथेली भी ज़मीन पर टिक जायेंगे। हाथों को थोड़ा सख़्त करते हुए तथा घुटनों से लेकर सिर तक के भाग को कमान की तरह झुकाते हुए ऊपर की ओर उठें। इस प्रकार पूरा शरीर तन जायेगा। नितम्बों और एड़ियों के बीच अधिकाधिक दूरी बनाते हुए पूर्ण स्थिति प्राप्त करें। दोनों हाथ पृथ्वी पर किसी खम्भे के समान टिके रहेंगे। अब सिर के पिछले

भाग को ज़मीन के समानान्तर मिलाते हुए आंखों को छत की ओर खुला रखें और बिना पलक झपकाये एकटक देखने का अभ्यास करें।

15. आनन्द मदिरासन

नामकरण

इस आसन का नामकरण करते समय इस बात का ध्यान रखा गया है कि अधिक समय तक इस आसन का अभ्यास करने के कारण व्यक्ति की मन:स्थिति आनन्द से इस प्रकार परिपूर्ण हो जाये, मानो उसने सोमरस का पान किया हो। इसीलिए इस आसन का नामकरण 'आनन्द मदिरासन' किया गया है।

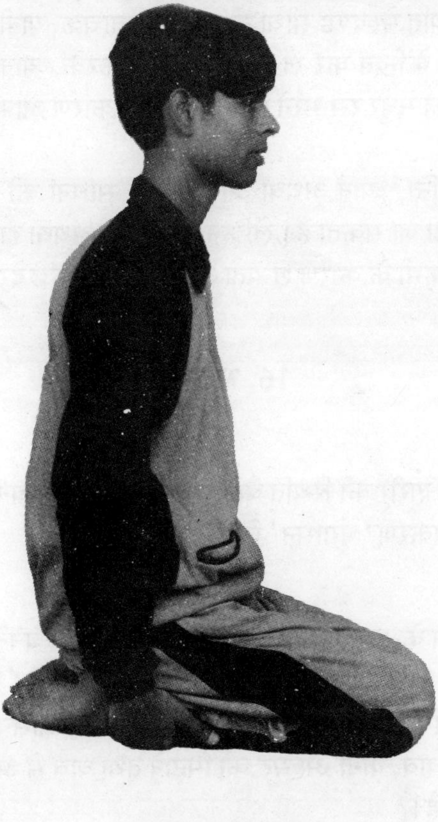

आनन्द मदिरासन

लाभ

1. इस आसन के अभ्यास से मानसिक आनन्द की अनुभूति होती है।
2. साधक को अपने आध्यात्मिक स्वरूप का ज्ञान होता है।
3. नाड़ी-संस्थान में स्थिरता आती है।
4. वज्रासन से होने वाले लाभ प्राप्त होते हैं।
5. मानसिक चिन्ताएं और उत्तेजनाएं शान्त होती हैं।

विधि

पांवों के तलवों पर वज्रासन की स्थिति में बैठ जायें तथा दोनों हाथों को शरीर से सटाते हुए सामने की ओर लाकर हथेलियों को नितम्बों के नीचे तथा पांवों के तलवों के ऊपर लगाते हुए शरीर को जकड़ लें। इस स्थिति में शरीर तनावरहित रहे, लेकिन रीढ़ की हड्डी, अर्थात् मेरुदण्ड सीधा रहे। अब आज्ञाचक्र, यानी दोनों भौंहों के बीच के स्थान पर दृष्टि केन्द्रित कर लें या आंखें बन्द करके ध्यान लगायें, तो मुंह के भीतर एक प्रकार का मधुर रस भरने लगेगा, जिसके कारण आपको अपूर्व मस्ती का अनुभव होगा।

मानसिक शान्ति, ध्यान अथवा आध्यात्मिक साधना की प्राप्ति के लिए इस आसन में घण्टों बैठा जा सकता है। लेकिन यदि पांवों अथवा हाथों की अंगुलियों में रक्त-सञ्चरण की कमी के कारण शून्यता अनुभव हो, तो कुछ देर के लिए इस आसन को रोक दें।

16. भृंगासन

नामकरण

इस आसन में शरीर की स्थिति बैठे हुए भंवरे के समान बन जाती है। इसीलिए इस आसन का नामकरण 'भृंगासन' किया गाया है।

लाभ

1. इस आसन के अभ्यास से डकारें आना तथा पेट में बनने वाली हानिप्रद गैस नष्ट होती है।

2. हिचकियां रोकने के लिए यह अत्यन्त लाभप्रद आसन है।

3. आंतों के घाव, यानी *अल्सर* को मिटाने तथा घाव से आने वाली सड़ांध को रोकने में सहायक है।

4. वज्रासन से होने वाले लाभ इस आसन से भी मिलते हैं।

भृंगासन

विधि

वज्रासन में सीधे बैठकर छाती में गहरा श्वास भर लीजिये। शरीर को घुटनों की ओर झुकाते हुए और श्वास को धीरे-धीरे छोड़ते हुए दोनों हाथों की कोहनियों को घुटनों के पास टिकाकर हाथों को आगे की ओर फैला दें। इस स्थिति में दोनों हाथों की अंगुलियां सटी हुई तथा कलाइयां मिली हुई रहेंगी। अब हथेलियों को भूमि पर टिका दें और गर्दन को ऊपर उठाकर दृष्टि को किसी कल्पित बिन्दु पर टिका दें।

इस प्रकार भृंगासन की पूर्ण स्थिति पर पहुंचने के बाद जीभ को नली के समान बनाकर सी.ई.ई.ई.ई. की आवाज़ के साथ श्वास को तेज़ी से भीतर खींचकर फेफड़ों और पेट में भर लें। अब ठुड्डी को कण्ठकूप में लगाते हुए श्वास को कुछ देर तक भीतर ही रोककर रखें। जब श्वास का रुकना सम्भव न रहे, तो होठों को गोल करके सीटी बजाते हुए श्वास को बाहर निकाल दें तथा गर्दन को ऊपर की ओर उठाये रहें। इस प्रकार प्राणायाम की इस क्रिया को कई बार दोहराने से भृंगासन के भरपूर लाभ प्राप्त होते हैं। ध्यान रखें कि श्वास को छोड़ते समय नाक से भी भंवरे के समान गुनगुनाहट का स्वर निकलना चाहिए।

17. मृगासन

नामकरण

जंगल में चरते हुए मृग की शारीरिक स्थिति का अध्ययन करने के पश्चात् ही इस आसन की रचना सम्भव हो सकी है। इसीलिए इसे 'मृगासन' नाम प्रदान किया गया है।

लाभ

1. इस आसन के अभ्यास से भुजाएं, कन्धे, छाती व घुटने पुष्ट होते हैं।

2. कण्ठ तथा गर्दन की सब नस-नाड़ियों का व्यायाम होता है और वे स्वस्थ रहती हैं।

3. मेरुदण्ड, अर्थात् रीढ़ की हड्डी की ख़राबियां दूर हो जाती हैं।

4. कमरदर्द दूर करने के लिए उत्तम आसन है।

5. कमर की मांसपेशियां सुदृढ़ तथा कमर पतली व लचीली होती है।

6. वज्रासन से होने वाले सभी लाभ प्राप्त होते हैं।

7. फेफड़ों में अधिक वायु भरने की क्षमता विकसित होती है, श्वास रोगों में लाभ मिलता है तथा प्राणायाम के लिए सहायक आसन है।

8. शरीर में स्फूर्ति बढ़ती है तथा अधिक देर तक दौड़ लगाने की क्षमता पैदा होती है।

मृगासन

विधि

वज्रासन की स्थिति में बैठ जायें, लेकिन घुटनों के नीचे कपड़े की गद्दी अवश्य रख लें। अब सांस छोड़ते हुए तथा गर्दन और छाती को सामने की ओर झुकाते हुए

नीचे लायें और छाती को घुटनों पर टिका दें। पांवों के पञ्जों को आपस में मिलाकर बाहर की ओर फैला दें और हाथों को पीठ की ओर से धीरे-धीरे ऊपर उठाते हुए सिंह-जैसी आकृति बना लें और उन्हें घुटनों के समानान्तर ऊपर उठाये रखें। दोनों हथेलियां आमने-सामने रहेंगी और हाथों में अन्तर भी समान रहेगा। अब गर्दन को इस प्रकार सन्तुलित करें कि माथा, नाक व मुख धरती का स्पर्श न कर सकें। दोनों पांवों की एड़ियों को नितम्बों के पास रखते हुए नितम्बों को भी ऊपर उठा लें। यही इस आसन की पूर्ण स्थिति है।

सावधानी

पूरे शरीर के भार का सन्तुलन केवल घुटनों पर बनाये रखें तथा पांवों के पञ्जों को आपस में सटाकर इस प्रकार फैलायें कि हरिण की दुम-जैसे प्रतीत हों। दोनों हाथ इस प्रकार ऊपर उठे रहें, मानो हरिण के सींग हों। गर्दन और मुख इस प्रकार सधे हुए और सन्तुलित रहें, मानो हरिण घास चर रहा हो। यदि चाहें, तो इस आसन के साथ ही कुम्भक प्राणायाम भी किया जा सकता है।

18. चातक आसन

नामकरण

चातक पक्षी आकाश में चन्द्रमा के निकलने पर एकटक उसकी ओर देखता रहता है; क्योंकि चन्द्रमा की प्रकृति अत्यन्त शीतल होती है। चातक पक्षी की भंगिमा का अध्ययन करने के उपरान्त ही इस आसन का नामकरण 'चातक आसन' किया गया है।

चातक आसन

लाभ

1. इस आसन के अभ्यास से व्यक्ति के स्वभाव में शीतलता तथा वाणी में माधुर्य का विकास होता है।

2. ब्रह्मचर्य की साधना करने के लिए अथवा त्राटक का अभ्यास करने के लिए यह सर्वोत्तम आसन है।

3. इस आसन के अभ्यास से फेफड़ों में अधिक श्वास भरने की क्षमता विकसित होती है तथा छाती की मांसपेशियां सुडौल बनती हैं।

4. आंतों की दुर्बलता दूर होती है तथा पाचक रसों की वृद्धि होती है।

5. अस्थियों में रक्त तथा मांस व मज्जा के निर्माण की क्षमता बढ़ती है।

6. मेरुदण्ड लचीला बनता है तथा पीठ, कमर और पांवों की मांसपेशियां सशक्त बनती हैं।

विधि

कम्बल आदि किसी मोटे कपड़े पर दोनों पांवों को फैलाकर बैठ जायें। अब बायें पांव को घुटने से मोड़ते हुए बायीं एड़ी को मलद्वार और मूत्रद्वार के बीच के स्थान पर दबाव के साथ जमा दें। इसी स्थान को मूलाधार कहा जाता है। इसके बाद दाहिने पांव को दाहिनी ओर से इस प्रकार फैलायें कि घुटने और पञ्जे का ऊपरी भाग भूमि को छूता रहे। इसके बाद दोनों हाथों को धरती के समानान्तर फैला दें। हथेलियां भूमि की ओर रहें। गर्दन को पीछे की ओर इस प्रकार झुकायें कि वह दाहिने कन्धे पर लगभग टिक जाये। मुख को आकाश की ओर उठाकर ऊपर की ओर देखें और त्राटक करें। इस स्थिति में पहुंचने के बाद गहरा श्वास खींचते हुए पेट और छाती को ख़ूब फुलायें। जब श्वास बाहर निकालना चाहें, तो होठों को गोल बनाकर 'पिऊ' 'पिऊ' की ध्वनि के साथ श्वास को बाहर निकाल दें।

विशेष

एकाग्रता, भक्ति अथवा समर्पण भावना–जैसी स्थिति प्राप्त करने के लिए यह सर्वश्रेष्ठ आसन है। कहते हैं कि चातक पक्षी अंगारा भी हज़म कर जाता है और चन्द्रमा उसे इतना अधिक प्रिय है कि उसकी ओर देखते हुए वह सब कुछ भूल जाता है। इन्हीं सब तथ्यों का ध्यान करते हुए आत्मलीन होने के लिए इस आसन का अभ्यास करना चाहिए।

19. कपोत आसन

नामकरण

कपोत कबूतर को कहते हैं। अतः कबूतर के बैठने के ढंग और उसकी जीवनचर्या का अध्ययन करने के पश्चात् इस आसन का नामकरण 'कपोत आसन' किया गया है। इस आसन के करने पर साधक की शारीरिक स्थिति कबूतर से मिलती-जुलती बन जाती है।

लाभ

1. इस आसन के अभ्यास से वक्षस्थल की मांसपेशियों में उभार आता है तथा श्वसन-संस्थान स्वस्थ, स्वच्छ व सक्षम बनता है।

2. कमर का दर्द, कमर का झुकना व सायटिका रोग दूर होता है तथा कमर लचीली व पुष्ट बनती है।

3. कोष्ठबद्धता (क़ब्ज़) दूर होती है।

4. शरीर का सम्पूर्ण भाग घुटनों व पञ्जों पर पड़ता है। अतः पांवों का यह भाग पुष्ट होता है।

5. हाथ-पाव की सभी नस-नाड़ियां, मांसपेशियां तथा अस्थि-बन्धन निरोग व पुष्ट होते हैं।

कपोत आसन

सावधानी

इस आसन के करने से उदर और गर्भाशय पर अधिक दबाव पड़ता है। अतः भोजन के बाद अथवा गर्भवती स्त्रियों को यह आसन नहीं करना चाहिए।

विधि

वज्रासन की स्थिति में बैठकर घुटनों के बीच थोड़ा अन्तर कर लें, लेकिन एड़ियां और पञ्जे आपस में मिले हुए रहें और पांवों का ऊपरी भाग धरती से चिपका रहे। नितम्बों को थोड़ा ऊपर उठायें तथा दोनों हाथों को थोड़ा पास-पास रखते हुए घुटनों के बीच और नितम्बों के नीचे से निकालकर हथेलियों से पांवों के तलवों को ढक लें। इसी स्थिति में शरीर को आगे की ओर खींचते हुए व गर्दन को पीठ की ओर मोड़ते हुए शरीर का सन्तुलन बनाये रखकर सामने की ओर देखने का प्रयास करें। अब सांस को भीतर खींचकर व भीतर रोके रखकर, सिर को ऊपर उठाते हुए शरीर में खिंचाव पैदा करें और श्वास छोड़ते हुए सिर को धीरे-धीरे नीचे लाकर ज़मीन पर रख दें। अब थोड़ा विश्राम करें और श्वास के नियमित हो जाने पर सम्पूर्ण क्रिया को पुनः दोहरायें।

20. शुक आसन

शुक आसन

नामकरण

इस आसन का अभ्यास करते समय साधक की आकृति बैठे हुए तोते के समान बन जाती है। इसीलिए इस आसन का नामकरण 'शुक आसन' किया गया है।

लाभ

1. इस आसन के अभ्यास से हथेलियों की पकड़ तथा अंगुलियों, पञ्जों और हाथों की मांसपेशियां सुदृढ़ होती हैं तथा उनमें अधिक बोझ उठाने की क्षमता विकसित होती है।

2. रीढ़ की हड्डी या मेरुदण्ड लचीला बनता है और उसकी क्षमता विकसित होती है।

3. इस आसन के द्वारा वज्रासन के लाभ भी प्राप्त हो जाते हैं।

विधि

दोनों एड़ियां और पञ्जे मिलाकर उकडूं बैठें। घुटने आपस में छाती के साथ सट जायें और शरीर का बोझ पांव के पञ्जों पर टिक जाये। दोनों हाथों को नीचे लायें और अंगुलियों को पूरी तरह से फैला लें। फैली हुई अंगुलियों के साथ ही हथेलियों को भी पांवों के पास जमा दें और गहरा श्वास भरकर भीतर ही रोक लें। इस स्थिति में पूरे शरीर के भार का सन्तुलन हथेलियों पर बनाते हुए और नितम्बों को एड़ियों के पास रखते हुए शरीर का पिछला भाग तथा दोनों पांव ऊपर उठाकर हवा में लहरायें। जब सांस को भीतर न रोक सकें, तब होठों को गोल बनाते हुए सीटी की आवाज़ में तोते की भांति अपने शरीर को नीचे ले आयें। यही इस आसन की पूर्ण स्थिति है।

21. गोमुख आसन

नामकरण

इस आसन का अभ्यास करते समय शरीर की आकृति गाय के मुख के समान दिखने लगती है। इसीलिए इस आसन का नाम 'गोमुख आसन' रखा गया है।

लाभ

1. इस आसन के अभ्यास से गुर्दों की अशुद्धि, विषाक्त द्रव्य तथा रुका हुआ मूत्र सरलता से निष्कासित हो जाता है।

2. मधुमेह *(डायबिटीज़)* रोग में यह आसन अत्यन्त प्रभावशाली सिद्ध होता है।

3. इस आसन से अपच तथा नाना प्रकार के वातरोग दूर होते हैं।

4. पीठ के दर्द तथा कन्धों में आयी सख़्ती को मिटाने के लिए यह एक उत्तम आसन है।

5. वक्षस्थल चौड़ा होता है तथा श्वास सम्बन्धी कष्ट दूर होते हैं।

6. वीर्य-विकार और स्वप्नदोष मिटाने के लिए अत्यन्त उपयोगी आसन है।

7. महिलाओं के प्रदर रोग को दूर करने में अत्यन्त लाभदायक आसन है।

गोमुख आसन

विधि

दोनों पांवों में कुछ अन्तर रखते हुए सामने की ओर फैला दें। अब दाहिने पांव की एड़ी को मूलाधार पर जमाते हुए दाहिने पांव के पञ्जे को नितम्ब के नीचे दबा लें। इसके बाद बायें पांव को उठाकर दाहिनी जंघा पर इस प्रकार रखें कि एड़ी जंघा पर रहे, परन्तु पञ्जा धरती को छूता रहे। इस प्रकार दोनों घुटने लगभग एक-दूसरे के ऊपर हो जायेंगे। अब शरीर को सीधा रखते हुए दाहिने हाथ को पीठ की ओर रखें और बायें हाथ को सिर के नीचे से मोड़ते हुए दाहिने हाथ की अंगुलियों का स्पर्श करें। यदि पकड़ सकें, तो अंगुलियों को पकड़ लें। ध्यान रहे, पांवों की स्थिति पर दबाव बना रहे और शरीर बिल्कुल सीधा रहे। यदि सम्भव हो सके, तो दोनों हाथों की

अंगुलियों को एक-दूसरे से खींचते हुए शरीर में तनाव लाया जा सकता है। इस आसन को हाथों और पांवों की स्थिति को बदलकर दूसरी ओर से भी किया जाना चाहिए और शरीर की आकृति मुंह उठाये हुए गाय के समान दिखाई देनी चाहिए।

22. शशांक आसन

नामकरण

शशांक ख़रगोश को कहते हैं, जो भीरु होते हुए भी अपनी सतर्कता, सजगता और तीव्र गति के लिए प्रसिद्ध है। किसी दुबके हुए ख़रगोश की स्थिति द्वारा मानव-शरीर के अनेक रोगों का उपचार किया जा सकता है। महर्षि पतञ्जलि ने ख़रगोश की स्थिति का सूक्ष्म अध्ययन करने के बाद ही 'शशांक आसन' की रचना की।

शशांक आसन

लाभ

1. इस आसन के अभ्यास से नाभि से निचला हिस्सा, अर्थात् पेडू या बस्ति प्रदेश सन्तुलित होता है।

2. महिलाओं व पुरुषों की अविकसित अथवा ठीक से विकसित न हो सकी जननेन्द्रियों के विकास के लिए विशेष लाभदायक है।

3. पीठ के दर्द तथा पीठ की रक्त-सञ्चार प्रणाली को ठीक करता है।

4. बढ़े हुए या कमज़ोर जिगर को स्वस्थ करता है।

5. पाचन सम्बन्धी अनेक प्रकार के उदररोगों में लाभ पहुंचाता है।

6. तीव्र व उच्चरक्तचाप में तुरन्त लाभ पहुंचाता है।

7. गर्भाशय की शिथिलता अथवा रुग्णता के कारण जिन महिलाओं का गर्भ बार-बार गिर जाता है अथवा जिनका गर्भाशय अपने स्थान से हट जाता है, उनके लिए यह आसन अत्यन्त लाभकारी है।

8. वज्रासन से होने वाले सभी लाभ इस आसन से भी मिल जाते हैं तथा क़ब्ज़निवारण के लिए भी यह एक उत्तम आसन है।

विधि

वज्रासन की स्थिति में बैठने के पश्चात् श्वास को भीतर भरते हुए दोनों बाज़ुओं को कानों से चिपकाते हुए ऊपर उठायें। सिर को हाथों के बीच चिपकाकर रखें और श्वास को धीरे-धीरे छोड़ते हुए दोनों हाथों व सिर को धरती पर लाकर टिका दें। अब सांस को बाहर निकालें और बाहर ही रोककर रखें। यह क्रिया बाह्यकुम्भक कहलाती है। ध्यान रखें, नितम्ब पांवों पर ही टिके रहने चाहिए, तनिक भी ऊपर न उठें। पीठ, सिर व हाथों को यथासम्भव आगे की ओर खींचते हुए पीठ में पर्याप्त तनाव पैदा करें। यही इस आसन की पूर्ण स्थिति है। अब श्वास को पुन: भीतर भरते हुए हाथों व सिर को धीरे-धीरे ऊपर उठायें और श्वास को बाहर निकालते हुए हाथों को नीचे लायें। शशांक आसन को करने से पहले दो गिलास गरम पानी पी लें तथा वज्रासन की स्थिति में बैठकर दोनों हाथों की मुट्ठियों को भींचकर नाभि के दोनों ओर लगा लें और सांस को बाहर निकालते हुए तथा कमर और सिर को सामने की ओर झुकाते हुए माथे को भूमि पर टिका दें। कुछ देर तक इसी स्थिति में रहने के बाद पुन: इसी आसन को दोहरायें। पुराने-से-पुराना तथा कष्टप्रद क़ब्ज़ भी दूर हो जायेगा।

विशेष

शशांक आसन की स्थिति में शरीर को शिथिल छोड़कर सामान्य रूप से श्वास लेने से उच्चरक्तचाप में तत्काल लाभ प्राप्त होता है।

23. भेक आसन

नामकरण

इस आसन में शरीर की आकृति भेक, अर्थात् मेढक के समान बन जाती है। इसीलिए इसका नामकरण 'भेक आसन' किया गया है।

लाभ

1. इस आसन के अभ्यास से पूरे शरीर को शक्ति व उत्साह प्राप्त होता है।
2. इस आसन के अभ्यास से अपच, क़ब्ज़ व निराशा दूर होती है।
3. पांवों, हाथों व कमर के साथ ही सम्पूर्ण शरीर का व्यायाम हो जाता है।
4. इस आसन का पूर्वाभ्यास करने वाली महिलाओं का प्रसव आसानी से हो जाता है।

5. इस आसन के अभ्यास से पुरुष के शुक्राणुओं की वृद्धि होती है।

विधि

दोनों घुटनों को मोड़कर इस प्रकार उकड़ूं बैठें कि पूरे शरीर के भार का सन्तुलन दोनों पांवों के पञ्जों पर आ जाये तथा दोनों घुटने छाती के पास रहें। अब दोनों बाज़ुओं को नीचे लाते हुए पांव के पञ्जों के आगे धरती पर इस प्रकार टिका दें कि अंगुलियां आपस में मिल जायें, लेकिन हथेलियां खुली हुई रहें। दोनों हाथ कन्धे से हथेलियों तक बिल्कुल सीधे और तने हुए रहें। अब शरीर का भार दोनों हथेलियों पर डालते हुए दोनों एड़ियां और नितम्ब थोड़ा ऊपर उठा दें, ताकि सिर, पीठ और नितम्ब एक सीध में आ जायें और शरीर का भार दोनों हथेलियों तथा पांव की अंगुलियों पर समान रूप से सन्तुलित हो जाये। इस प्रकार आपकी आकृति बैठे हुए मेढक की भांति बन जायेगी।

भेक आसन

यदि आप शरीर के भार का सन्तुलन बनाते हुए मेढक की भांति उछलने का अभ्यास कर लेंगे, तो आपकी अनेक प्रकार की शारीरिक क्षमताएं विकसित हो जायेंगी। लेकिन इसके लिए आपको अपने पांव के पञ्जों पर इस प्रकार दबाव बनाना होगा कि वे स्प्रिंग की भांति दबकर आपके शरीर को दूर तक और ऊपर तक उछाल

सकें। आपके हाथ की कोहनियां शरीर की ओर झुक जानी चाहिए। इस प्रकार सन्तुलन बनाकर शरीर को ऊपर उछालें, ताकि वह अधिक-से-अधिक दूरी तक उछाल भर सके। उछलते समय आपके दोनों पांव शून्य में जितना अधिक फैलेंगे, आपकी उछाल उतनी ही अधिक दूर तक जा सकेगी। उछाल के बाद, जब शरीर पृथ्वी की ओर आ रहा होगा, तो आपके पांव सिकुड़ जायेंगे और पूरे शरीर का भार दोनों हाथों व पञ्जों पर रहेगा, एड़ियों और हथेलियों पर नहीं। एड़ियों और हथेलियों पर वज़न के साथ धक्का लगने से आंतों व पेट की नसों को क्षति पहुंचने का भय रहता है। अतः इस ओर विशेष ध्यान दें।

विशेष

महिलाओं द्वारा इस आसन के किये जाने पर उनके अनेक प्रकार के रोग— मासिक-धर्म की अनियमितता, अल्प रजःस्राव, प्रदर, गर्भाशय की शिथिलता, अण्डाणुओं के निर्माण की कमी अथवा बार-बार गर्भ गिर जाना आदि अनेक विकृतियों का सुधार होकर शरीर स्वस्थ हो जाता है। पुरुषों के जननेन्द्रिय सम्बन्धी रोग भी इस आसन के अभ्यास से दूर होते हैं। यदि विवाहित अथवा विवाह योग्य युवक-युवतियां इस आसन का अभ्यास करें, तो वे सफल एवं सुखमय दाम्पत्य जीवन का लाभ उठा सकते हैं।

सावधानी

इस आसन को अधिकाधिक दो-तीन मिनट तक ही किया जाना चाहिए तथा आसन करते समय पन्द्रह-बीस उछाल ही पर्याप्त रहते हैं।

24. वीरासन

नामकरण

वीर व्यक्ति किसी भी समय, किसी भी ख़तरे का सामना करने के लिए शारीरिक और मानसिक रूप से पूरी तरह तैयार रहता है। अतः इस प्रकार की शारीरिक स्थिति को प्रदर्शित करने वाले आसन को 'वीरासन' कहा जाता है। अनेक योगाचार्यों ने वीरासन की अलग-अलग आकृतियां तथा अलग-अलग नाम रखे हुए हैं।

लाभ

1. वीरासन का अभ्यास हो जाने पर व्यक्ति के शरीर में स्फूर्ति, हाथों-पांवों में सुदृढ़ता तथा निर्णय लेने की सूझ-बूझ आ जाती है।

2. पांवों और घुटनों के जोड़ लचीले और मज़बूत होते हैं।

3. कमरदर्द का नाश होता है तथा कमर में लोच व सन्तुलन बनाये रखने के लिए आवश्यक शक्ति प्राप्त होती है।

4. पांवों के साथ ही पञ्जों, घुटनों और टख़नों के जोड़ भी मज़बूत बनते हैं तथा सन्धिवात में भी लाभ पहुंचता है।

वीरासन

विधि

घुटने मोड़कर पञ्जों के बल इस प्रकार बैठें कि घुटने मुड़कर छाती के पास आ जायें और एड़ियां नितम्बों के पास सटी रहें। अब एड़ियों को धीरे-धीरे ऊपर उठाते हुए शरीर का वज़न पांव के पञ्जों पर डालते हुए थोड़ा ऊपर उठें। इसके बाद बायां पांव थोड़ा आगे बढ़ाकर और पञ्जों पर सन्तुलन बनाये हुए बायें हाथ को बायें घुटने पर टिका दें तथा नितम्ब को दाहिने पांव की एड़ी पर टिकाते हुए पञ्जों के बल

शरीर को ऊपर उठायें। इस स्थिति में दाहिना घुटना कुछ नीचे की ओर झुक जायेगा। अब सामने की ओर एकटक देखते हुए तथा श्वास और शरीर का सन्तुलन बनाये रखते हुए मन में उत्साह का भाव लायें और इसी स्थिति में पञ्जों के बल पर शरीर को ऊपर उठाते हुए धीरे-धीरे आगे बढ़ें। आगे बढ़ते समय हथेलियां घुटनों पर ही रखनी चाहिए। इसी स्थिति में बारी-बारी से पञ्जों पर शरीर का सन्तुलन बनाते हुए धीरे-धीरे आगे बढ़ते रहें। यह वीरासन की पूर्ण स्थिति है।

25. प्राणासन

नामकरण

इस आसन का अभ्यास करने पर श्वास नियन्त्रित और नियमित हो जाता है और हृदयगति को विशेष लाभ पहुंचता है। इसीलिए इस आसन का नामकरण 'प्राणासन' किया गया है।

लाभ

1. कन्धे, जांघों और घुटनों के जोड़ तथा नस-नाड़ियां पुष्ट व लचीली बनती हैं।

2. फेफड़ों के सभी रोग दूर होते हैं तथा उनमें अधिकतम ऑक्सीजन सोखने की क्षमता बढ़ती है।

3. इस आसन के अभ्यास से कम वायु वाले क्षेत्रों में भी व्यक्ति स्वस्थ रह सकता है।

विधि

दोनों पांव सामने की ओर फैलाकर बैठ जायें। दाहिने पांव के घुटने को इस प्रकार मोड़ें कि पूरा पांव ज़मीन पर टिका रहे। दाहिने हाथ का सहारा देकर मुड़े हुए दाहिने पांव के घुटने को भूमि पर टिकाये रखकर पञ्जे को बायें कन्धे की ओर नितम्ब के नीचे कांख में दबा लें। बायां पांव सिकोड़ते हुए बायें घुटने को छाती की ओर लायें और बायीं जंघा से दाहिने पांव के पञ्जे को दबा दें। इसके पश्चात् बायें हाथ को बायें पांव के धुटने से निकालकर पिंडली और टख़ने को लपेटते हुए हथेली को अन्दर की ओर लाकर बायें पांव के पञ्जे के नीचे दबा दें। दाहिने हाथ की हथेली दाहिने घुटने के नीचे दबा दें। यह प्राणासन की पूर्ण स्थिति है। इस स्थिति में आने के लिए श्वास को गहरा खींचें और अधिक देर तक भीतर ही रोककर रखें। कुछ देर बाद सांस को धीरे-धीरे छोड़ते हुए आसन को खोलें और हाथों-पांवों की स्थिति में परिवर्तन करके दूसरी बार इसी आसन को करें।

प्राणासन

इस आसन को करने की एक और सरल विधि इस प्रकार है—दोनों पांव सामने की ओर फैलाकर बैठें। अब बायें पांव को पालथी मारने के समान घुटने से मोड़ें और घुटने को ज़मीन से छूता हुआ रखकर पांव के पञ्जे को दाहिनी जंघा के जोड़ पर इस प्रकार रखें कि बायें पांव का पञ्जा पेट को स्पर्श करता रहे। अब दाहिने पांव को सिकोड़ते हुए दाहिने घुटने को छाती से सटायें और दाहिनी एड़ी दाहिने नितम्ब को स्पर्श करती रहे। इसके पश्चात् बायें हाथ से घुटने को घेरते हुए हथेली को घुटने के नीचे लायें और दाहिने पांव को दाहिने हाथ से घेरते हुए दाहिनी हथेली को दाहिने पांव के नीचे दबा लें। इस स्थिति में पहुंचने के पश्चात् गहरा श्वास लें और उसे यथासम्भव भीतर रोककर रखें। स्थिति बदलकर इसी आसन को दोबारा करें।

26. त्रिकोणासन (पर्वतासन)

नामकरण

इस आसन के करने से शरीर की स्थिति रेखागणित के त्रिकोण की भांति बन

जाती है। इसीलिए इसे 'त्रिकोणासन' नाम प्रदान किया गया है।

लाभ

1. इस आसन के अभ्यास से घुटने के जोड़ों पर विशेष लाभ पहुंचता है, जिसके कारण पांवों में मोच व फ्रैक्चर आदि की सम्भावना कम हो जाती है।

2. दौड़ लगाने वाले, ऊंची सीढ़ियां चढ़ने वाले अथवा ऊंचाई पर चढ़ने वाले या पर्वतारोहियों को इस आसन के अभ्यास से बहुत लाभ पहुंचता है।

3. इस आसन के अभ्यास से पांवों की मांसपेशियां व अन्य जोड़ पुष्ट होते हैं।

त्रिकोणासन (पर्वतासन)

विधि

घुटनों को ज़मीन पर टिकाकर इस प्रकार बैठें कि घुटनों के नीचे के भाग को आसानी से घुमाया जा सके। घुटनों को मिलाकर दोनों पांवों को एक सीधी रेखा में आजू-बाजू में फैला दें और नितम्बों के सहारे धरती पर बैठ जायें। यदि कोई कठिनाई प्रतीत हो, तो हाथों का सहारा देते हुए एक पांव के पञ्जे से दूसरे पांव के पञ्जे तक का भाग और घुटने एक सीधी रेखा में फैला लें और दोनों हाथों को प्रणाम की मुद्रा में

जोड़कर छाती से सटा लें। आंखों को हलका-सा मूंदकर नासिका के अगले भाग पर लगायें और श्वास का निरीक्षण करें। यही इस आसन की पूर्ण स्थिति है। धीरे-धीरे इस स्थिति में अधिक देर तक रहने का अभ्यास बढ़ायें।

27. चतुष्कोणासन

नामकरण

इस आसन के करने पर शरीर की आकृति रेखागणित के चतुष्कोण की भांति बन जाती है। इसीलिए इसका नाम 'चतुष्कोणासन' रखा गया है।

चतुष्कोणासन

लाभ

1. इस आसन के अभ्यास से कन्धे, कोहनी तथा घुटनों के जोड़ स्वस्थ व पुष्ट होते हैं और मांसपेशियां लचीली हो जाती हैं।

2. पाचन-क्रिया में वृद्धि होती है तथा पेट में गैस आदि बनने की समस्याओं से

मुक्ति मिलती है।

3. हाथ-पांव और गर्दन आदि का भली-भांति व्यायाम हो जाता है।

विधि

एक पांव को सामने की ओर फैला दें तथा दूसरे पांव को वज्रासन की भांति पीछे की ओर मोड़कर उस पर बैठ जायें। सामने फैले पांव के घुटने को ऊपर की ओर उठाते हुए पांव को मोड़ लें तथा इसी ओर के हाथ को पांव के अन्दर, घुटने के नीचे से बाहर की ओर इस प्रकार निकालें कि कोहनी घुटने के नीचे से होती हुई पिंडली की ओर से बढ़कर टख़ने को ऊपर उठा ले। पञ्जे को कोहनी से दबाये रखकर छाती के समीप लायें। इस प्रकार घुटना बाहर की ओर शून्य में स्थित हो जायेगा। अब इसी ओर के हाथ को धीरे-धीरे ऊपर उठाते हुए हथेली को गर्दन के पीछे टिका दें और दूसरे हाथ को पीठ की ओर से इस प्रकार मोड़ें कि कोहनी ऊपर रहते हुए दूसरे हाथ की हथेली को सहारा देकर उसे अपनी ओर खींचे। यही इस आसन की पूर्ण स्थिति है।

28. ध्रुव आसन

ध्रुव आसन

नामकरण

पौराणिक महापुरुष ध्रुव ने पांच वर्ष की आयु में अपनी विमाता द्वारा अपमानित किये जाने पर संसार के सर्वोच्च स्थान को प्राप्त करने के लिए कठोर तपस्या की थी। इसी कठोर आसन में उन्होंने वह तपस्या की थी, इसीलिए इस आसन को 'ध्रुव आसन' नाम प्रदान किया गया है।

लाभ

1. इस आसन के अभ्यास से आलस्य दूर भागता है और शरीर का सन्तुलन बनता है।

2. पांवों में कम्पन अथवा शिथिलता उत्पन्न नहीं होती।

3. इस आसन के अभ्यास से असीम धैर्य, संकल्पबद्धता तथा निरन्तर श्रम करते रहने का साहस उत्पन्न होता है।

4. महत्त्वाकांक्षाओं की पूर्ति के लिए इस आसन के द्वारा मानसिक दृढ़ता और तत्परता प्राप्त होती है।

5. स्त्री-पुरुष सबको समान लाभ प्राप्त होते हैं।

विधि

यह कोई कठिन आसन नहीं है, लेकिन इसमें शरीर का सन्तुलन बनाये रखना अत्यन्त महत्त्वपूर्ण होता है। सावधान, अर्थात् *अटेंशन* की मुद्रा में दोनों पांवों के पञ्जे और एड़ियां एक साथ मिलाकर खड़े हो जायें तथा जांघें और पिंडलियां अधिकतम समीप रखें। इसके बाद आंखें बन्द करके भौंहों के बीच, भ्रूमध्य, अर्थात् आज्ञाचक्र पर ध्यान केन्द्रित करें और बिना हिले-डुले शरीर को स्थिर रखने का प्रयास करें। अच्छी प्रकार से शरीर का सन्तुलन बन जाने पर बायें पांव पर सन्तुलन बनाकर, दाहिने पांव को मोड़कर और हाथों का सहारा देकर एड़ी को मूलाधार (गुदा से ऊपर तथा योनि अथवा लिंग से नीचे के स्थान) पर और पञ्जे को जंघा पर जमा दें। दोनों हाथों को प्रणाम की मुद्रा में जोड़ते हुए छाती के बीचो-बीच जमा लें। आंखें बन्द करके ध्यान को आज्ञाचक्र पर केन्द्रित करें तथा मन-ही-मन अपने इष्ट का अथवा अपने आत्म-स्वरूप का ध्यान करें। इस स्थिति में अधिकाधिक समय तक रहने का अभ्यास करें। श्वास सामान्य गति से आता-जाता रहे। कुछ देर बाद दूसरे पांव पर इसी स्थिति में खड़े होने का अभ्यास करें। धीरे-धीरे शरीर का सन्तुलन और आसन की अवधि बढ़ाते रहें।

29. सर्वांगासन

नामकरण

यह आसन पेट के लिए अत्यन्त उपयोगी है। इसके अभ्यास से रक्त का सञ्चार और निर्माण सुचारु रूप से होता रहता है तथा पूरे शरीर के सभी अंगों को लाभ मिलता है। इसीलिए इस आसन का नामकरण 'सर्वांगासन' किया गया है।

सर्वांगासन

लाभ

1. सर्वांगासन के अभ्यास से मोटापा, दुर्बलता और थकान दूर होते हैं। क़द में वृद्धि होती है तथा थायराइड सक्रिय और स्वस्थ बनता है।

2. इस आसन के अभ्यास से शीर्षासन से होने वाले सभी लाभ प्राप्त हो जाते हैं और जिन व्यक्तियों के लिए शीर्षासन करना मना है, वे भी इसे कर सकते हैं।

3. इस आसन के अभ्यास से कन्धे स्थिर होते हैं तथा श्वास भी उदर तक पहुंचता है, इसलिए दमा की प्रारम्भिक अवस्थाओं में इस आसन को उपयोगी माना गया है।

विधि

पांवों को मिलाकर, हाथों को दोनों ओर से बग़ल के साथ सटाकर व हथेलियों को ज़मीन की ओर मोड़कर पीठ के बल सीधे लेट जायें। अब श्वास को भीतर खींचते हुए पांवों को धीरे-धीरे नब्बे डिग्री तक ऊपर उठा लें। यदि नब्बे डिग्री तक पांव सीधे न रहें, तो पांवों को नीचे झुकाते हुए एक सौ बीस डिग्री तक ले आयें और हाथों के सहारे कोहनियों को ज़मीन पर टिकाये हुए पांवों को सीधा रखें। पञ्जे ऊपर की ओर तने हुए रहें और आंखें बन्द रहें। दृष्टि या तो पांव के अंगूठे पर टिकी रहे अथवा आंखें बन्द कर लें। इस आसन को दो मिनट से लेकर आधे घण्टे तक किया जा सकता है। अब हथेलियों को धरती पर टिकाते हुए धीरे-धीरे दोनों हाथों को कमर से हटाकर ज़मीन पर सीधा लायें और पहले पीठ और फिर पांवों को भूमि पर टिका दें। सर्वांगासन को करने में जितना समय लगता है, उतने समय तक शवासन अवश्य करें।

30. हलासन

नामकरण

खेत को जोतने वाले हल के नाम पर ही इस आसन का नामकरण 'हलासन' किया गया है। इस आसन का अभ्यास करते समय शरीर की आकृति हल के समान बन जाती है।

हलासन

लाभ

1. इस आसन का नियमित रूप से अभ्यास करने पर शरीर में उत्साह, लचीलापन, स्फूर्ति तथा प्रत्येक काम को करने की क्षमता व शक्ति बनी रहती है।

2. मूत्राशय सम्बन्धी लगभग सभी रोग, यहां तक कि मधुमेह रोग में भी लाभ

पहुंचता है।

3. इस आसन के अभ्यास से मोटापा, बौनापन व शारीरिक् दुर्बलता का नाश होता है। क्रोध घटाने के लिए भी यह आसन बहुत उपयोगी है।

4. इस आसन के अभ्यास से अजीर्ण, मन्दाग्नि, गैस, क़ब्ज़ तथा जिगर व तिल्ली के रोगों में लाभ प्राप्त होता है।

5. स्त्रियों के मासिक-धर्म के समय होने वाली अनेक बीमारियां तथा बेचैनी आदि दूर होती हैं।

6. इस आसन का नियमित अभ्यास करने वालों की कमर सदा पतली बनी रहती है।

विधि

सर्वांगासन तथा उत्तानपादासन का भली-भांति अभ्यास हो जाने के बाद यह आसन अत्यन्त सरल हो जाता है। लेकिन जिन व्यक्तियों का शरीर भारी हो तथा हड्डियां सख़्त हों, उनके पांव पीछे की ओर नहीं लग सकते, धरती का स्पर्श नहीं कर सकते। ऐसे व्यक्तियों को चिन्तित होने की आवश्यकता नहीं। पांव आसानी से जितने पीछे पहुंच सकते हैं, उतने पर्याप्त हैं। ज़ोर-ज़बरदस्ती करने की आवश्यकता नहीं। धीरे-धीरे शरीर अपने आप लचीला बन जायेगा और पांव भी आसानी से पीछे लगने लगेंगे। समतल भूमि पर चौपरत कम्बल बिछाकर पीठ के बल लेट जायें। दोनों हाथ, शरीर व बाज़ुओं से सटे रहेंगे और हथेलियां धरती की ओर रहेंगी। दोनों पांव यथासम्भव आपस में मिले हुए और सख़्त रहने चाहिए। श्वास को धीरे-धीरे भीतर खींचते हुए दोनों पांवों को उत्तानपादासन की भांति आकाश की ओर ऊपर उठा दें। दोनों पावों को सीधा करने के बाद उन्हें थोड़ा-सा पीछे झुकाकर पीठ और नितम्ब को भी ऊपर उठा लें। पीठ को ऊपर उठाते समय श्वास को बाहर निकालते जायें। अब सिर और कन्धों पर शरीर का बोझ डालते हुए पांवों को सिर से पीछे की ओर ले जाकर पञ्जों को भूमि पर टिका दें। लेकिन ध्यान रहे, हाथ ज़मीन पर ही टिके रहें और शरीर का सन्तुलन बना रहे। इस स्थिति में घुटने भी पांव तक सीधे रहेंगे, झुकेंगे नहीं। इस स्थिति में आधा मिनट तक रहें और जिस प्रकार धीरे-धीरे पांवों को पीछे की ओर ले गये थे, उसी प्रकार उन्हें धीरे-धीरे ही वापस लाकर पूरे आराम के साथ धरती पर टिकायें। ध्यान रहे, एड़ियों को ज़मीन पर लगाते समय झटका नहीं लगना चाहिए।

सावधानी

इस आसन का अभ्यास गर्भवती महिलाओं तथा आर्थराइटिस के रोगियों को नहीं करना चाहिए।

तिल्ली व जिगर, उच्चरक्तचाप, *सर्वाइकल स्पॉण्डलाइटिस, स्लिप डिस्क,* मेरुदण्ड व क्षयरोगी भी इस आसन का अभ्यास न करें।

31. नौकासन

नामकरण

इस आसन का अभ्यास करते समय शरीर की आकृति किसी नाव (नौका) के समान बन जाती है, इसीलिए इस आसन का नामकरण 'नौकासन' किया गया है। नौकासन दो प्रकार के होते हैं। एक स्थिति में शरीर की आकृति स्थिर नौका के समान बन जाती है और दूसरी स्थिति में शरीर की आकृति तैरती हुई नौका के समान हो जाती है।

नौकासन

लाभ

1. आंतों में चिपके हुए पुराने मल का निष्कासन करने में सहायक है।

2. पेट में कीड़े होने अथवा गैस बनने के कारणों में सुधार आता है।

3. उत्तानपादासन से मिलने वाले सभी लाभ प्राप्त होते हैं।

4. हृदय और फेफड़ों में प्राणवायु का प्रवेश होने के कारण वे स्वस्थ और सबल बनते हैं।

5. हकलाहट व अशुद्ध उच्चारण के कारणों को दूर करने में सहायता प्रदान

करता है।

6. रीढ़ की हड्डी और कमर की मांसपेशियों को लचीला, पुष्ट व सक्षम बनाता है।

7. पूरे शरीर की मांसपेशियों की मालिश हो जाती है और मांसपेशियां मज़बूत बनती हैं।

8. जिगर तथा गुर्दों का भली-भांति व्यायाम हो जाने के कारण पाचनशक्ति तीव्र होती है तथा मूत्ररोग और रक्त की अशुद्धि दूर होती है।

विशेष

यदि नौकासन के साथ ही प्राणायाम भी किया जाये, तो श्वास-कष्ट दूर होने के साथ-साथ मस्तिष्क की कोशिकाएं भी स्वस्थ और दीर्घजीवी हो जाती हैं। वृद्धावस्था में विस्मृतिरोग नहीं होता और न शरीर पर अधिक झुर्रियां ही पड़ती हैं। नौकासन के साथ प्राणायाम करने के लिए सिर की मांसपेशियों से लेकर पांव के अंगूठे तक प्रत्येक अंग पर पूर्ण खिंचाव डालते हुए धीरे-धीरे श्वास को भीतर भरें। कमर पर शरीर का भार साधते हुए सिर और पांव को ऊपर उठायें। जितनी देर श्वास को भीतर लेने और शरीर को ऊपर उठाने में लगे, उससे चौगुने समय तक श्वास को भीतर रोके रहें और अत्यन्त धीरे-धीरे ही श्वास को बाहर छोड़ते हुए शरीर को शिथिल करें। प्राणायाम की इस विधि के साथ तीन-चार बार नौकासन अवश्य करें। लेकिन नौकासन के बाद प्रत्येक बार श्वास के सामान्य होने तक विश्राम भी अवश्य करें।

विधि

किसी ठोस या समतल स्थान पर कोई मोटा कपड़ा या कम्बल आदि बिछाकर पीठ के बल शवासन में लेट जायें और दोनों हथेलियों को जांघों के आस-पास टिका दें। धीरे-धीरे श्वास को भीतर खींचते हुए कमर से ऊपर का धड़ व गर्दन एक साथ ऊपर उठायें। गर्दन को भूमि से लगभग तीस सेण्टीमीटर उठाने के बाद वहीं रोककर रखें। आसानी से कुछ देर तक इस स्थिति में रुके रहें और थकान आने पर श्वास को धीरे-धीरे बाहर निकालते हुए और शरीर का तनाव कम करते हुए धीरे-धीरे भूमि पर वापस आ जायें तथा शवासन की मुद्रा में शरीर को शिथिल छोड़ते हुए पूर्ण विश्राम करें। श्वास को सामान्य होने दें। कुछ देर बाद कमर के नीचे के भाग को तानते हुए तथा धीरे-धीरे श्वास भरते हुए दोनों पांवों को एक साथ ऊपर की ओर उठायें। जब दोनों एड़ियां भूमि से लगभग तीस सेण्टीमीटर ऊंची उठ जायें, तो उन्हें वहीं स्थिर कर दें। इस स्थिति में पेट तथा नाभि के बीच पेडू पर ज़ोर पड़ने लगेगा। अतः जितनी अधिक देर तक रुक सकते हैं, रुके रहें। लेकिन थकान अनुभव होने पर श्वास को

धीरे-धीरे छोड़ते हुए पूरी सावधानी से पांवों को भूमि पर टिका दें। यहां यह तथ्य ध्यान में रखने योग्य है कि एड़ियों को ज़मीन पर टिकाते समय मामूली-सा भी झटका नहीं लगना चाहिए। इसके बाद शरीर को शिथिल छोड़ दें और श्वास को सामान्य होने दें।

32. द्रुत नौकासन

नामकरण

इस आसन में शरीर की स्थिति नौकासन के एकदम विपरीत हो जाती है तथा ऐसा प्रतीत होने लगता है, मानो कोई नौका तेज़ गति से आगे भागी जा रही हो। इसीलिए इस आसन का नामकरण 'द्रुत नौकासन' किया गया है। इसे 'नाभि आसन' भी कहा जा सकता है।

लाभ

1. द्रुत नौकासन को नौकासन का पूरक आसन भी माना जाता है, अर्थात् नौकासन के बाद द्रुत नौकासन अवश्य किया जाना चाहिए अथवा द्रुत नौकासन के बाद नौकासन किया जाना आवश्यक है।

2. इस आसन के करने से तैराकों की शारीरिक क्षमता विकसित होती है।

3. नौकासन से प्राप्त होने वाले सभी लाभ द्रुत नौकासन से भी प्राप्त हो जाते हैं।

द्रुत नौकासन

विधि

कम्बल की चार तहें करके भूमि पर बिछा लें और उस पर पेट के बल सीधे लेट जायें। दोनों हाथों को कानों से लगाते हुए आगे की ओर फैला दें। दोनों पांवों को भी आपस में मिला हुआ रखें और पीछे की ओर भरपूर फैलायें। अब पूरे शरीर की मांसपेशियों को खींचते हुए पेट तथा जांघों के कुछ भाग के सहारे हाथ, सिर और पांवों को ऊपर उठायें। ध्यान रहे कि नाभि से नीचे और ऊपर के अंग ही भूमि से समान दूरी तक ऊपर उठने चाहिए, ताकि विपरीत नौकासन की स्थिति बन जाये। अधिक-से-अधिक देर तक इसी स्थिति में टिके रहें, लेकिन जब श्वास रोकना कठिन हो

जाये, तो श्वास को धीरे-धीरे बाहर निकालते हुए ऊपर-नीचे के दोनों हिस्सों को एक साथ नीचे लायें और पूर्ण विश्राम करें।

विशेष

दोनों प्रकार के नौकासन करने से कमर व पेट की मांसपेशियां लचीली, स्वस्थ व पुष्ट हो जाती हैं तथा किसी भी प्रकार के उदररोग और कटिरोग होने की सम्भावना सदा-सदा के लिए समाप्त हो जाती है। नौकासन अथवा द्रुत नौकासन के अभ्यास से मधुमेह (डायबिटीज़) रोग में बहुत लाभ मिलता है। इस आसन के अभ्यास से अग्नाशय (पैंकृआज़) की बिगड़ी हुई स्थिति में तत्काल लाभ पहुंचता है और उसकी कार्यक्षमता बढ़ जाती है। इसके साथ ही रक्ताल्पता अथवा बार-बार पीलिया होने के कारण समूल नष्ट हो जाते हैं। यह आसन गुर्दे अथवा मूत्राशय की पथरी को निकालने में भी सहायता प्रदान करता है।

सावधानी

इस आसन को पेट भरा होने पर अथवा गर्भवती महिलाओं द्वारा नहीं किया जाना चाहिए।

33. शलभासन

नामकरण

टिड्डे अथवा पतंगे को शलभ भी कहते हैं। इस आसन में शरीर की आकृति किसी बैठे हुए पतंगे के समान दिखाई पड़ती है। इसीलिए इस आसन का नामकरण 'शलभासन' किया गया है।

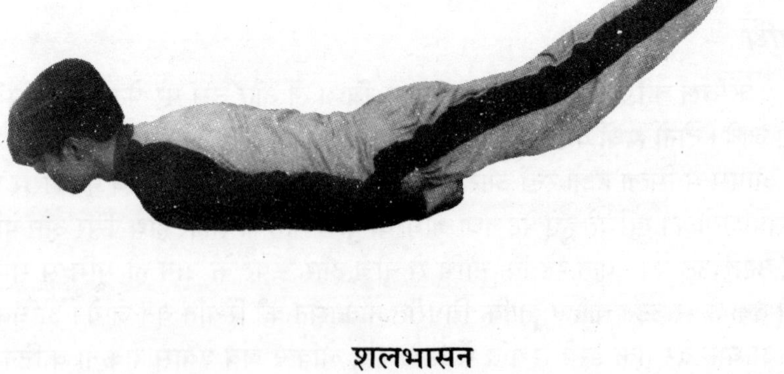

शलभासन

लाभ

1. इस आसन के अभ्यास से मानसिक चिन्ताएं, तनाव एवं निराशा की भावना शान्त होती है।

2. स्मरणशक्ति तीव्र होती है।

3. प्लीहा, तिल्ली, मूत्राशय व अग्नाशय (पैंक्रआज़) के रोग नष्ट होते हैं।

4. कमर की मांसपेशियां स्वस्थ, सबल व लचीली बनती हैं तथा कमरदर्द में लाभ पहुंचता है।

5. सभी प्रकार के पाचन सम्बन्धी रोग दूर होते हैं तथा मल-शुद्धि होने के साथ ही बवासीर रोग में भी लाभ पहुंचता है।

6. श्वास सम्बन्धी सभी रोग समाप्त होते हैं तथा फेफड़े स्वस्थ बनते हैं।

7. महिलाओं के गर्भाशय सम्बन्धी सभी रोग नष्ट होते हैं।

विधि

चौपरत कम्बल आदि कोई मोटा कपड़ा बिछाकर पेट के बल लेट जायें और दोनों हाथों को शरीर से तथा हथेलियों को जांघों से चिपका दें। ठुड्डी ज़मीन पर टिकी रहे, परन्तु नाक और माथा ज़मीन से ऊपर उठा रहना चाहिए। श्वास को भीतर भरते हुए केवल बायें पांव को तानते हुए यथासम्भव ऊपर उठाकर श्वास और पांव को कुछ देर रोककर रखें। जब श्वास रोकना कठिन हो जाये, तब श्वास को धीरे-धीरे बाहर निकालते हुए पांव को भी धीरे-धीरे नीचे ले आयें। अब श्वास को दोबारा धीरे-धीरे भरते हुए दायें पांव को जितना ऊपर उठा सकें, उठायें और तब तक उठाये रखें, जब तक श्वास को बाहर निकालना आवश्यक न हो जाये। फिर श्वास को धीरे-धीरे छोड़ते हुए पांव को भी धीरे-धीरे नीचे लायें और शरीर को शिथिल छोड़कर कुछ देर विश्राम करें। जिन व्यक्तियों के शरीर स्थूल (मोटे) हों अथवा जिनकी रीढ़ की हड्डी में कुछ गड़बड़ी हो अथवा जिनकी रीढ़ की हड्डी क़ाफी सख़्त हो, उन्हें धीरे-धीरे ही अभ्यास करना चाहिए।

सावधानी

तीन माह से अधिक की गर्भवती महिलाएं इस आसन को न करें।

34. सर्पासन

नामकरण

सर्प पेट के बल सरकने वाला सर्वाधिक भयानक जीव है। सर्प और भुजंग शब्द में अन्तर स्पष्ट है। फन वाले सर्प को भुजंग कहा जाता है और बिना फन वाले

सर्प को सर्प ही कहा जाता है। इसी आधार पर इस आसन का नामकरण 'सर्पासन' किया गया है।

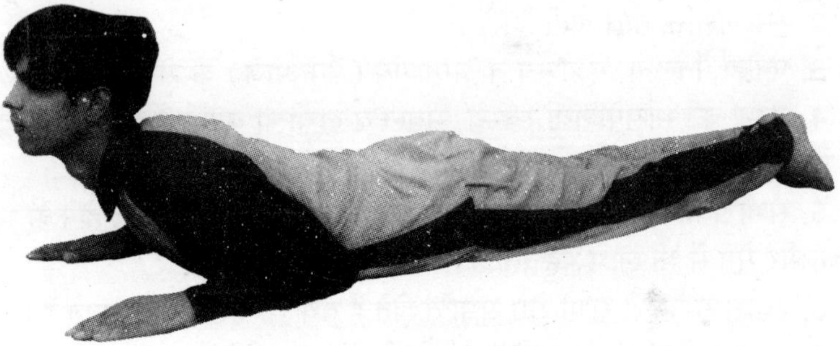

सर्पासन

लाभ

1. इस आसन के अभ्यास से रीढ़ की हड्डी लचीली व सुदृढ़ बनती है।
2. महिलाओं और पुरुषों की जननेन्द्रियां स्वस्थ व विकसित होती हैं।
3. स्त्रियों के गर्भाशय स्वस्थ व सक्षम बनते हैं।
4. सन्तानहीन महिलाएं गर्भधारण के योग्य बनती हैं।
5. महिलाओं के प्रदर, अतिस्राव व अल्पस्राव आदि अनेक कष्ट दूर होते हैं तथा महिलाएं स्वस्थ व सुन्दर बनती हैं।

विधि

चौपरत कम्बल पर पेट के बल लेटकर, दोनों एड़ियां व पञ्जे आपस में मिला लें तथा कमर से पञ्जों तक का भाग एकदम सीधा रखते हुए ज़मीन से सटा लें। दोनों हाथों को कोहनी से मोड़कर तथा चेहरे के दोनों ओर से ले जाकर दोनों हथेलियां ज़मीन पर टिका दें। इस प्रकार हथेलियों से कोहनी तक भुजाएं ज़मीन से सटी हुई तथा शरीर के पास ही रहेंगी। ठुड्डी भूमि पर तथा नाक व माथा ऊपर रहेंगे। अब धीरे-धीरे श्वास भीतर भरते हुए पेट को फुलायें और श्वास के साथ ही अपने धड़ का पूरा बोझ दोनों हथेलियों पर डालते हुए कमर से ऊपर के भाग को ज़मीन से ऊपर उठा लें। इस स्थिति में हाथ एकदम सीधे रहेंगे। पूर्णत: तनी हुई स्थिति तक पहुंचकर रुक जायें और जितनी देर तक श्वास को रोककर रख सकें, रोकें। फिर धीरे-धीरे श्वास छोड़ते हुए पहले कोहनी को मोड़ें और उसके उपरान्त छाती को धीरे-धीरे ज़मीन की ओर लायें। इसके साथ ही कोहनियां भी भूमि पर पहले वाली स्थिति में आ जायेंगी। अब

कुछ देर के लिए शरीर को शिथिल छोड़कर विश्राम करें।

35. आकर्ण धनुरासन

नामकरण

इस आसन में साधक के शरीर की आकृति कुछ इस प्रकार बन जाती है, मानो कोई वीर योद्धा धनुष की प्रत्यञ्चा को कान तक खींचकर अपने लक्ष्य को बींधना चाहता है। इसीलिए इस आसन का नामकरण 'आकर्ण धनुरासन' किया गया है।

लाभ

1. जो व्यक्ति अधिक देर तक बैठकर लेखन-कार्य करते हैं, उनके लिए यह आसन किसी वरदान से कम नहीं।

2. जिन व्यक्तियों के पांव के अंगूठे में आर्थराइटिस या लकवा हो, वे इससे लाभ प्राप्त कर सकते हैं।

3. कन्धों की जकड़न, भारीपन अथवा दर्द में तुरन्त लाभ पहुंचाने के लिए यह बहुत उपयोगी आसन है।

4. इस आसन का अभ्यास करने से घुटने, पांवों तथा बाज़ुओं के स्नायु स्वस्थ व सबल बनते हैं।

विधि

दोनों पांवों को सामने की ओर फैलाकर बैठ जायें। बायें पांव के अंगूठे को दाहिने हाथ की पहली अंगुली और अंगूठे से पकड़कर पांव को घुटने से मोड़ते हुए अपने दाहिने कान तक खींचकर उठायें और बायें हाथ से दाहिने पांव के अंगूठे को सीधा फैलाकर पकड़े रहें।

ध्यान दें, जो पांव नीचे फैला हुआ है, उसका घुटना तनिक भी मुड़ना नहीं चाहिए। उस पांव को इसी स्थिति में पकड़कर सीने के सामने तक उठाने का प्रयास करें तथा दूसरे मुड़े हुए पांव का अंगूठा कान के पास तक खींची हुई अवस्था में ही उठा हुआ रहे। बायें हाथ की मुड़ी हुई कोहनी सिर के ऊपर तक पहुंच जानी चाहिए।

कुछ देर बाद हाथों और पांवों की स्थिति बदलते हुए दूसरी ओर से इसी क्रिया को दोहरायें।

विशेष

इस आसन को रुक-रुककर पर्याप्त देर तक किया जा सकता है तथा भोजन करने के बाद भी इस आसन का अभ्यास कर सकते हैं। यह एक निरापद आसन है।

36. धनुरासन

नामकरण

धनुष के गुण और स्थितियों के अध्ययन से जो निष्कर्ष निकला, उसके परिणाम-स्वरूप ही 'धनुरासन' का प्रचलन हुआ। लेटकर किये जाने वाले आसनों में यह एक बहुप्रचलित आसन है।

धनुरासन

लाभ

1. इस आसन का अभ्यास करने से शरीर की सभी मांसपेशियां, अस्थियां तथा अस्थियों के बन्धन लचीले, स्वस्थ और सुदृढ़ हो जाते हैं। इसके अतिरिक्त चर्बी को सन्तुलित करके शरीर को सुडौल और आकर्षक बनाने के लिए यह एक श्रेष्ठ आसन है। इस आसन के अभ्यास से जहां शरीर की फ़ालतू चर्बी नष्ट होती है, वहीं पतले-दुबले लोगों के शरीर पर चर्बी बढ़ना आरम्भ हो जाती है।

2. गठिया, वात, जोड़ों के दर्द अथवा आर्थराइटिस-जैसे रोग दूर होते हैं।

3. स्त्री-पुरुषों के सभी यौन-विकार दूर हो जाते हैं और व्यक्ति गृहस्थ-जीवन के सभी सुखों का उपभोग करने योग्य बन जाता है।

4. महिलाओं के मासिक-धर्म तथा गर्भाशय सम्बन्धी रोग दूर होते हैं तथा उन्हें प्रसन्नता प्राप्त होती है।

5. स्त्रियों के वक्षस्थल तथा नितम्बों में उभार आता है तथा उनकी कमर पतली, सुगठित व आकर्षक बनती है।

6. मेरुदण्ड (रीढ़ की हड्डी) को स्वस्थ बनाये रखने के लिए यह सर्वश्रेष्ठ आसन है।

7. आंतें, आमाशय व पाचक अंग सशक्त बनते हैं तथा गैस, क़ब्ज़, अपच अथवा बवासीर आदि रोगों से छुटकारा मिलता है।

विधि

समतल भूमि पर चौपरत कम्बल बिछाकर पेट के बल लेट जायें। पांव पूरी तरह फैले रहें तथा एड़ियां और पञ्जे आपस में सटे रहें। दोनों हाथ और बाजू भी शरीर के साथ सटे रहने चाहिए। अब दोनों पांवों को सटी हुई स्थिति में ही एक साथ घुटनों से मोड़ते हुए दोनों एड़ियों को नितम्बों पर टिका दें। श्वास को धीरे-धीरे भरते हुए दोनों पांवों को दोनों हाथों से पिंडलियों और पञ्जे के मध्य कहीं से भी पकड़ लें और सांस भीतर खींचते हुए पांवों को बाहर की ओर तथा हाथों को कन्धों की ओर खींचें। इस प्रकार आपके शरीर की आकृति धनुष की भांति अर्द्धवृत्ताकार हो जायेगी। इस स्थिति में आपका सिर सीधा ऊपर की ओर तना रहेगा तथा शरीर नाभि, पेडू तथा जांघों के कुछ भाग पर टिका रहेगा। जांघों का शेष भाग, घुटने तथा छाती व पेट का शेष भाग ऊपर उठे रहेंगे और शरीर के खिंचाव का सर्वाधिक भार घुटनों तथा कन्धों पर टिका हुआ रहेगा। रीढ़ की हड्डी पर कुछ खिंचाव महसूस होगा। यह धनुरासन की पूर्ण स्थिति है। इस स्थिति में श्वास को भीतर खींचते हुए भीतर ही रोककर कुम्भक करें, अर्थात् श्वास को भीतर ही रोककर रखें और जब तक पूरे शरीर पर तनाव बना रहे, बनाये रखें। जब श्वास छोड़ने की इच्छा हो, तो सबसे पहले शरीर के तनाव को कम करें और एड़ियों को नितम्बों पर लाने के बाद ही घुटनों को भूमि पर रखें। अब हाथों को वापस भूमि पर लायें तथा घुटने खोलते हुए श्वास छोड़ें और पांवों को मिलाये हुए ही फैला दें। कुछ देर तक शरीर को शिथिल छोड़ दें और विश्राम करें। पेट के बल आसन करने के कारण इस प्रकार विश्राम करना अत्यन्त आवश्यक है। कुछ आचार्य धनुरासन की पूर्ण स्थिति में शरीर को पेट के बल आगे-पीछे झुलाकर 'दोलासन' करने की सलाह देते हैं। इस प्रकार पेट के मांसपेशियों की मालिश हो जाती है। पेट में बनने वाली गैस को निकालने अथवा गैस न बनने देने के लिए यह एक उत्तम आसन है।

विशेष

शलभासन, भुजंगासन व नौकासन आदि कई आसनों का समावेश होने के कारण धनुरासन द्वारा इन आसनों के लाभ भी प्राप्त हो जाते हैं।

37. हस्त-पाद शीर्षासन

नामकरण

लेटकर किये जाने वाले आसनों में हस्त-पाद शीर्षासन एक प्रमुख आसन है। कुछ योगाचार्य इसे 'शिरो-पाद-हस्त धनुरासन' भी कहकर पुकारते हैं। यह आसन धनुरासन से कुछ अधिक कष्टसाध्य है। इस आसन का अभ्यास करते समय पेट के बल लेटकर पीछे की ओर से पांवों को तथा आगे से हाथों को सिर पर ले जाकर और उन्हें आपस में गूंथकर, आबद्ध करके शरीर में तनाव उत्पन्न किया जाता है। इस प्रकार शरीर के पृष्ठ भाग की मांसपेशियों के लिए यह एक अत्युत्तम आसन है।

लाभ

1. इस आसन का अभ्यास करने पर मेरुदण्ड में उत्पन्न हुई समस्त ख़राबियां दूर हो जाती हैं तथा कमर, पांव, हाथ व गर्दन के सभी पेशीय रोगों में लाभ पहुंचता है।

2. मेरुदण्ड लचीला बनता है तथा अनावश्यक थकान, आलस्य एवं उत्साहहीनता नष्ट होती है।

3. सभी प्रकार के उदररोग नष्ट होते हैं और शरीर स्वस्थ, निरोग और सक्षम बनता है।

4. मोटापा घटता है, गैस बननी बन्द होती है तथा क़ब्ज़ आदि भी दूर होता है।

5. वायु अथवा मल-दोष के कारण उत्पन्न होने वाले रोग गठिया, आर्थराइटिस व जोड़ों के दर्द आदि दूर होते हैं।

6. चेहरे पर अद्‌भुत कान्ति व आकर्षण आता है, जिससे व्यक्तित्व निखर जाता है।

7. इस आसन का अभ्यास करने से शलभासन, सर्पासन, भुजंगासन, हलासन तथा धनुरासन आदि आसनों से होने वाले लाभ भी मिल जाते हैं।

विधि

समतल भूमि अथवा तख़्त पर चौपरत कम्बल बिछाकर उस पर पेट के बल लेट जायें। दोनों पांवों के पञ्जे अथवा एड़ियां आपस में सटे हुए रहेंगे तथा पांव मिले हुए रहकर भी पीछे की ओर फैले रहेंगे। इसी प्रकार दोनों हाथों को भी आगे की ओर सीधा फैला दें।

अब पांवों को घुटनों से मोड़ते हुए एड़ियों को नितम्बों पर जमा दें और पांवों के पञ्जों को सिर की ओर सीधा उठा दें। इसके बाद सर्पासन की स्थिति में गर्दन, छाती व पेट का पर्याप्त भाग ऊपर की ओर उठाकर पीछे की ओर मुड़ें और गर्दन को पीठ

की ओर झुकाते हुए नितम्बों के अधिकाधिक पास लाने का प्रयास करें। दूसरी ओर से पांवों के पञ्जों को ऊपर उठाते हुए माथे के अग्रभाग तक लाने का प्रयास करें। अभ्यास हो जाने के बाद कुछ ही दिनों में आपके पांव माथे के ऊपरी भाग को भली प्रकार छू सकेंगे। अब हाथों को कोहनी से इस प्रकार मोड़ें कि दोनों भुजाएं लगभग मुख के सामने से होकर कलाइयां सिर के पृष्ठ भाग तक पहुंच जायें और वहां पांव के अंगूठे व अंगुलियों को पकड़ सकें। इस प्रकार आपके शरीर की स्थिति धनुरासन के समान हो जायेगी और सिर के अग्रभाग पर पदतल और हथेलियां आपस में गुंथकर स्थिर रहने लगेंगी। यही इस आसन की पूर्ण स्थिति है।

विशेष

गर्भवती स्त्रियां तथा *सर्वाइकल स्पाण्डलाइटिस* के रोगी इस आसन का अभ्यास न करें तथा नये अभ्यासी भी पूर्ण स्थिति बनाने के लिए शरीर के साथ ज़ोर-ज़बरदस्ती न करें। इस आसन की पूर्ण स्थिति में पहुंचते समय श्वास को धीरे-धीरे भीतर खींचना चाहिए और पूर्ण स्थिति पर पहुंच जाने के बाद श्वास को भीतर रोककर यथासम्भव कुम्भक क्रिया करनी चाहिए, अर्थात् श्वास को भीतर ही रोके रखना चाहिए। आसन खोलते समय श्वास को धीरे-धीरे ही बाहर निकालें और पूरे शरीर को शिथिल छोड़कर शवासन में विश्राम करें।

38. तुलांगुलासन

नामकरण

इस आसन में मुट्ठी बांधकर हाथ की अंगुलियों के जोड़ों पर पूरे शरीर को तराजू के समान इस प्रकार सन्तुलित किया जाता है कि किसी ओर भी ज़रा-सी शिथिलता आने पर शरीर उसी ओर झुक जाता है। सन्तुलन बनाने वाले इस आसन को ही योगाचार्यों ने 'तुलांगुलासन' अथवा 'तुलासन' नाम प्रदान किया है।

लाभ

1. इस आसन के अभ्यास से अंगुलियों के जोड़ों व मांसपेशियों की क्षमता अत्यधिक बढ़ जाती है।

2. उदर-विकार शान्त होते हैं तथा क़ब्ज़ का निवारण होता है।

3. पीठ की अस्थियां व मांसपेशियां दृढ़ हो जाती हैं।

4. पद्मासन से होने वाले लाभ इस आसन के द्वारा भी प्राप्त हो जाते हैं।

तुलांगुलासन

विधि

समतल भूमि या तख़्त पर चौपरत कम्बल बिछाकर और उस पर दोनों पांव सामने की ओर फैलाकर बैठ जायें। अब बायें पांव के पञ्जे तथा एड़ी को एक हाथ से पकड़कर घुटने से मोड़ते हुए दाहिने पांव की जंघा के जोड़ के पास टिका दें। इसके बाद दाहिने पांव को घुटने से मोड़कर तथा एक हाथ से एड़ी और दूसरे से पञ्जे को सहारा देते हुए उसे बायें पांव की जंघा के जोड़ पर रख दें। अब इस पद्मासन की स्थिति में तनाव बनाते हुए पीठ की ओर ज़मीन पर पहले दोनों कोहनियों को टिकायें और कोहनियों पर शरीर के भार का सन्तुलन बनाते हुए पीठ के बल लेट जायें। अब दोनों हाथों की मुट्ठी बांधकर दोनों नितम्बों के नीचे इस प्रकार रखें कि बंधी हुई मुट्ठियां धरती पर रहें और दोनों नितम्ब हथेलियों के पिछले भाग पर टिक जायें। आपकी कलाइयां और दोनों कोहनियां भी पीठ को सहारा देती रहेंगी। अब इसी मुद्रा में घुटनों को थोड़ा-सा बाहर की ओर तानते हुए पास-पास ले आयें और धरती से ऊपर उठा दें। इसके पश्चात् सिर और कन्धों को भी भूमि से ऊपर उठाकर घुटनों के बराबर ऊंचाई पर लाकर स्थिर कर दें। इस प्रकार आपका शरीर केवल आपकी मुट्ठियों और कोहनियों पर झूलता रहेगा। तुलांगुलासन की यही पूर्ण स्थिति है।

39. मत्स्यासन

नामकरण

पद्मासन की स्थिति में पीठ के बल लेटकर स्थिर पड़े रहने को ही 'मत्स्यासन'

या 'सुप्त पद्मासन' कहते हैं।

विधि

समतल भूमि अथवा किसी तख़्त पर चौपरत कम्बल बिछाकर पीठ के बल लेट जायें। दोनों पांव आपस में सटे हुए और बाज़ुओं से चिपके हुए अगल-बग़ल रखे रहें। अब बायें पांव के घुटने को मोड़ते हुए पञ्जे तथा एड़ी को दाहिनी जांघ के जोड़ पर रख दें और दाहिने घुटने को मोड़ते हुए एड़ी को बायीं जांघ के जोड़ पर रख दें। अब दाहिने हाथ से बायें पांव के अंगूठे को और बायें हाथ से दाहिने पांव के अंगूठे को पकड़ लें तथा श्वास को भीतर खींचकर और भीतर ही रोककर कुम्भक क्रिया करें और शरीर को तनावरहित रखते हुए किसी तैरती हुई मछली के समान भूमि पर पड़ा रहने दें। इस प्रकार मत्स्यासन अथवा सुप्त पद्मासन से भी वही लाभ प्राप्त किये जा सकते हैं, जो तुलांगुलासन से प्राप्त होते हैं।

40. खग आसन

नामकरण

खग पक्षियों को कहा जाता है। खग आसन में साधक के शरीर का सन्तुलन पक्षी के समान हो जाता है। इसलिए इसका नामकरण 'खग आसन' किया गया है।

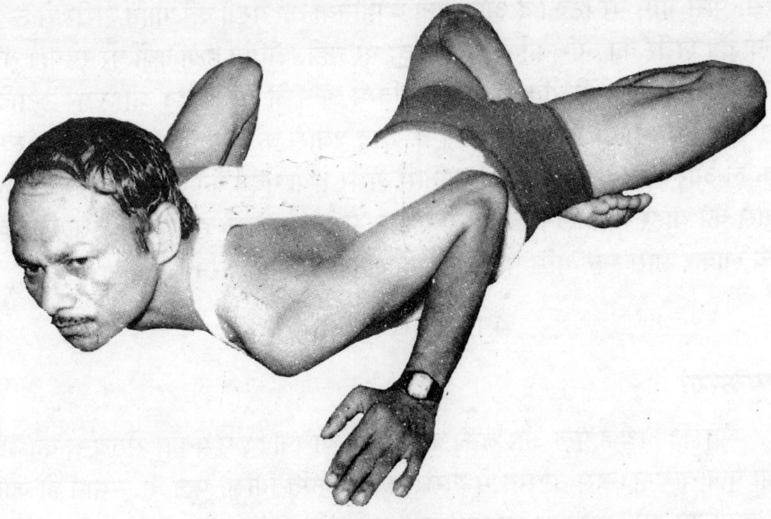

खग आसन

लाभ

1. इस आसन का अभ्यास करने से मूत्राशय अथवा मूत्र सम्बन्धी रोग दूर हो जाते हैं।

2. खग आसन का निरन्तर अभ्यास करने वालों को क़ब्ज़ अथवा मूत्र सम्बन्धी कोई शिकायत नहीं रहती। मूत्र-मार्ग की सभी रुकावटें दूर हो जाती हैं।

3. खग आसन के अभ्यास से वात, पित्त और कफ—तीनों प्रकार के दोषों—से रक्षा होती है तथा शरीर स्वस्थ व सक्षम बनता है।

4. चेहरे में आकर्षण पैदा होता है तथा स्वभाव गम्भीर बनता है।

विधि

यह आसन मुख्य रूप से पेट के बल लेटकर ही किया जाता है। लेकिन इस स्थिति में आने से पहले बैठना होता है। समतल भूमि अथवा किसी तख़्त पर चौपरत कम्बल बिछाकर पद्मासन में बैठ जायें और कमर से ऊपर के भाग को थोड़ा आगे की ओर झुकाकर पांवों से कुछ दूरी पर दोनों हथेलियों को भूमि पर जमा दें। फिर हथेलियों पर पूरे शरीर के भार का सन्तुलन बनाते हुए पद्मासन में ही शरीर को घुटनों के बल खड़ा करें और धीरे-धीरे पूर्ण सन्तुलन बनाते हुए छाती को भूमि की ओर लाकर छाती तथा पेट के बल लेट जायें।

ध्यान रहे, पद्मासन को खोलना नहीं है, अपितु दोनों हथेलियों को छाती के आस-पास भूमि पर टिका दें और दोनों कोहनियों को पंखों की भांति शरीर से ऊपर फैला दें। शरीर का अधिकांश भाग पृथ्वी पर नहीं, अपितु हथेलियों पर रहेगा। यही खग आसन की पूर्ण स्थिति है। इस स्थिति में आने के बाद गर्दन को ऊपर उठा दें। पूर्ण खग आसन की स्थिति में आने के बाद श्वास को भीतर फेफड़ों तक भरकर रोक लें और अन्तःकुम्भक की स्थिति में शरीर तथा गर्दन को ऊपर उठायें और जब श्वास को बाहर निकालना चाहें, तो श्वास से रेचक करते हुए शरीर तथा सिर को नीचे लाकर सारा भार भूमि पर रख दें और पूर्ण विश्राम करें।

41. सेतुबन्ध आसन

नामकरण

सेतु का अर्थ है पुल और बन्ध का अर्थ है बांधना। इस प्रकार सेतुबन्ध का अर्थ हुआ पुल बांधना। इस आसन में शरीर की आकृति किसी पुल के समान हो जाती है। इसीलिए इसे 'सेतुबन्ध आसन' नाम प्रदान किया गया है।

लाभ

1. क़ब्ज़ निवारण के लिए यह एक उत्तम आसन है।

2. कमज़ोर आंतें भी इस आसन के अभ्यास से कार्यशील बन जाती हैं और शरीर द्वारा शोषित किये जाने वाले रसों को भली प्रकार खींचने और मल को आगे ठेलने के योग्य बन जाती हैं।

3. पेट की बढ़ी हुई चर्बी को पतला करता है तथा आंतों को भी उनका प्राकृतिक स्वास्थ्य प्रदान करता है।

4. कमर को पतला, पेट को सुडौल तथा नितम्बों व छाती में उभार लाता है।

5. पेट में गैस बनने की शिकायत दूर होती है तथा शरीर स्फूर्त और आकर्षक बनता है।

6. उदर के लगभग सभी रोगों को नष्ट करने के लिए हितकारी आसन है। इससे जठराग्नि तेज़ होती है।

7. यदि महिलाएं प्रसव के तीन महीने बाद से इस आसन का अभ्यास आरम्भ कर दें, तो उन्हें पेडू की चमड़ी के झूलने और कमर मोटी होने की शिकायत नहीं होती।

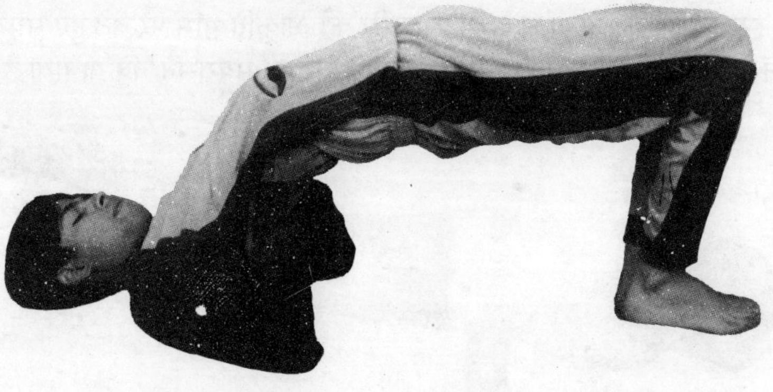

सेतुबन्ध आसन

विधि

समतल भूमि अथवा तख़्त पर चौपरत कम्बल बिछाकर पीठ के बल लेट जायें। अब दोनों घुटने मोड़कर पदतल और एड़ियां नितम्बों के समीप जमा दें तथा पांवों पर थोड़ा ज़ोर डालते हुए नितम्बों को धरती से कुछ ऊपर उठायें। दोनों कोहनियों को मोड़कर हथेलियों से नितम्बों को सहारा दें। दोनों भुजाएं और कोहनियां तथा सिर

ज़मीन पर रहेगा और शरीर का अधिकांश बोझ इन पर ही पड़ेगा। तलवे से घुटनों तक पांव तथा कोहनियों से हथेलियों तक हाथ पृथ्वी से समकोण बनाते हुए सीधे रहेंगे। इस स्थिति में पांवों और हाथों के बीच शरीर का भाग पुल की आकृति बना लेगा। यही सेतुबन्ध आसन की पूर्ण स्थिति है।

विशेष

यदि इस आसन में अन्त:कुम्भक प्राणायाम भी किया जाये, तो इसके लाभ दुगुने हो जाते हैं। इसके लिए कमर तथा नितम्बों को ऊपर उठाते हुए श्वास को अन्दर खींचें और भरपूर श्वास लेने के बाद उसे तब तक भीतर ही रोककर रखें, जब तक कि आप उसे बाहर निकालने के लिए व्याकुल न हो जायें। श्वास छोड़ते हुए पहले हथेलियां हटायें, उसके बाद कमर और नितम्बों को नीचे लायें। पांवों को सीधा फैलायें और शरीर को एकदम ढीला छोड़कर शवासन करें। सेतुबन्ध आसन का अभ्यास पांच-छह बार अवश्य करना चाहिए।

42. मयूरासन

नामकरण

इस आसन का अभ्यास करने पर शरीर की आकृति भूमि पर बैठे हुए मयूर के समान लगती है। इसीलिए इस आसन का नामकरण 'मयूरासन' किया गया है।

मयूरासन

लाभ

1. इस आसन का अभ्यास करने से जलोदर, अर्थात् पेट में पानी भरना, तिल्ली, जिगर की वृद्धि तथा पेट की वायु और पेट के ट्यूमर आदि रोगों में लाभ पहुंचता है।

2. पूरे शरीर का भार केवल पेट पर पड़ने से रक्त-सञ्चार तेज़ होता है और रक्त

शुद्ध होता है।

3. पूरे शरीर में कान्ति तथा आकर्षण पैदा होता है, जिसके कारण वृद्धावस्था में भी स्वास्थ्य और शक्ति बने रहते हैं।

4. उदररोगों के लिए यह एक अच्छा आसन है। इसके द्वारा पाचक रसों के उत्पादन में वृद्धि होती है, पाचनशक्ति तीव्र होती है तथा पेट में बनने वाली गैस को बनने से रोकने के लिए अथवा उसे निकालने के लिए यह उत्तम आसन है।

5. वात, पित्त तथा कफ द्वारा उत्पन्न होने वाले सभी रोगों का नाश करने के लिए अत्यन्त लाभकारी आसन है।

सावधानी

आरम्भ में इस आसन को आधा मिनट से अधिक न करें तथा *एपेण्डिसाइटस, पेप्टिक अल्सर, ड्यूडनम अल्सर* व *कोलाइटिस* के रोगी इस आसन को न करें।

इस आसन को अनेक विधियों द्वारा किया जा सकता है। हम यहां चार विशिष्ट विधियों का परिचय दे रहे हैं।

विधि-1

चौपरत बिछे कम्बल पर वज्रासन की स्थिति में बैठ जायें और घुटनों के बीच थोड़ा-सा अन्तर रखते हुए दोनों हथेलियों को घुटनों के बीच ज़मीन पर जमा दें। हाथों की अंगुलियां पक्षियों के पञ्जों की भांति फैली हुई रहें और दोनों हाथों की कोहनियां आपस में सटी हुई हों। छाती और शरीर को थोड़ा-सा आगे की ओर झुकाकर दोनों घुटनों और पांवों को पीछे की ओर सीधा फैला दें। इस प्रकार शरीर का पिछला भाग पांवों के आस-पास सटे हुए पञ्जों पर सधा रहेगा और दोनों एड़ियां आपस में सटी रहेंगी। अब दोनों सटी हुई कोहनियों को नाभि के आस-पास स्थिर करके पूरे शरीर को किसी तराज़ू की भांति कोहनियों पर सन्तुलित कर दें। इस प्रकार पूरा शरीर दोनों हाथों और कोहनियों पर ऊपर उठकर पृथ्वी के लगभग समानान्तर स्थिर हो जायेगा। यही इस आसन की पूर्ण स्थिति है। लेकिन ध्यान रहे, इस स्थिति को बनाने से पहले श्वास को भरपूर भीतर खींचकर व भीतर ही रोककर अन्तःकुम्भक करें और शरीर के पिछले भाग को संभालते हुए नाभि के दोनों ओर पेट पर टिकायें। पूरे शरीर का भार कोहनी पर सन्तुलित करते हुए छाती तथा सिर को आगे भूमि की ओर झुकायें और पांवों के पञ्जे पीछे की ओर फैलाते हुए पांवों को पृथ्वी से ऊपर उठा लें। जब सही प्रकार से सन्तुलन बन जाये, तो छाती और गर्दन को भी पृथ्वी के समानान्तर ऊपर उठा लें।

मयूरासन को तभी तक किया जाना चाहिए, जब तक श्वास को भीतर रोक सकें। श्वास को बाहर छोड़ने से पहले पांवों के पञ्जों को ज़मीन पर रखें, पेट पर से कोहनियों को हटायें और अन्त में धीरे-धीरे श्वास छोड़ते हुए नीचे आ जायें।

विधि-2

विधि क्रमांक-1 में अंगुलियों को आगे की ओर रखते हुए हथेलियों को भूमि पर स्थिर किया गया था। इस विधि में पांवों को अंगुलियों की ओर फैलाकर भूमि पर स्थिर करना होता है। इस प्रकार शरीर का सन्तुलन बनाये रखने में थोड़ी आसानी होती है।

विधि-3

इस विधि में हथेलियों को खोलकर दिखाने की बजाय हाथों की मुट्ठियों को बांधकर व उन्हें भूमि पर टिकाकर उन पर शरीर का सन्तुलन स्थिर किया जाता है। इस विधि के द्वारा अंगुलियों के जोड़ विशेष रूप से पुष्ट होते हैं।

विधि-4

मयूरासन की स्थिति में किसी भी विधि के अनुसार कोहनियों पर अपना शरीर पृथ्वी से ऊपर उठाने के बाद गर्दन तथा छाती का कुछ भाग ऊपर की ओर सीधा उठायें तथा इसके पश्चात् दोनों पांवों को शलभासन की स्थिति में पीठ की अपेक्षा थोड़ा ऊपर ले जायें और उन्हें मोर के पंख के समान फैला दें। यह अभ्यास शरीर का पूर्ण सन्तुलन हो जाने पर ही किया जाना चाहिए तथा इस स्थिति को श्वास भीतर रोककर कुम्भक की स्थिति में ही किया जाना चाहिए, अन्यथा किसी प्रकार की भूल होने या सन्तुलन बिगड़ने के कारण हानि होने की सम्भावना हो जाती है।

43. मकर आसन

नामकरण

मकर और घड़ियाल—ये दोनों भयंकर शक्तिशाली और ख़ूंख़्वार जन्तु माने जाते हैं। पानी में इनकी शक्ति और भी अधिक बढ़ जाती है। थल पर रहने वाले प्राणी पानी के भीतर सांस न ले पाने के कारण मकर के सामने असहाय नज़र आते हैं। मकर की चाल और शारीरिक सन्तुलन के कारण ही इस आसन को 'मकर आसन' नाम प्रदान किया गया है।

लाभ

1. हाथ-पांव, भुजाएं, कमर व पेट आदि स्वस्थ व पुष्ट होते हैं।

2. पूरे शरीर का व्यायाम हो जाने के कारण अधिक पसीना निकलकर थकान हो जाती है। अत: गहरी नींद आती है और अनिद्रा रोग दूर होता है।

3. पूरे शरीर में तेज़ रक्त-सञ्चार होने के कारण रोमकूप खुल जाते हैं तथा अनेक प्रकार के चर्मरोगों में लाभ होने लगता है।

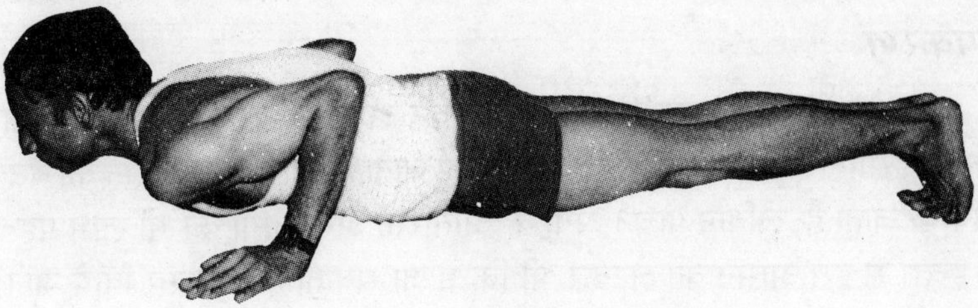

मकरासन

विधि

समतल भूमि पर चौपरत कम्बल बिछाकर पेट के बल लेट जायें। दोनों हाथों को कोहनी से मोड़ते हुए दोनों हथेलियों को शरीर के पास छाती के समीप ज़मीन पर टिका दें। पांवों के पञ्जे सटे हुए रहें और एड़ियां आपस में मिलकर ऊपर की ओर उठी रहें। शरीर को इतना तान लें कि एड़ियां, पांव व जांघें बिल्कुल सीधे तन जायें। पूरे शरीर का भार अपनी हथेलियों और पांवों के पञ्जों पर डालते हुए और सख़्त रखते हुए शरीर को भूमि से ऊपर उठा दें। पूरा शरीर भूमि के समानान्तर ऊपर उठा रहे। घुटने, जांघें, पेट या छाती भूमि का तनिक भी स्पर्श न करें। शरीर को एक समान तना हुआ बनाये रखकर यथासम्भव भूमि से ऊपर उठाये रखें और श्वास को सामान्य गति से आने-जाने दें। अन्त में पृथ्वी पर पेट के बल एकदम शिथिल होकर लेट जायें और विश्राम करें।

सावधानी

देखने में मकर आसन बहुत सरल प्रतीत होता है, लेकिन वास्तव में यह एक कठिन आसन है और इसका अभ्यास करने के बाद निम्नलिखित सावधानियां बरतना बहुत आवश्यक है।

1. इस आसन को करने के बाद तुरन्त तेज़ हवा या तेज़ धूप में न निकलें।

2. मकरासन के तुरन्त बाद पेट के बल कुछ देर शवासन में अवश्य लेटे रहें।

3. यदि मकरासन का अभ्यास एक महीने से अधिक तक जारी रखना चाहें, तो भोजन में घी, दूध आदि पदार्थ अवश्य सेवन करें।

4. पांच मिनट से अधिक मकरासन करने के उपरान्त एक घण्टे बाद ही कोई दूसरा आसन करें, इससे पहले नहीं। यदि स्नान करना चाहें, तो मकरासन करने के आधा घण्टे बाद कुनकुने जल से स्नान करें, ठण्डे जल से नहीं।

44. सुप्त वज्रासन

नामकरण

इस आसन के अभ्यास से शरीर के पाचन अंग वज्र के समान शक्तिशाली हो जाते हैं। इसीलिए इस आसन को वज्रासन कहा जाता है। प्राय: इस आसन को बैठकर ही किया जाता है, लेकिन पाचन अंगों के अतिरिक्त अन्य अंगों को भी लाभ पहुंचाने की इच्छा से इस आसन को लेटकर भी किया जा सकता है। लेटकर किये जाने के कारण ही इसे 'सुप्त वज्रासन' नाम प्रदान किया गया है। इस आसन में अधिक देर तक लेटने से अनेक लाभ प्राप्त होते हैं।

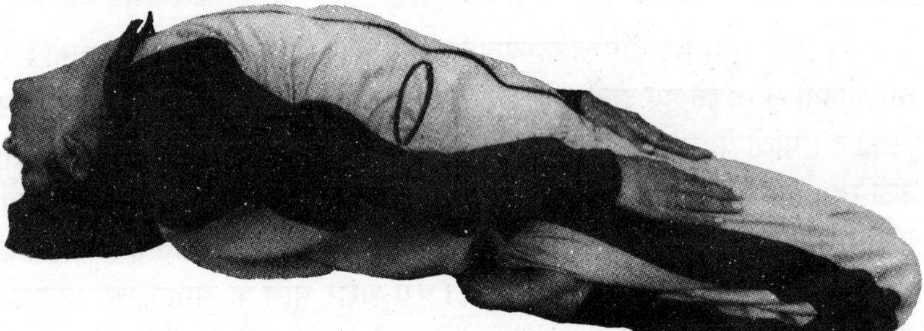

सुप्त वज्रासन

लाभ

1. पीठ एवं कमर का दर्द नष्ट होता है तथा पीठ की मांसपेशियां लचीली व दृढ़ बनती हैं।

2. आंतों और पाचन अंगों पर विशेष प्रभाव पड़ने के कारण पाचनशक्ति बढ़ती है, गैस नष्ट होती है, क़ब्ज़ नष्ट होता है तथा बवासीर के मस्से व ज़ख़्म सूख जाते हैं।

3. स्त्रियों का बांझपन तथा गर्भाशय सम्बन्धी बीमारियां नष्ट होती हैं तथा वे सन्तानवती बनती हैं।

4. मेरुदण्ड के कष्ट दूर होने के साथ ही पीठ, कमर, कन्धों, जांघों तथा टख़नों की मांसपेशियों की मालिश हो जाती है।

5. गठिया तथा सायटिका-जैसे रोग दूर होते हैं।

विधि

समतल भूमि पर चौपरत कम्बल बिछाकर वज्रासन की स्थिति में बैठ जायें और दोनों हथेलियों को नितम्बों के नीचे भूमि पर जमाकर हाथों को कन्धे तक तानकर सीधा कर दें। दोनों घुटने और जांघें आपस में सटे रहें। अब शरीर के बोझ को हाथों पर सन्तुलित करते हुए कमर से ऊपर के भाग को कड़ा या सख़्त बनाते हुए पीछे की ओर झुकें। इस समय श्वास को अन्दर खींचें व कोहनियों को मोड़ते हुए और पीछे झुकाते हुए अत्यन्त धीरे-से पीछे की ओर भूमि पर रख दें। अब पूरे हाथ को नीचे झुकाते हुए सारे शरीर को पीठ के बल भूमि पर रख दें। गर्दन को खींचें और सिर के ऊपरी भाग को भूमि पर टिकाकर पीठ को ऊपर उठाये रखने के लिए सहारा दें। दोनों हाथों को जांघों पर रख लें और श्वास को अन्दर रोककर, जितनी देर कुम्भक कर सकें, अवश्य करें। यदि चाहें, तो श्वास को सामान्य गति से चलने दे सकते हैं। सुप्त वज्रासन की पूर्ण स्थिति में घुटनों, जांघों, पिंडलियों, टख़नों व पञ्जों पर बहुत ज़ोर पड़ता है और प्रारम्भ में तो घुटने ऊपर भी उठ जाते हैं। अत: जहां तक सम्भव हो सके, घुटनों को भूमि से सटा हुआ ही रखने का प्रयास करें।

इस आसन का अभ्यास करते समय कुछ व्यक्ति घुटनों के बीच पर्याप्त अन्तर बना लेते हैं, जिसके परिणामस्वरूप कुछ राहत तो अवश्य मिल जाती है, लेकिन शरीर पर आसन का वाञ्छित प्रभाव नहीं पड़ता। इसलिए घुटने और जांघें आपस में सटे हुए और पृथ्वी पर दबे हुए रहने चाहिए। कमर और पीठ के ज़मीन से ऊपर उठे रहने के कारण पेट और छाती की मांसपेशियों में भरपूर खिंचाव पैदा हो जाता है, जिसके कारण फेफड़ों, आंतों और पेट पर भारी खिंचाव महसूस होता है। इसके साथ ही गर्दन और सिर पर भी खिंचाव पैदा होता है। सम्पूर्ण शरीर की मांसपेशियों और जोड़ों का भरपूर व्यायाम हो जाता है। अंग-प्रत्यंग में स्फूर्ति और रक्त-सञ्चार बढ़ जाने के कारण उत्तम स्वास्थ्य-लाभ होता है।

45. पर्यंकासन

नामकरण

सुप्त वज्रासन के समान ही पर्यंकासन भी किया जाता है। पर्यंक पलंग को कहते हैं, जिस पर लेटकर विश्राम किया जाता है। इस आसन को करते समय शरीर की स्थिति पर्यंक पर विश्राम करने-जैसी बन जाती है। इसीलिए इस आसन का नामकरण 'पर्यंकासन' किया गया है।

जो व्यक्ति कठोर शारीरिक श्रम नहीं करते, उन्हें रात्रि में गहरी नींद नहीं आती, जिसके फलस्वरूप वे मानसिक तनाव, *डिप्रेशन* अथवा पागलपन के शिकार हो जाते हैं। लेकिन यदि सोने से पूर्व पांच-दस मिनट के लिए भी पर्यंकासन का अभ्यास कर लिया जायें, तो गहरी और सुखद निद्रा के कारण अनिद्रा रोग और शरीर की थकान दूर हो जाती है।

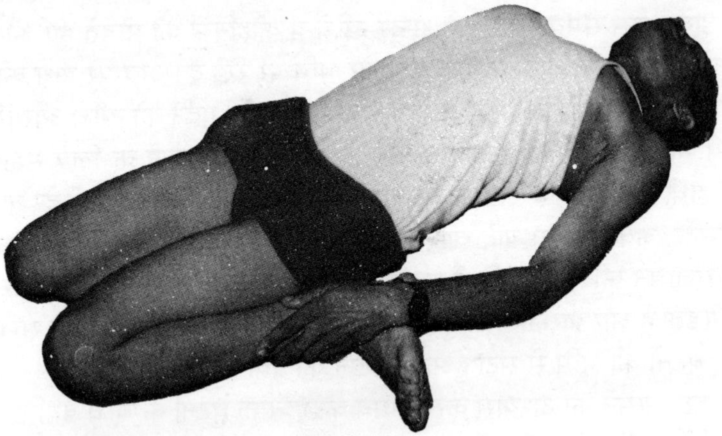

पर्यंकासन

लाभ

1. सुप्त वज्रासन से होने वाले सभी लाभ लगभग इस आसन से भी प्राप्त किये जा सकते हैं।

2. अनिद्रा तथा शारीरिक थकान दूर होकर गहरी नींद आती है।

विधि

चौपरत कम्बल पर वज्रासन की स्थिति में बैठकर घुटनों के सहारे शरीर को थोड़ा ऊपर उठा दें और दोनों पांवों, पञ्जों और एड़ियों को नितम्बों के नीचे से हटाकर जांघों से थोड़ा दूर बाहर की ओर रखें। लेकिन इस स्थिति में भी दोनों पांवों के अंगूठे और अंगूठों से एड़ी तक का भाग भूमि से सटा हुआ रहेगा।

श्वास को अन्दर खींचते हुए कोहनियों के सहारे शरीर के पिछले भाग को भूमि पर लिटा दें। सुप्त वज्रासन में पांवों के तलवों पर बैठने के कारण लेटते समय पीठ भूमि पर नहीं लग पाती, लेकिन पर्यंकासन में पांव के तलवे बाहर रहते हैं। अत:

नितम्ब धरती पर टिक जाते हैं और शरीर और पीठ का काफ़ी बड़ा भाग भूमि को स्पर्श करने लगता है। अब दोनों हाथों को जांघों पर रख लें। इस स्थिति में घुटनों से लेकर पांव के पञ्जों तक खिंचाव बन जाता है। यदि चाहें, तो दोनों हाथों को सिर के पास कानों से सटाते हुए पहले ऊपर की ओर उठा दें और बाद में भूमि पर रख दें। गहरा श्वास लेते रहें और एक मिनट तक अभ्यास करने के बाद धीर-धीरे ही अवधि बढ़ायें।

46. ब्रह्मचर्यासन

नामकरण

इस आसन को ब्रह्मचर्य की साधना के लिए उपयोगी होने के कारण ही 'ब्रह्मचर्यासन' नाम प्रदान किया गया है। गुप्तांगों पर नियन्त्रण करने के लिए उपयोगी मानने के कारण कुछ लोग इसे 'गुप्तासन' भी कहते हैं। नाम कुछ भी रखा जाये, यह आसन बहुत उपयोगी है।

ब्रह्मचर्यासन

लाभ

1. इस आसन का अभ्यास करने पर सिद्धासन से प्राप्त होने वाले सभी लाभ

मिल जाते हैं।

2. इस आसन के द्वारा कामवासना सम्बन्धी विचारों का शमन होता है। अत: ब्रह्मचर्य की साधना करने वालों के लिए यह अत्युत्तम आसन है।

3. इस आसन के अभ्यास से वीर्य की रक्षा होती है तथा वह ओज और कान्ति में बदल जाता है।

सावधानी

गृहस्थ-जीवन का पालन करने वालों और सन्तान की कामना करने वालों को यह आसन नहीं करना चाहिए।

विधि

इस आसन की विधि भी सिद्धासन की भांति है, लेकिन फिर भी इसमें एक अन्तर है। इस आसन में हथेलियों को ज्ञान मुद्रा में रखा जाता है। इस आसन का अभ्यास करते समय चौपरत कम्बल और तख़्त आदि पर कुछ अन्तर रखते हुए दोनों पांवों को आगे की ओर फैलाकर बैठ जायें। बायें घुटने को शरीर की ओर मोड़ते हुए बायें पांव को दायें पांव की जंधा पर रखते हुए एड़ी से दबाव बनायें और बायें पांव के तलवे को दाहिनी जंघा से सटाकर अंगूठे और अंगुलियों को दायें घुटने के नीचे दबा दें। इसी प्रकार दाहिने घुटने को मोड़ते हुए व बायीं जंघा पर दबाव बनाते हुए दाहिने पांव के अंगूठे और अंगुलियों को बायें घुटने के बीच में लगा दें। इसके बाद दोनों हाथों को सीधा फैलाकर दोनों घुटनों पर इस प्रकार रखें कि दोनों हथेलियां खुली हुई सीधी रहें और अंगुलियां आपस में मिली रहें। पहली, अर्थात् कनिष्ठिका अंगुली के नाख़ून को अंगूठे के नाख़ून से स्पर्श करें। यही ज्ञान मुद्रा की स्थिति कहलाती है। कुछ योगी कनिष्ठिका अंगुली को अंगूठे के सन्धि-स्थल पर लगाकर उसे अपने अंगूठे से दबा देते हैं। इस प्रकार रक्त-सञ्चार में बाधा उपस्थित होती है और रक्त मस्तिष्क की ओर नहीं पहुंच पाता। यह स्थिति ज्ञान मुद्रा के एकदम विपरीत है। अत: मुद्रा बनाते समय अंगूठे और अंगुली को केवल स्पर्श करना चाहिए, दबाना नहीं चाहिए।

47. हस्त-पाद-लोपासन

नामकरण

इस आसन की स्थिति में हाथों और पांवों के पञ्जे दिखाई नहीं देते, छिप जाते हैं। इसीलिए इसका नाम 'हस्त-पाद-लोपासन' रखा गया है। कुछ व्यक्ति इसे 'हस्त-पाद-लुप्तासन' या 'हस्त-पाद-गुप्तासन' भी कहते हैं। स्थिति में थोड़ा-बहुत

अन्तर आने के कारण ही आसनों के नाम में थोड़ा-बहुत परिवर्तन हो जाता है।

लाभ

1. योग-साधक और योगीजन इस आसन का ही प्रमुखतः प्रयोग करते हैं।

2. इस आसन के अभ्यास से पांव की अंगुलियां, जंघाएं और भुजाएं सशक्त बनती हैं।

3. मानसिक शान्ति तथा ध्यान को एकाग्र करने के लिए यह सहायक आसन है।

4. इस आसन का अभ्यास करने पर मूलाधार से उठने वाली शक्ति और वायु सीधी सहस्त्रार तक पहुंच जाती है।

हस्त-पाद-लोपासन

विधि

घुटनों के बल बैठकर दोनों घुटनों के बीच लगभग पचास-साठ सेण्टीमीटर का अन्तर बना लें। दोनों पांवों की एड़ियां व अंगूठे आपस में मिले हुए हों, तलवे लम्बे आकार में उठे हुए हों और दोनों हाथों की हथेलियों को दोनों एड़ियों पर रखकर उन पर बैठ जायें। कमर का भाग सीधा ऊपर को उठा हुआ रहेगा और हाथ-पांव तने हुए रहेंगे। ध्यान को श्वास पर केन्द्रित करते हुए श्वास के भीतर जाते हुए और बाहर वापस आते हुए दस से बीस मिनट तक इसी स्थिति में बैठने का प्रयास करें।

इसी आसन को अन्य विधि के अनुसार भी किया जाता है। श्वास को भरपूर भीतर खींचकर सीने में रोक लें तथा गर्दन को सामने की ओर झुकाकर कण्ठकूप पर टिकाने का प्रयास करें। अब मूलाधार (मलद्वार और मूत्र-मार्ग के बीच के स्थान) को भीतर की ओर खींचते हुए श्वास को यथासम्भव भीतर ही रोककर रखें। जब श्वास को बाहर निकालने की इच्छा हो, तो उसे धीरे-धीरे ही बाहर निकालें।

इस प्रयास को बार-बार तब तक दोहरायें, जब तक मूलाधार से विद्युत्-तरंग की कोई लहर-सी मस्तिष्क की ओर उठती हुई प्रतीत न होने लगे। यही इस आसन की पूर्ण स्थिति है।

48. पदादिरासन

नामकरण

यह आसन योग-साधकों की अहंकार-भावना को नष्ट करता है तथा ध्यान आदि के लिए अत्यन्त उपयुक्त है। इसीलिए इसे 'पदादिरासन' नाम प्रदान किया गया है।

लाभ

1. इस आसन का अभ्यास करने से नासिका के दोनों स्वर खुल जाते हैं और सुषुम्ना स्वर चलने लगता है।

2. वज्रासन से प्राप्त होने वाले सभी लाभ इस आसन से भी प्राप्त हो जाते हैं।

3. प्राणायाम की साधना करने वालों के लिए यह एक उत्तम आसन है।

4. इस आसन के द्वारा दायां अथवा बायां कोई भी स्वर इच्छानुसार चलाया जा सकता है।

विधि

वज्रासन में इस प्रकार बैठें कि दोनों पांवों के पञ्जे भूमि पर टिके हों तथा एड़ियां और तलवे लम्बे उठे हुए हों। अब दोनों हाथों की मुट्ठियां बांधकर दाहिनी मुट्ठी को बायीं भुजा के नीचे और बांयी मुट्ठी को दाहिनी भुजा के नीचे इस प्रकार दबायें कि

छाती पर दबाव पड़ने लगे। दोनों आंखों को बन्द करके ध्यान को आज्ञाचक्र पर

पदादिरासन

जमाने का प्रयास करें। (दोनों भौंहों के बीच में तिलक लगाने वाले स्थान को आज्ञाचक्र कहते हैं।) श्वास को आते-जाते अनुभव करें। अब जिस नासिका-स्वर को चलाना चाहें, उस ओर की मुट्ठी पर दबाव कम कर दें और विपरीत मुट्ठी को अधिकाधिक दबायें और बदलते हुए स्वर का सूक्ष्म निरीक्षण करें। इस आसन को भोजन के बाद भी किया जा सकता है।

49. हनुमान् आसन

नामकरण

अंजनीपुत्र हनुमान् की चपलता और समर्पण भाव तथा शारीरिक क्षमता का ध्यान रखते हुए ही इस आसन का नामकरण 'हनुमान् आसन' किया गया है।

लाभ

1. इस आसन का अभ्यास करने पर बस्ति प्रदेश की अस्थियां, अर्थात् *पेल्विक-बोन्स* लचीली और दृढ़ हो जाती हैं।

2. धावक, अर्थात् तेज़ दौड़ने वाले व्यक्तियों की गति में अद्‌भुत वृद्धि होती है।

3. शरीर की गतिशीलता और भारहीनता बनाने में सहायक आसन है।

4. इस आसन का अभ्यास करने से महिलाओं का प्रसव निरापद और आसान हो जाता है।

5. सायटिका दर्द से सदा के लिए छुटकारा मिल जाता है।

हनुमान् आसन

विधि

यह आसन भूमि पर बैठकर किया जाता है। लेकिन इस आसन का अभ्यास करने के लिए भूमि पर बैठने से पहले ही बायें पांव के घुटने और पञ्जे को पीठ की ओर भूमि पर टिका दें। अब दोनों हाथों को भूमि पर टिकाकर सहारा देते हुए धीरे-धीरे दाहिने पांव को आगे की ओर सरकाते हुए बायें पांव की सीध में लाने का प्रयास करें। यह क्रिया अत्यन्त कठिन है। लेकिन धीरे-धीरे अभ्यास करने पर कुछ ही दिनों के बाद आप इसे कर सकेंगे। ध्यान रहे, शरीर के साथ तनिक भी ज़ोर-ज़बरदस्ती न करें। भले ही इस आसन की पूर्ण स्थिति प्राप्त करने में आपको कितने भी दिन क्यों न लग जायें। निरन्तर प्रयास करने से आपके शरीर में पर्याप्त लचीलापन आ जायेगा और तब आपके दोनों पांव एक सीध में लाकर आप नितम्बों के बल धरती पर बैठ सकेंगे। पूर्ण स्थिति प्राप्त हो जाने पर हाथों का सहारा लेना छोड़ दें और हथेलियों को छाती के सामने नमस्कार की मुद्रा में जोड़ दें।

सावधानी

यह एक अत्यन्त कठिन आसन है, जिसमें प्रवीणता प्राप्त करने के लिए अत्यन्त धैर्य की आवश्यकता होती है।

50. गोदुहासन

नामकरण

इस आसन का अभ्यास करते समय शरीर की स्थिति कुछ इस प्रकार बन जाती है, मानो व्यक्ति गाय दोह रहा हो। इसीलिए इसका नामकरण 'गोदुहासन' किया गया है।

गोदुहासन

लाभ

1. इस आसन का अभ्यास करने से पांवों की मांसपेशियां, अस्थियां तथा उनके जोड़ स्वस्थ होते हैं।

2. पांव के सन्धि-वात रोग को दूर करने के लिए लाभप्रद आसन है।

3. इस आसन के अभ्यास से कमरदर्द दूर होता है तथा कमर सन्तुलित रहती है।

विधि

घुटनों को मोड़कर पांवों के पञ्जों पर शरीर को सन्तुलित करते हुए इस प्रकार बैठने का प्रयास करें कि घुटने मुड़कर छाती के पास पहुंच जायें। अब शरीर को सन्तुलित करते हुए और घुटनों को थोड़ा आगे झुकाते हुए व नितम्बों को एड़ियों पर टिकाते हुए घुटनों को थोड़ा फैला लें। अब इसी स्थिति में दोनों मुट्ठियों को बांधते हुए कोहनी से आगे के भाग को ज़मीन के समानान्तर धीरे-धीरे आगे बढ़ायें और बारी-बारी से एक मुट्ठी को कसें और दूसरी को शिथिल छोड़ दें और इस क्रिया को तीन-चार मिनट तक करें।

51. द्विपाद-भुजासन

नामकरण

इस आसन का अभ्यास करने पर शरीर की स्थिति कुछ इस प्रकार प्रतीत होने लगती है, मानो कोई व्यक्ति दोनों कन्धों पर अपना सामान टांगकर यात्रा पर जा रहा हो। इसीलिए कुछ व्यक्ति इसे 'द्विपाद-स्कन्धासन' व कुछ व्यक्ति इसे 'द्विपाद-हस्तग्रीवासन' भी कहते हैं। नाम के कारण आसन से होने वाले लाभ अथवा विधि में कोई अन्तर नहीं पड़ता। आप अपनी सुविधा के अनुसार इस आसन का कोई भी नाम रखने के लिए स्वतन्त्र हैं।

लाभ

1. इस आसन का अभ्यास करने पर कमर, गर्दन और पांवों की मांसपेशियां लचीली, स्वस्थ और सक्षम बनती हैं।

2. इस आसन का अभ्यास करने पर महिलाओं का प्रसव आसानी से हो जाता है।

3. जिन महिलाओं का बार-बार गर्भपात हो जाता है अथवा जिन्हें गर्भ नहीं ठहरता, इस आसन के अभ्यास से वे सन्तानवती बन सकती हैं। लेकिन गर्भधारण करने के पश्चात् इस आसन को नहीं करना चाहिए।

4. जांघों व कन्धों के जोड़ पुष्ट होते हैं।

5. जिन महिलाओं के नितम्ब अथवा पेट स्थूल होकर लटक गये हों, उनके शरीर की चर्बी उचित स्थान पर पहुंच जाती है, जिसके कारण उनके सौन्दर्य में वृद्धि

होती है।

6. इस आसन के अभ्यास से बढ़ा हुआ पेट घटता है और गैस बननी बन्द हो जाती है।

विधि

समतल भूमि पर चौपरत कम्बल बिछाकर व दोनों पांवों को सामने की ओर फैलाकर बैठ जायें। दोनों पांव सीधे और आपस में मिले हुए रहें। बायें पांव को घुटने से मोड़ते हुए छाती के पास लायें और दाहिने हाथ का सहारा देकर बायें पांव के पञ्जे को इतना ऊपर उठायें कि घुटना बायें कन्धे तक पहुंच जाये। अब बायें पांव को बायें कन्धे पर ही टिका दें। इसी प्रकार दाहिने पांव को भी घुटने से मोड़ते हुए और सहारा देते हुए दाहिने कन्धे पर टिका दें। इसके पश्चात् दोनों हाथों को अपनी ही ओर के पांवों के नीचे से निकालते हुए व पिंडलियों पर दबाव डालते हुए दोनों हथेलियों को गर्दन के पीछे ले जाकर अंगुलियों को आपस में फंसा लें। यह इस आसन की पूर्ण स्थिति है।

यह एक अत्यन्त कष्टसाध्य आसन है तथा जिन लोगों की हड्डियां व मांसपेशियां सख़्त एवं मोटी हों, उन्हें केवल एकपाद-भुजासन करना चाहिए। इस आसन में केवल एक पांव ही गर्दन के पीछे ले जाया जाता है तथा दोनों हाथों को गर्दन के पीछे ले जाकर अंगुलियों को आपस में फंसा लिया जाता है। कुछ देर बाद उस पांव को नीचे उतारकर दूसरे पांव को कन्धे पर रखा जाता है और यही क्रिया दूसरे पांव के द्वारा भी की जाती है।

विशेष

कुछ आचार्य इस आसन का अभ्यास करते समय आंखों द्वारा त्राटक करने का सुझाव भी देते हैं, जिसके लिए पांव के अंगूठे को आंखों के सामने लाकर उनके नाख़ूनों पर त्राटक किया जाता है।

यह भी एक अत्यन्त कष्टसाध्य आसन है। अत: इसका अभ्यास करने के लिए अथवा पूर्ण स्थिति प्राप्त करने के लिए शरीर के साथ किसी प्रकार की ज़ोर-ज़बरदस्ती न करें, अन्यथा लाभ के स्थान पर हानि हो सकती है।

52. द्विपाद-शिरासन

नामकरण

इस आसन में सिर को दोनों पांवों के द्वारा जकड़ लिया जाता है। इसीलिए इस आसन को 'द्विपाद-शिरासन' कहना उचित लगता है। यूं इस आसन के भी अनेक

नाम प्रचलित हैं। जैसे–द्विपाद-ग्रीवासन, द्विपाद-ग्रीवा-बद्धासन, द्विपाद-हस्त-बद्धासन।

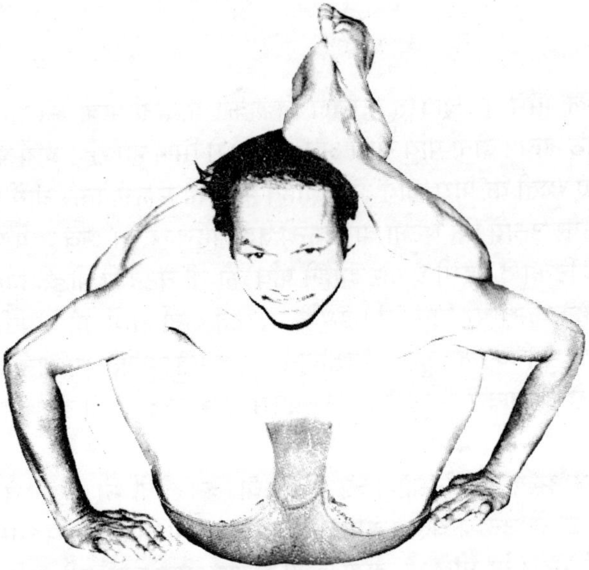

द्विपाद-शिरासन

लाभ

1. इस आसन के अभ्यास से पाचनशक्ति व भूख में वृद्धि होती है तथा पाचन-अंग सक्षम बनते हैं।

2. शरीर की सभी नस-नाड़ियों में रक्त का प्रवाह नियमित हो जाता है और सभी अंग स्वस्थ रहते हैं।

3. पूरा शरीर सुडौल, पुष्ट, लचीला और सुन्दर बनता है।

4. द्विपाद-भुजासन से होने वाले सभी लाभ इस आसन से भी प्राप्त होते हैं।

सावधानी

ज़िन साधकों की अस्थियां और मांसपेशियां लचीली और सन्तुलित न हों, उन्हें यह आसन कदापि नहीं करना चाहिए। गर्भवती महिलाओं के लिए भी यह आसन करना उचित नहीं है।

विधि

द्विपाद-भुजासन की भांति बैठकर किसी भी पांव को सहारा देते हुए गर्दन के पीछे ले जाकर एड़ी को दूसरी ओर के कन्धे पर रख दें और उसी ओर के हाथ की कोहनी से उसे पीठ की ओर खींचते रहें। अब उस पांव को नीचे उतारकर दूसरे पांव के द्वारा इसी क्रिया का अभ्यास करें।

एक पांव द्वारा अच्छी तरह अभ्यास हो जाने पर तथा पांवों के भली प्रकार लचीला हो जाने के बाद ही दोनों पांवों को दोनों विपरीत कन्धों पर उठा लें और गर्दन के पीछे दोनों पांवों की कैंची-सी बना लें। अब दोनों कोहनियों से दोनों जांघों को पीठ की ओर दबाते हुए दोनों हथेलियों को छाती के सामने लाकर प्रणाम की मुद्रा में मिला दें। यही इस आसन की पूर्ण स्थिति है। इस स्थिति में पूरे शरीर का सन्तुलन नितम्बों पर ही बना रहता है।

53. अर्द्धमत्स्येन्द्रासन

अर्द्धमत्स्येन्द्रासन

नामकरण

मत्स्य मछली को कहते हैं और इस आसन में शरीर की आकृति मछली के

समान बन जाती है। इसीलिए इसका नामकरण 'मत्स्येन्द्रासन' किया गया है। मत्स्येन्द्रासन अत्यन्त कठिन है। इसलिए इसका जो सरल रूप निर्धारित किया गया, उसे 'अर्द्धमत्स्येन्द्रासन' कहा गया है।

लाभ

1. इस आसन के अभ्यास से पेट, पीठ, कमर, पांव, हाथ, गर्दन व पेडू आदि सभी अंगों को लाभ प्राप्त होता है।

2. क़ब्ज़ नष्ट होता है, भूख बढ़ती है और पाचनशक्ति सुधर जाती है।

3. मेरुदण्ड लचीला और मज़बूत होता है, जिसके कारण वृद्धावस्था तक युवावस्था-जैसी क्षमताएं बनी रहती हैं।

विधि

समतल भूमि पर चौपरत कम्बल बिछाकर व दोनों पांव सामने की ओर फैंलाकर बैठ जायें और बायें पांव को घुटने से मोड़ते हुए घुटने को छाती की ओर खींचें। अब एक हाथ से घुटने को और दूसरे हाथ से उसी पांव के पञ्जे को सहारा देते हुए फैले हुए पांव को जंघा के बायीं ओर भूमि पर जमा दें। अब दूसरे फैले हुए पांव को इस प्रकार मोड़ें कि उसका घुटना तो भूमि पर ही रहे, लेकिन पांव का तलवा उठे हुए पांव की जंघा के समीप सट जाये और एड़ी मूलाधार पर दबाव बनाती रहे। अब जिस ओर का पांव ऊपर उठा हो, उसी ओर के हाथ को पीठ की ओर से लाकर उस पांव की पिंडली को स्पर्श करें तथा दूसरे हाथ की कोहनी और उठे हुए पांव के घुटने को पीछे की ओर धकेलते हुए उसी पांव के अंगूठे को पकड़ लें या स्पर्श करें। इसी प्रकार हाथ-पांव को बदलकर इस आसन को दूसरी ओर से भी किया जाना चाहिए। यही इस आसन की पूर्ण स्थिति है।

सावधानी

इस आसन की एक-एक स्थिति को पांच सैकण्ड से आरम्भ करके पांच मिनट तक बढ़ाया जा सकता है।

54. मत्स्येन्द्रासन

नामकरण

मछली की आकृति का अध्ययन करने के पश्चात् ही इस आसन का नामकरण 'मत्स्येन्द्रासन' के रूप में किया गया है।

लाभ

1. इस आसन का अभ्यास करने से शरीर का मोटापा कम होता है तथा शरीर सुन्दर और सुडौल बनता है।

2. साधक के चेहरे पर तेज और दीप्ति दिखाई देती है।

3. वृद्धावस्था में भी शरीर तथा चेहरे पर झुर्रियां नहीं पड़तीं।

4. योगियों और ब्रह्मचारियों के लिए यह श्रेष्ठ आसन है; क्योंकि इस आसन के अभ्यास के द्वारा उनकी एकाग्रता और सहनशीलता में वृद्धि होती है।

5. जिगर और तिल्ली को बढ़ने से रोककर व्यक्ति को स्वस्थ और सक्षम बनाने में लाभदायक है।

6. मन्दाग्नि व आमवात आदि कष्ट दूर होते हैं और पाचनशक्ति बढ़ती है।

7. अर्द्धमत्स्येन्द्रासन से प्राप्त होने वाले सभी लाभ मत्स्येन्द्रासन से भी प्राप्त होते हैं।

मत्स्येन्द्रासन

विधि

समतल भूमि पर चौपरत कम्बल बिछाकर व दोनों पांव सामने की ओर फैलाकर

बैठ जायें और बायें पांव की ज़मीन पर टिकाये हुए ही इस प्रकार मोड़ें कि उसका घुटना भूमि को छूता रहे, परन्तु पञ्जा दाहिने पांव की जंघा के जोड़ पर टिक जाये। दाहिने पांव के घुटने को छाती की ओर लाते हुए उसे इस प्रकार से मोड़ें कि उसकी जंघा बायें पांव के पञ्जे को दबा दे।

अब दाहिने पांव के पञ्जे को उठाकर, बायें घुटने के बाहरी ओर रखकर भूमि पर टिका दें और बायें कन्धे के निचले जोड़ से दाहिने घुटने को दबाते हुए बायें हाथ की हथेली से बायीं पिंडली को छू लें और दाहिने हाथ को पीठ की ओर से घुमाते हुए दाहिनी हथेली से बायें हाथ की कोहनी को छूने का प्रयास करें। इस स्थिति में आपका मुंह गर्दन से घूमते हुए पीछे की ओर देखने लगेगा। यह मत्स्येन्द्रासन की पूर्ण स्थिति है।

55. योनि आसन

नामकरण

इस आसन का नामकरण करते समय प्रजनन अंगों के स्वास्थ्य पर विशेष ध्यान दिया गया लगता है। इसीलिए इसका नाम 'योनि आसन' रखा गया है।

योनि आसन

लाभ

1. इस आसन के अभ्यास से जांघें, घुटने, पिंडलियां, एड़ियां व पञ्जे स्वस्थ, लचीले और सुडौल बनते हैं।

2. स्त्री-पुरुषों के मूत्र सम्बन्धी रोगों में विशेष लाभ पहुंचता है।

3. इस आसन के अभ्यास से बवासीर आदि रोगों से छुटकारा मिल जाता है।

विधि

समतल भूमि पर चौपरत कम्बल बिछाकर व दोनों पांवों को सामने फैलाकर पर्याप्त अन्तर रखते हुए बैठ जायें और दोनों पांवों को घुटनों के पास से इस प्रकार मोड़ें कि दोनों तलवे, एड़ियां और पञ्जे एक-दूसरे से सट जायें। हाथों के सहारे पांवों की एड़ी को नाभि की ओर रखते हुए तथा भूमि का स्पर्श करते हुए पञ्जे ज़मीन पर लम्बवत् खड़े रहेंगे। इस प्रकार मिले हुए तलवे तथा पांवों को यथासम्भव पेट अथवा मूलाधार से सटायें और दोनों घुटनों को सीधा इस प्रकार खोलें कि बाहर की ओर खुली हुई हथेलियां घुटनों पर रखी जा सकें।

56. योनिबद्धासन

योनिबद्धासन

नामकरण

योग में ज्ञानेन्द्रियों को ही योनि माना जाता है। आंख, कान, नाक, मुंह आदि योनियों को आबद्ध करने की स्थिति के कारण इस आसन को 'योनिबद्धासन' नाम प्रदान किया गया है।

लाभ

1. इस आसन के अभ्यास से मन सभी बाह्य आकर्षणों से दूर रहकर अन्तर्दर्शन की क्षमता प्राप्त कर लेता है।

2. मन एकाग्र होता है और अन्तर्यात्रा पर जाने के लिए तैयार हो जाता है।

3: नाद-योग सुनने के लिए एक उत्तम आसन है।

विधि

बायें पांव की एड़ी पर दबाव डालते हुए उसे मूलाधार पर जमा दें। इसके बाद दाहिने पांव को मोड़कर दाहिनी एड़ी को जंघा के जोड़ पर तथा पञ्जे को जंघा पर टिकाते हुए सिद्धासन की स्थिति में बैठ जायें। दोनों हाथों को कोहनियों से इस प्रकार मोड़ें कि हथेलियों का भीतरी भाग आपके मुख के सामने हो तथा अंगूठे व अंगुलियां खुले हुए और फैले हुए हों। दोनों अंगूठों से दोनों कानों के छिद्र बन्द कर दें और दोनों तर्जनी अंगुलियों से दोनों आंखें ढक लें। दोनों हाथों की दूसरी अंगुलियों से दोनों ओर के नथुने दबायें। इसके पश्चात् तीसरी अंगुली को होठों के ऊपर तथा चौथी अंगुली को होठों के नीचे लगाकर दोनों होठों को दबायें। योनिबद्धासन की यही पूर्ण स्थिति है। इस आसन का भली-भांति अभ्यास हो जाने पर गहरा श्वास भरकर भीतर रोक लें तथा पहले समझाई गयी विधि द्वारा ज्ञानेन्द्रियों को बन्द कर लें तथा सिर को इस प्रकार छाती की ओर झुकायें कि वह कण्ठकूप में जा लगे और उस पर दबाव डाले।

विशेष

कुछ देर तक इसी स्थिति में रहने से इस आसन के लाभ कई गुना बढ़ जाते हैं।

57. उत्थित मयूरासन

नामकरण

मयूर, अर्थात् मोर के नाम के कारण ही इस आसन को मयूरासन कहा जाता है। लेकिन जब मोर उड़कर किसी ऊंचे स्थान पर जा बैठता है, उस समय उसकी आकृति खड़े हुए मोर की भांति लगती है। इसी आधार पर इस आसन का नामकरण 'उत्थित मयूरासन' किया गया है।

लाभ

1. मधुमेह (डायबिटीज़) रोग में अत्यन्त लाभप्रद है।
2. जिगर और गुर्दे के रोगों को दूर करने के लिए एक श्रेष्ठ आसन है।
3. आंतों के व्यायाम के लिए श्रेष्ठ आसन है।
4. पाचनशक्ति तीव्र होकर भूख बढ़ती है।
5. क़ब्ज़, गैस तथा अपच की शिकायत दूर होती है।

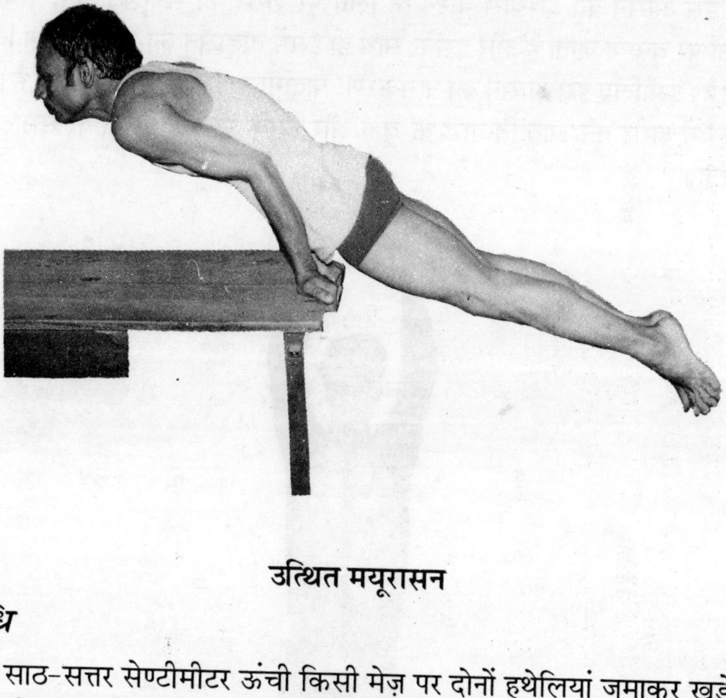

उत्थित मयूरासन

विधि

साठ-सत्तर सेण्टीमीटर ऊंची किसी मेज़ पर दोनों हथेलियां जमाकर खड़े हो जायें और दोनों कोहनियों को नाभि के आस-पास स्थिर कर लें। अब पञ्जों के बल पर शरीर को ऊपर उठायें और शरीर का भार हथेलियों पर डालते हुए और शरीर का सन्तुलन कोहनियों के सहारे बनाते हुए शरीर को हवा में झूलने के लिए तैयार करें। पञ्जों को भूमि से ऊपर उठा दें। पूरे शरीर को सिर से पांव तक एकदम सीधा और तना हुआ रखें। श्वास को अन्दर भरें और रोककर रखें तथा श्वास को बाहर निकालते समय पांवों को धीरे-धीरे नीचे लाते हुए भूमि पर टिका दें। शरीर के भार को कोहनियों से हटाकर विश्राम करें। यही उत्थित मयूरासन की पूर्ण स्थिति है।

सावधान

मयूरासन अथवा उत्थित मूयरासन को एक मिनट से अधिक कभी न करें, अन्यथा लाभ के स्थान पर आंतों को क्षति भी पहुंच सकती है।

58. पादांगुष्ठ ताड़ासन

नामकरण

इस आसन का अभ्यास करने के लिए पूरे शरीर का सन्तुलन दोनों पांवों के अंगूठों पर बनाया जाता है और इसके साथ ही इसमें ताड़ासन का भी समावेश किया जाता है। इसीलिए इस आसन का नामकरण 'पादांगुष्ठ ताड़ासन' किया गया है। इस आसन में शरीर की आकृति ताड़ के वृक्ष और उसके फैले हुए पत्तों के समान बन जाती है।

पादांगुष्ठ ताड़ासन

लाभ

1. यदि आधा लीटर गरम पानी में थोड़ा-सा नमक मिलाकर पीने के बाद इस आसन का अभ्यास किया जाये, तो भयंकर क़ब्ज़ भी दूर हो जाता है।

2. इस आसन का अभ्यास करने से पांवों की अंगुलियां, अंगूठे, टख़ने, पिंडलियां और घुटने स्वस्थ, सबल और सुडौल बनते हैं।

3. ऊंचाई अथवा लम्बाई बढ़ाने में यह एक सहायक आसन है।

4. महिलाओं की कमर, कूल्हे अथवा छाती पुष्ट व लचीले बनते हैं।

5. ताड़ासन से प्राप्त होने वाले अन्य सभी लाभ इस आसन से भी प्राप्त होते हैं।

विधि

उकड़ूं बैठकर दोनों हाथों को सामने भूमि पर जमा लें और शरीर का पूरा बोझ हथेलियों पर इस प्रकार डालें कि पांवों पर कम-से-कम बोझ रह जाये। पांव के अंगूठों तथा अंगुलियों को तलवे की ओर मोड़ते हुए ज़मीन पर इस प्रकार जमा लें कि दोनों पांव आपस में मिल जायें। दोनों एड़ियां आपस में मिली हुई तथा ऊपर उठी हुई रहनी चाहिए। अब दोनों घुटनों के बीच लगभग पचास सेण्टीमीटर का अन्तर रखतें हुए दोनों पांवों को फैला दें। शरीर के बोझ को हथेलियों पर से कम करते हुए पांव के पञ्जों पर डालें और शरीर को सन्तुलित करते हुए सीधे खड़े हो जायें। जैसे ही शरीर का भार हाथों पर से हटे, हाथों को सिर के ऊपर ले जाकर प्रणाम की मुद्रा में मिला लें और हथेलियों को इसी मुद्रा में आकाश की ओर ऊपर उठा दें। कोहनियों के बीच में तीस से पचास सेण्टीमीटर का अन्तर बन जायेगा और पांव के पञ्जे, शरीर का मध्य भाग तथा मिली हुई हथेलियां सीधी रेखा के समान आकाश की ओर उठी रहेंगी। इस क्रिया को करते समय श्वास को भीतर खींचें और शरीर को मुड़े हुए पञ्जों की अंगुलियों पर जितनी देर तक स्थिर रख सकें, अवश्य रखें। आसन को खोलते समय श्वास को धीरे- धीरे बाहर निकालें और उछलकर तलवों को ज़मीन पर टिकायें। यही इस आसन की पूर्ण स्थिति है।

सावधान

यदि पांवों अथवा टांगों में कोई घाव हो, तो इस आसन को न करें। चार माह से अधिक की गर्भवती महिलाएं भी इस आसन को न करें, अन्यथा लाभ के स्थान पर हानि होने की सम्भावना रहती है। यह आसन देखने में जितना सरल प्रतीत होता है, वास्तव में उतना ही कठिन है।

59. जानुशिरासन

नामकरण

इस आसन में सिर को घुटनों से सटा दिया जाता है। इसीलिए इस आसन का नामकरण 'जानुशिरासन' किया गया है।

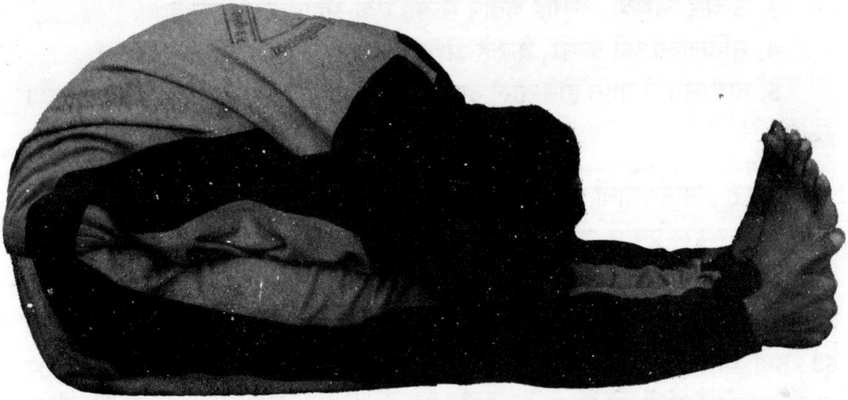

जानुशिरासन

लाभ

1. बढ़े हुए पेट को कम करने के लिए यह एक उत्तम आसन है। इस आसन के द्वारा पेट घट जाने के बाद झूलता नहीं है।

2. पुरुषों के शीघ्रपतन, स्वप्नदोष तथा बवासीर आदि रोग नष्ट होते हैं।

3. महिलाओं के प्रदर और प्रमेह आदि रोग दूर होते हैं।

4. कमरदर्द मिटाने के लिए यह एक उत्तम आसन है।

5. भोजन के प्रति अरुचि, भूख की कमी व क़ब्ज़ आदि दूर होता है तथा पाचनशक्ति तीव्र हो जाती है।

6. स्मरणशक्ति विकसित होती है।

7. उत्साहहीनता अथवा वृद्धावस्था दूर रहती है तथा शरीर फुर्तीला व स्वस्थ बना रहता है।

विधि

दोनों पांवों के अंगूठों और एड़ियों को आपस में मिलाकर एकदम सावधान की मुद्रा में खड़े हो जायें और भीतर श्वास भरते हुए दोनों हाथों को सिर के ऊपर ले जायें।

इस स्थिति में भुजाएं कानों से चिपकी हुई रहेंगी और दोनों अंगूठे एक–दूसरे में परस्पर गुंथ जायेंगे। अब ताड़ासन की भांति पांवों से लेकर हाथों की अंगुलियों तक पूरे शरीर को तानकर सीधा करें और श्वास को धीरे–धीरे बाहर निकालते हुए तथा भुजाओं से सिर को कसे हुए रखकर, दोनों हाथों को सामने की ओर से नीचे लायें। इस स्थिति में दोनों पांव, घुटने और दोनों हाथ पूरी तरह तने हुए रहने चाहिए। हाथों के साथ ही सिर और पूरे धड़ को भी नीचे लायें तथा हाथों से पांवों के पञ्जे छूने का प्रयास करें। इस प्रकार आपका माथा स्वयं ही आपके घुटनों को छू लेगा। यदि माथा घुटनों को न छू सके, तो नाक को दोनों घुटनों के बीच तक लाकर माथे को घुटनों से स्पर्श कराने का प्रयास करें। यह इस आसन की पूर्ण स्थिति है। कुछ व्यक्ति बढ़े हुए पेट, रीढ़ की हड्डी के सख़्त होने अथवा मांसपेशियों के अधिक लचीली न होने के कारण आरम्भ में जानुशिरासन नहीं कर पाते। ऐसे व्यक्तियों को धीरे–धीरे ही अभ्यास बढ़ाना चाहिए। यदि शरीर को झुकाने अथवा घुटनों को छूने में कोई कष्ट हो, तो शरीर के साथ किसी प्रकार की ज़ोर–ज़बरदस्ती न करें। जितना झुक सकें, उतना ही झुकें। उतने से ही आपको पूरा लाभ प्राप्त होगा।

60. उत्थित त्रिकोणासन

नामकरण

इसी पुस्तक में हम पहले त्रिकोणासन का वर्णन कर चुके हैं। लेकिन बैठकर किये जाने वाले आसनों और खड़े होकर किये जाने वाले आसनों में शरीर की स्थिति बदल जाती है। इसीलिए इस आसन का नामकरण 'उत्थित त्रिकोणासन' किया गया है। इस आसन का अभ्यास करने पर भी शरीर की स्थिति त्रिकोण के समान बन जाती है।

लाभ

1. इस आसन का अभ्यास करने पर पूरे शरीर का व्यायाम हो जाता है तथा शरीर की सभी मांसपेशियों पर पर्याप्त तनाव और शिथिलता बनने के कारण रक्त–सञ्चार सही रूप से होता है तथा शरीर के सभी अंग स्वस्थ व पुष्ट बनते हैं।

2. अधिक देर तक बैठकर काम करने वालों के लिए यह आसन वरदानस्वरूप है।

3. इस आसन के द्वारा व्यक्ति की कार्यक्षमता विकसित होती है, थकान दूर होती है तथा उत्साह और प्रसन्नता की वृद्धि होती है।

4. यदि थकान के कारण शरीर के किसी भी अंग में दर्द अथवा बेचैनी अनुभव

हो, तो इस आसन को तीन–चार बार करने से तुरन्त आराम मिल जाता है।

सावधानी

गर्भवती महिलाओं को यह आसन भूलकर भी नहीं करना चाहिए।

विधि

दोनों पांवों के अंगूठे व एड़ियां आपस में मिलाकर सावधान की मुद्रा में सीधे खड़े हो जायें और ताड़ासन की भांति श्वास को भीतर खींचते हुए दोनों हाथों को ऊपर की ओर तान दें। दोनों भुजाएं कानों से सटी हुई रहनी चाहिए। श्वास को भीतर रोककर दोनों पांवों के बीच लगभग अस्सी–नब्बे सेण्टीमीटर का अन्तर बनायें और धीरे–धीरे श्वास को बाहर निकालते हुए तथा दायीं ओर को झुकते हुए और दाहिने घुटने को झुकाते हुए दाहिने हाथ से दाहिने पांव की अंगुलियों का स्पर्श करें। इस स्थिति में बायां पांव, बायां बाज़ू और बायां हाथ सीधी रेखा में तना हुआ रहेगा। बायीं भुजा बायें कान से सटी हुई रहेगी। कुछ देर बाद इसी प्रकार बायीं ओर को झुकते हुए और बायें घुटने को झुकाते हुए बायें हाथ से बायें पांव की अंगुलियों का स्पर्श करें। यही इस आसन की पूर्ण स्थिति है।

61. वाम–दक्षिण–पद–स्पर्श आसन

नामकरण

इस आसन का अभ्यास करते समय बायें हाथ से दायें पांव का और दायें हाथ से बायें पांव का स्पर्श किया जाता है। इसीलिए इस आसन को 'वाम–दक्षिण–पद--स्पर्श आसन' नाम प्रदान किया गया है। यह आसन त्रिकोणासन, जानुशिरासन, हस्त–पाद–स्पर्श आसन से एकदम भिन्न है।

लाभ

1. इस आसन का अभ्यास करने से कमर का दर्द दूर हो जाता है।

2. आंतों व पेट का अच्छा व्यायाम हो जाने के कारण सख़्त–से–सख़्त क़ब्ज भी दूर हो जाता है। पाचक रस बनने लगते हैं और बढ़ा हुआ पेट घट जाता है।

3. वृद्धावस्था की कमज़ोरी दूर होती है तथा शारीरिक सामर्थ्य की वृद्धि होती है।

4. पूरे शरीर में उचित रक्त–सञ्चार होता है, जिसके कारण शारीरिक सौन्दर्य बढ़ जाता है।

5. पेट, पीठ, कमर, हाथ–पांव तथा गर्दन आदि सभी अंग स्वस्थ, सुडौल व पुष्ट होते हैं।

विधि

दोनों पांवों के अंगूठे व एड़ियां मिलाकर सावधान की मुद्रा में खड़े हो जायें और श्वास को भीतर खींचते हुए दोनों भुजाओं को इस प्रकार फैलायें कि वह भूमि के समानान्तर रहें। अब श्वास को भीतर रोककर कुम्भक करें और दोनों हाथ फैलाये हुए ही कमर तथा कमर के ऊपरी भाग को दाहिनी ओर को घुमायें। इसके साथ ही आपकी गर्दन भी दाहिनी ओर घूम जायेगी। अब धीरे-धीरे श्वास को बाहर निकालते हुए तथा बायें कन्धे को ज़मीन की ओर झुकाते हुए बायें हाथ से दायें पांव के अंगूठे का स्पर्श करें।

वाम-दक्षिण-पद-स्पर्श आसन

ध्यान रहे कि इस स्थिति में भी दोनों पांव और घुटने सीधे और तने हुए रहने चाहिए और दाहिना हाथ ऊपर की ओर सीधा तना रहना चाहिए, अर्थात् दाहिना हाथ

और बायां हाथ एक सीध में नीचे-ऊपर रहेंगे। अब आप गर्दन घुमाकर ऊपर की ओर उठे हुए हाथ की हथेली को देखें। इसी क्रिया को हाथ और पांव बदलकर दूसरी ओर से भी किया जाना चाहिए। यही इस आसन की पूर्ण स्थिति होगी।

सावधानी

गर्भवती महिलाएं व चक्कर आने के रोग से पीड़ित व्यक्ति इस आसन को न करें।

62. हस्त-कटि चक्रासन

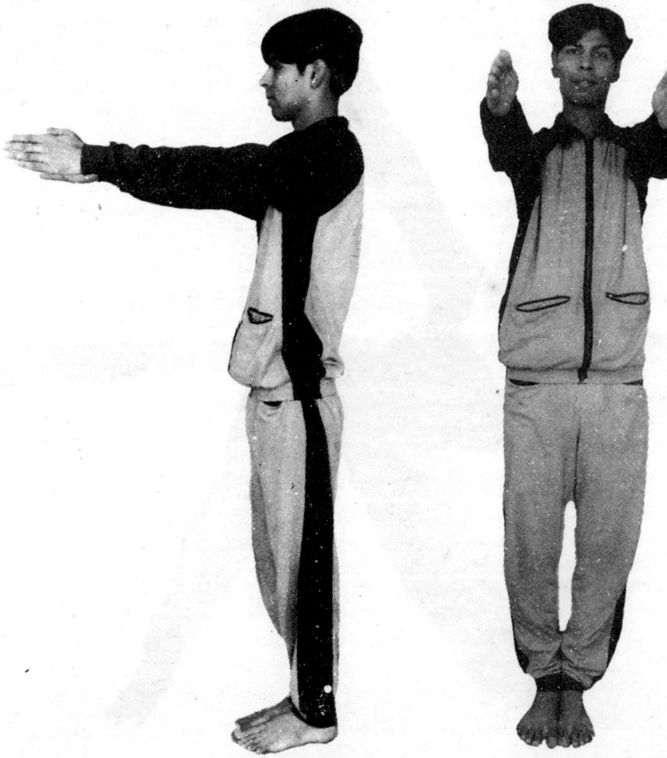

हस्त-कटि चक्रासन

नामकरण

इस आसन का अभ्यास करते समय हाथों तथा कमर को चक्राकार स्थिति में

घुमाया जाता है। इसीलिए इस आसन का नामकरण 'हस्त-कटि चक्रासन' किया गया है।

लाभ

1. कमर व पेटदर्द में लाभ होता है तथा कमर लचीली, पतली व सुदृढ़ होती है।

2. हृदयरोग और दमारोग के होने का ख़तरा नहीं रहता। छाती पुष्ट होती है।

3. इस आसन का नियमित अभ्यास करने से वात-सम्बन्धी रोग नहीं होते।

4. कन्धे लचीले व पुष्ट होते हैं तथा अधिक भार उठा सकने में सक्षम होते हैं।

5. महिलाओं के शारीरिक सौन्दर्य में वृद्धि होती है और उनके नितम्बों और वक्षस्थल पर आकर्षक उभार आ जाता है।

विधि

दोनों पांवों के बीच लगभग तीस से पचास सेण्टीमीटर का अन्तर रखकर खड़े हो जायें। पूरा शरीर तना हुआ व सीधा रहे। छाती की चौड़ाई के बराबर ही दोनों हाथों को सीधा रखकर व तानकर सामने की ओर भूमि के समानान्तर फैला दें और श्वास को भीतर खींचते हुए फेफड़ों में पूरी तरह भर लें। पांवों को कड़ा, सन्तुलित और पूरी तरह स्थिर रखते हुए कमर, दोनों हाथ तथा कमर से ऊपर के पूरे धड़ व गर्दन को एक साथ श्वास छोड़ते हुए दाहिनी ओर से घुमाकर पीछे की ओर ले जाने का प्रयास करें। इस स्थिति में बायें हाथ की हथेली तथा कन्धे व छाती पूरी तरह घूम नहीं पाते। लेकिन आप चिन्ता न करें। आसानी से जितना पीछे जा सकें, उतना ही जायें। अब पुन: श्वास भीतर खींचते हुए हाथों को सामने की ओर पूर्व स्थिति में ले आयें और कमर, धड़ व गर्दन तथा दोनों फैले हुए हाथों को श्वास छोड़ते हुए यथाशक्ति बायीं ओर घुमायें।

इस क्रिया को श्वास खींचते और छोड़ते हुए दोनों ओर तीव्र गति से दस-पन्द्रह बार करें। द्रुतगति से इस आसन को करने से शरीर के चारों ओर एक चक्र-सा बन जाता है और श्वास के तेज़ी से चलने से श्वास-नलिका का अच्छा व्यायाम ही नहीं होता, अपितु पूरा श्वसन-संस्थान सबल और सक्षम हो जाता है और पूरे शरीर की रक्त-सञ्चार क्रिया नियमित व व्यवस्थित हो जाती है। इस प्रकार विभिन्न अंगों के जोड़ों में रुका हुआ विषैला द्रव्य और मल अपने स्थान से हटकर विसर्जित हो जाते हैं तथा जोड़ों में लचीलापन आ जाता है।

हस्त-कटि चक्रासन की एक अन्य विधि भी है, जिसके द्वारा कन्धों, हाथों और छाती को विशेष लाभ पहुंचता है। इस विधि में खड़े होने के पश्चात् दोनों पांवों के

बीच लगभग तीस सेण्टीमीटर का अन्तर रखकर तथा हाथों को भी इतने ही अन्तर पर फैलाकर सीधे तनकर खड़े हो जायें और दाहिने हाथ को शरीर के समानान्तर रखते हुए नीचे, पीछे और सिर के ऊपर से गोल-गोल घुमाते हुए सामने की ओर ले आयें। यह क्रिया इतनी तेज़ी से करें कि गोल चक्र-जैसा बन जाये। इसके पश्चात् बायें हाथ को भी इसी प्रकार गोल-गोल घुमायें। दो-तीन मिनट के लिए दोनों हाथों को इसी प्रकार एक-दूसरे के विपरीत दिशा में घुमायें। अब थोड़ा विश्राम करें।

हस्त-कटि चक्रासन की दोनों विधियों का अभ्यास करने के पश्चात् तीसरी विधि भी अपनायें। इस विधि में दोनों हाथों को कमर पर इस प्रकार रखें कि अंगूठे पीठ की ओर से तथा अंगुलियां पेट की ओर से सहारा प्रदान करें। अब घुटनों से छाती तक के भाग को पहले आगे, फिर दाहिने और उसके बाद पीछे और सबसे अन्त में बायीं ओर से चक्र के समान घुमाते हुए सामने लायें। इस क्रिया को आठ-दस बार करने के बाद दूसरी ओर से भी करें, यानी घुटनों से लेकर छाती तक के भाग को पहले आगे की ओर, फिर बायीं ओर, उसके बाद पीछे की ओर और अन्त में दाहिनी ओर से गोल-गोल घुमाते हुए आगे की ओर लायें। इस प्रकार इन तीनों विधियों के द्वारा हस्त-कटि चक्रासन करने से साधक के अनेक रोग दूर हो जाते हैं।

63. ग्रीवा चक्रासन

नामकरण

ग्रीवा गर्दन को कहते हैं। गर्दन की मांसपेशियों को तानते हुए जब चक्राकार स्थिति में घुमाया जाता है, तो इसे 'ग्रीवा चक्रासन' कहते हैं। यद्यपि यह आसन खड़े होकर ही किया जाता है, तथापि इसे बैठकर भी किया जा सकता है। इससे प्राप्त होने वाले लाभ में कोई अन्तर नहीं पड़ेगा।

लाभ

1. इस आसन का अभ्यास करने से गले, हंसली और खोपड़ी की मांसपेशियों में तनाव आता है। अतः इन स्थानों पर होने वाले प्रत्येक रोग में लाभ प्राप्त होता है।

2. रात को सोते समय कभी-कभी गर्दन में दर्द हो जाता है। इस आसन को करने से गर्दन का दर्द दूर हो जाता है और मांसपेशियां सुदृढ़ व लचीली बनती हैं।

3. गर्दन में होने वाले कण्ठमाला अथवा गण्डमाला-जैसे रोग नहीं होते तथा बुढ़ापे में भी गर्दन में झुर्रियां नहीं पड़तीं।

4. सिर पर बोझ उठाने की क्षमता बढ़ती है तथा किसी आकस्मिक आघात के कारण गर्दन को विशेष हानि नहीं होती।

5. गले की ग्रन्थियों से उचित मात्रा में रस प्रवाहित होने लगता है, जिसके कारण वाणी मधुर, स्वर सुरीला तथा आवाज़ गम्भीर और प्रभावोत्पादक बन जाती है।

6. नेत्र-शक्ति बढ़ती है तथा दांत सुदृढ़ होते हैं।

7. ऊंचा तकिया लगाने अथवा रीढ़ के ऊपरी हिस्से में किसी झटके या आघात के कारण व्यक्ति कभी-कभी अपने हाथों को ऊपर अथवा इच्छित दिशा में घुमाने में अक्षम हो जाता है। इस आसन के अभ्यास से यह दुविधा भी दूर हो जाती है।

8. इस आसन के कारण गर्दन की कार्यक्षमता पुन: स्थापित हो जाती है।

9. *सर्वाइकल स्पाण्डलाइटिस* से बचने के लिए यह अत्युत्तम आसन है।

विधि

ग्रीवा चक्रासन एक अत्यन्त सरल आसन है, लेकिन इसका अभ्यास करते समय विशेष ध्यान रखें कि इस आसन की सम्पूर्ण विधि को जितना धीरे-धीरे करेंगे, उतना ही अधिक लाभ प्राप्त होगा।

सबसे पहले दोनों पांवों में लगभग तीस सेण्टीमीटर का अन्तर रखकर दोनों हाथों को कमर पर जमा लें और सीधे तनकर खड़े हो जायें। ध्यान रखें कि इस आसन में केवल कन्धों के ऊपर के भाग, अर्थात् गर्दन को ही हिलाना-डुलाना है, कन्धों को नहीं। अब कन्धों को तनिक भी उचकाये बिना गर्दन को बायें कन्धे की ओर झुकाते हुए बायें कान को बायें कन्धे से सटाने का प्रयास करें। कुछ देर के बाद गर्दन को सामने मुंह की ओर झुकाकर ठुड्डी से गले का स्पर्श करें। कुछ देर इस प्रकार प्रयास करने के बाद दाहिने कान को दाहिने कन्धे से स्पर्श करने का प्रयास करें। तत्पश्चात् गर्दन को पीछे की ओर झुकाकर सिर को पीठ की ओर झुकाते हुए गर्दन को लटकाकर बायें कन्धे की ओर झुकाते हुए आगे लायें। अब इसी विधि से और इसी क्रम में सिर को बायीं ओर से दायीं ओर तथा कुछ देर बाद इसके विपरीत दिशा में, यानी दायीं ओर से बायीं ओर आठ-दस बार दोहरायें। ग्रीवा चक्रासन से होने वाले सम्पूर्ण लाभ आपको मिलने आरम्भ हो जायेंगे। लेकिन सावधान रहें, इस आसन का अभ्यास करते समय तनिक भी जल्दबाज़ी न करें।

64. उदराकर्षण आसन

नामकरण

उदर पेट को कहते हैं और आकर्षण का अर्थ होता है--आंतों, आमाशय तथा अन्य पाचन-अंगों का तीव्र गति से उचित व्यायाम करना। इस प्रकार ये दोनों शब्द मिलाकर 'उदराकर्षण आसन' का नामकरण किया गया है। यह एक अद्भुत आसन

है, जिसके अभ्यास से इच्छाशक्ति प्रबल होती है।

लाभ

1. पेट के समस्त विकार दूर होते हैं तथा पाचक रसों की वृद्धि होने के कारण पूरा शरीर पुष्ट हो जाता है।

2. वात, पित्त और कफ का शमन होता है तथा बढ़ा हुआ जिगर व तिल्ली स्वस्थ होती है।

3. पेट में बनने वाली गैस का बनना रुक जाता है तथा बढ़ी हुई गैस तुरन्त नष्ट हो जाती है।

4. आंतों के समस्त विकार दूर होते हैं तथा पुराने-से-पुराना क़ब्ज़ नष्ट होता है।

5. पेट, आमाशय, गुर्दे तथा मूत्राशय की शिथिलता दूर होती है।

6. पेट की चर्बी नष्ट होती है तथा कुछ ही दिनों में बढ़ा हुआ पेट सामान्य हो जाता है।

7. पुरानी-से-पुरानी ख़ूनी व बादी आंव का उपचार होता है।

8. पेट सदा स्वस्थ व हलका रहता है।

9. बालों का सफ़ेद होना अथवा शरीर पर झुर्रियां पड़ना रुक जाता है।

सावधान

1. इस आसन का अभ्यास धीरे-धीरे ही बढ़ाना चाहिए तथा एक विधि का पूर्ण अभ्यास करने के बाद ही आगे बढ़ना चाहिए।

2. इस आसन को प्रातःकाल ख़ाली पेट, अर्थात् शौच आदि से निवृत्त होकर ही करना चाहिए।

विधि

दोनों पांवों के बीच लगभग तीस सेण्टीमीटर का अन्तर रखते हुए खड़े हो जायें और घुटनों को थोड़ा-सा सामने की ओर झुकाते हुए कमर को पीछे की ओर ले जायें। दोनों हाथों की हथेलियों को घुटनों के पास जांघों पर जमा लें। हथेली से कन्धों तक पूरे हाथ को तना हुआ रखकर शरीर का सन्तुलन बनायें और सिर को सीधा ऊपर की ओर उठाकर रखें। श्वास को बाहर निकाल दें और बाहर ही रोककर रखें। पेट के कोमल भाग को भीतर की ओर पिचकायें और धीरे-धीरे प्रयास करें कि पूरा पेट पीठ से चिपक जाये और पसलियों के नीचे गहरा गड्ढा-सा बन जाये। बिना श्वास लिये ही पेट को आठ-दस बार पिचकाने और फुलाने का प्रयास करें। जब तक श्वास

लेने के लिए व्याकुल न हो जायें, तब तक श्वास को बाहर ही रोककर रखें। यह इस आसन की पूर्ण स्थिति है। जब श्वास को बाहर रोकना असम्भव लगे, तब भीतर गहरी सांस भरकर कुछ देर भीतर ही रोककर रखें। बाद में सामान्य सांस लेकर सांस का फूलना ठीक कर लें।

विशेष

इस प्रकार पेट को तीव्र गति से फुलाने और पिचकाने को 'अग्निसार क्रिया' भी कहते हैं। एक सप्ताह के भीतर ही इस क्रिया का भली प्रकार अभ्यास हो जाता है और तब बीस-पच्चीस बार तक पेट को फुलाया-पिचकाया जा सकता है। इस क्रिया से पेट के सभी अंगों का भली प्रकार व्यायाम हो जाता है और सभी अंगों की मालिश हो जाने के कारण रक्त-सञ्चार और रक्त-शुद्धि की क्षमता विकसित होती है। उदररोगों के लिए यह एक अद्‌भुत उपचार है।

अग्निसार क्रिया का भली प्रकार अभ्यास हो जाने के बाद 'नौलि क्रिया' का भी अभ्यास करना चाहिए।

नौलि क्रिया

नौलि क्रिया का अभ्यास करने के लिए सबसे पहले शौच आदि से निवृत्त होकर ख़ाली पेट दोनों पांवों के बीच लगभग तीस सेण्टीमीटर का अन्तर रखते हुए खड़े हो जायें। घुटने झुके हुए, कमर पीछे की ओर उठी हुई, दोनों हाथ जांघों पर टिके हुए तथा सांस पूरी तरह बाहर निकली हुई रहेगी। अग्निसार क्रिया का अभ्यास हो जाने के बाद ही नौलि क्रिया का अभ्यास करना चाहिए।

उदराकर्षण की पूर्ण स्थिति में आने के पश्चात् पेट को पहले से भी अधिक पिचका लें और समस्त आंतों को पूर्ण इच्छाशक्ति और पेशीय तन्त्र के सहयोग से नाभि की सीध में पेट के बीचो-बीच ऊपर से नीचे खड़ी स्थिति में इकट्ठा कर लें। इस प्रकार आंतों के इकट्ठा हो जाने पर पेट के बीचो-बीच पाइप के समान मोटी रेखा उभर आयेगी। इसे ही नौलि कहते हैं।

अब इस उभरी हुई नौलि को पहले पेट के बायीं ओर ले जायें, फिर बीच में लायें और अन्त में दाहिनी आरे सरकायें। नौलि को दाहिनी अथवा बायीं ओर सरकाने के लिए घुटने और कोहनियों को अधिक झुकाना पड़ता है। यदि दाहिनी ओर के घुटने और कोहनी को थोड़ा अधिक झुकाया जाये, तो नौलि बायीं ओर सरक जाती है तथा यदि बायीं ओर के घुटने और कोहनी को थोड़ा अधिक झुकाया जाये, तो नौलि दाहिनी ओर सरक जाती है।

नौलि को दायीं-बायीं ओर सरकाने में पारंगत हो जाने के पश्चात् इसे ऊपर-नीचे

भी सरकाया जा सकता है। जिस प्रकार नौलि को बायीं ओर, दायीं ओर घुमाते हैं, उसी प्रकार इसे ऊपर-नीचे भी घुमाया जा सकता है। इसके लिए सबसे पहले नौलि को नीचे, फिर बायीं ओर, फिर ऊपर, उसके पश्चात् दाहिनी ओर से घुमाते हुए नीचे लाते हैं। बाद में इसकी विपरीत दिशा में भी इसी क्रिया को करते हैं। इस क्रिया को अत्यन्त तीव्रता के साथ किया जा सकता है।

लाभ

नौलि क्रिया के अभ्यास से बुढ़ापा और मृत्यु लम्बे समय तक पास नहीं फटकते। पाचन-क्रिया द्वारा शरीर के लिए आवश्यक तत्त्वों और रसों के उत्पादन में कमी होने के कारण ही शारीरिक व्याधियां मनुष्य को बुढ़ापे अथवा मृत्यु की ओर धकेलने लगती हैं, जबकि उदराकर्षण, अग्निसार और नौलि क्रिया के अभ्यास से शरीर की कार्यक्षमता बढ़ जाती है, मल-विर्सजन-क्रिया और पाचन-क्रिया ठीक हो जाती है, शरीर के लिए आवश्यक तत्त्वों और रसों का उत्पादन भली प्रकार होने लगता है, पेट के रोग होते ही नहीं, इसीलिए बुढ़ापा और मृत्यु पास नहीं फटकते।

65. गरुड़ासन

नामकरण

गरुड़ का नाम पक्षियों में सबसे अधिक शक्तिशाली, तीव्रगामी, विशाल तथा सर्वाधिक सूक्ष्म दूर-दृष्टि के लिए लिया जाता है। आज के गिद्ध पक्षी को गरुड़ का ही लघु रूप मानते हैं। अपनी विशिष्ट क्षमताओं के कारण ही गरुड़ को विष्णु के वाहन का स्थान प्राप्त था और सम्भवत: उसकी इन विशिष्टताओं को दर्शाने के लिए ही इस आसन को 'गरुड़ आसन' नाम प्रदान किया गया।

लाभ

1. सायटिका रोग के लिए यह सर्वाधिक लाभकारी आसन है।

2. प्रोस्टेट ग्रन्थि के बढ़ने पर अथवा हाइड्रोसील व अण्डकोष की वृद्धि पर यह परम हितकारी आसन है।

3. इस आसन के अभ्यास से हाथों-पांवों की अस्थियां सुदृढ़ बनती हैं तथा शारीरिक सहनशीलता और क्षमता में भी वृद्धि होती है।

4. शारीरिक सन्तुलन तथा मानसिक धैर्य में वृद्धि होती है तथा समझने-बूझने की शक्ति बढ़ती है।

विधि

दोनों पांव के अंगूठे और एड़ियां आपस में मिलाकर सावधान की मुद्रा में तनकर

खड़े हो जायें तथा दोनों हाथों को शरीर के सामने की ओर छाती के बराबर दूरी रखते हुए पृथ्वी के समानान्तर आगे बढ़ायें। दाहिने हाथ को बायें हाथ की कोहनी के नीचे से निकालते हुए कलाई तथा हथेली को शरीर के समानान्तर ऊपर की ओर उठायें। इसी स्थिति में दोनों हाथ परस्पर इस प्रकार गुंथ जायेंगे, मानो कोई बेल किसी वृक्ष से लिपटकर ऊपर की ओर चढ़ती जा रही हो। दोनों गुंथे हुए हाथों की हथेलियों को इस प्रकार आमने-सामने मिलायें कि प्रणाम की मुद्रा बन जाये।

गरुड़ासन

इसके पश्चात् शरीर को सन्तुलित रखते हुए दाहिने पांव को सामने की ओर सीधा करें और इस फैले हुए पांव को थोड़ा बायीं ओर को झुकाकर दाहिनी जंघा को बायीं जंघा पर टिका दें। अब दाहिने घुटने को भीतर की ओर दबाते हुए दाहिने पांव के पञ्जे से बायें पांव की पिंडली को दबायें तथा दाहिने पांव को बाहर की ओर निकालने का प्रयास करें। इस प्रकार दोनों पांव भी आपस में लिपट जायेंगे। पांवों के इस प्रकार गुंथ जाने के पश्चात् मिली हुई हथेलियों को अपनी नाक से सटा लें। यह गरुड़ासन की पूर्ण स्थिति है।

हाथों व पांवों के आपस में गुंथ जाने पर मांसपेशियों में खिंचाव पैदा होता है, जिसके कारण कुछ दर्द-सा अनुभव होने लगता है तथा रक्त-सञ्चार भी रुकता प्रतीत होता है। अत: इस आसन को आरम्भ में अधिक अवधि के लिए न करें, अपितु धीरे-धीरे अभ्यास करके ही अवधि बढ़ायें। इस आसन का अभ्यास करने से वाञ्छित लाभ आरम्भ से ही मिलने लगते हैं, लेकिन विशिष्ट रोगों के उपचार के लिए इस आसन की अवधि को धीरे-धीरे बढ़ाते हुए आधा घण्टा तक ले जाया जा सकता है।

66. उत्कटासन

नामकरण

इस आसन में शरीर की स्थिति कुछ इस प्रकार बन जाती है, मानो व्यक्ति किसी कार्य को करने के लिए बिल्कुल तैयार हो। इस स्थिति को ही 'उत्कटासन' कहते हैं। कोई-कोई आचार्य इस आसन को वक्रासन भी कहते हैं।

उत्कटासन

लाभ

1. इस आसन का अभ्यास करने से घुटने, टख़ने, जांघों के जोड़ तथा हड्डियों के जोड़ सुदृढ़ और स्वस्थ बनते हैं।

2. पांवों के पञ्जे, पिंडलियां, जांघें, नितम्ब व कमर आदि की मांसपेशियां लचीली एवं स्वस्थ बनती हैं।

3. क़ब्ज़, अपच अथवा गैस बनने की शिकायत दूर होती है और उदररोगों से मुक्ति मिलती है।

4. पुरुषों के पौरुष में वृद्धि तथा उनके वीर्य में शुक्राणुओं की वृद्धि होती है।

5. यदि महिलाएं इस आसन का अभ्यास गर्भावस्था से पूर्व करें, तो प्रसवकाल में कष्ट का सामना नहीं करना पड़ता, प्रसव आसानी से हो जाता है।

विधि

दोनों पांवों के अंगूठे व एड़ियां आपस में मिलाकर सावधान की मुद्रा में सीधे खड़े हो जायें। अब किसी कुर्सी की बनावट के समान पीछे टिकने वाले कमर के भाग को सीधा करें। भूमि के समानान्तर पांवों को लम्बा रखते हुए बैठक का *पोज़* बनायें। इस प्रकार आपका पूरा शरीर कुर्सी के समान स्थिर हो जायेगा। यह आसन देखने में जितना आसान प्रतीत होता है, वास्तव में उतना ही कठिन है। योगासन की सावधान मुद्रा में पांवों के पञ्जे सटे हुए रहेंगे तथा घुटने आगे को झुककर इस प्रकार मुड़ जायेंगे कि जांघें और नितम्ब पृथ्वी के समानान्तर स्थिर हो जायें। अब दोनों हाथों को भी पृथ्वी के समानान्तर सामने की ओर फैला दें। इस आसन का अभ्यास धीरे-धीरे ही करें और थकान प्रतीत होने लगे, उससे पहले ही विश्राम करना आरम्भ कर दें।

67. उत्थित आसन

नामकरण

'उत्थित आसन' का नामकरण करते समय इस बात का ध्यान रखा गया कि इस आसन में शरीर की स्थिति उत्कटासन की भांति ही बन जाती है। इस आसन से होने वाले लाभ भी उत्कटासन के समान ही हैं।

विधि

उत्थित आसन का अभ्यास करने के लिए दोनों पांवों के बीच लगभग साठ-सत्तर सेण्टीमीटर का अन्तर रखते हुए तनकर सीधे खड़े हो जायें। अब दोनों हाथों की हथेलियों को एक-दूसरे में गूंथकर व सामने नीचे की ओर मिलाकर झूलती हुई स्थिति में छोड़

दें। अब बायें पांव के घुटने को बायीं ओर तथा दाहिने पांव के घुटने को दायीं ओर

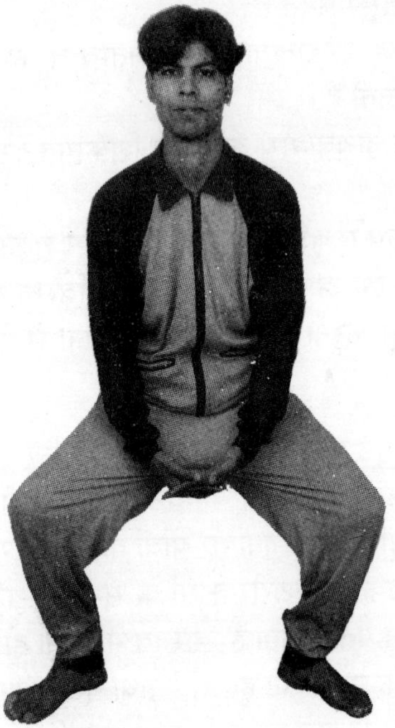

उत्थित आसन

फैलाते हुए नीचे की ओर झुकें। शरीर को सन्तुलित रखते हुए जांघों और नितम्बों को भी थोड़ा-थोड़ा ज़मीन की ओर झुकायें और वहीं स्थिर हो जायें। इस स्थिति में कमर से ऊपर का भाग सीधा और तना हुआ रहेगा। इस आसन में जब तक आराम से रुक सकें, रुके रहें और जब कठिनाई होने लगे, तो कुछ देर रुककर विश्राम करने के बाद पुन: अभ्यास करना आरम्भ करें।

68. द्रुत आसन

नामकरण

द्रुत शब्द का अर्थ है तीव्र अथवा तेज़। इसीलिए काम करने अथवा दौड़ने-भागने के लिए द्रुतगति के इच्छुक व्यक्तियों की इस विशेषता को ध्यान में रखते हुए ही इस आसन को 'द्रुत आसन' नाम प्रदान किया गया है। यह आसन दौड़ लगाने वाले धावकों, खड़े रहकर काम करने वाले मज़दूरों अथवा पैदल चलने वालों के लिए

बहुत लाभदायक है।

लाभ

1. इस आसन के अभ्यास से पांवों के जोड़ गतिशील बनते हैं तथा हड्डियां पुष्ट होती हैं।

2. इस आसन को करते समय श्वास की गति बढ़ जाती है, जिसके कारण फेफड़े स्वस्थ और पुष्ट होते हैं।

3. सम्पूर्ण शरीर फुर्तीला और लचीला बनता है।

4. चेहरे पर चमक आती है तथा कार्य के प्रति उत्साह बना रहता है।

सावधानी

इस आसन को खुले हुए हवादार स्थान पर ही किया जाना चाहिए। उच्चरक्तचाप के रोगी तथा कमज़ोर हृदय वाले व्यक्तियों को यह आसन नहीं करना चाहिए।

विधि

खुले हुए स्थान पर लगभग साठ सेण्टीमीटर आगे-पीछे होने के लिए उपयुक्त स्थान पर तनकर सीधे खड़े हो जायें और दोनों भुजाओं को मोड़ते हुए मुट्ठियों को भीचकर छाती के सामने ले आयें। बायें हाथ और दायें घुटने को आगे की ओर उठाते हुए तुरन्त नीचे जाने दें। इसके साथ ही दाहिने हाथ और दाहिने घुटने को आगे लाकर नीचे ले जायें। इस स्थिति में एक ही स्थान पर खड़े रहकर दौड़ लगानी है। इस प्रकार दौड़ लगाते समय आपको आगे नहीं बढ़ना है, अपितु एक ही स्थान पर खड़े होकर हाथों और पांवों को हिलाते हुए दौड़ना है। इस आसन का अभ्यास करते समय मुंह बन्द रहेगा और श्वास नाक से ही भीतर खींचा जायेगा और नाक से ही बाहर छोड़ा जायेगा। श्वास भरते समय छाती फूल जायेगी और श्वास बाहर निकालते समय छाती के साथ-साथ पेट भी पिचक जायेगा। इस आसन का अभ्यास पांच मिनट से बढ़ाते हुए पन्द्रह मिनट तक किया जा सकता है।

69. मेरुदण्डासन

नामकरण

मेरुदण्ड, अर्थात् रीढ़ की हड्डी शरीर का मुख्य आधार है। इसीलिए इस आसन को 'मेरुदण्डासन' नाम प्रदान किया गया है।

लाभ

1. इस आसन के अभ्यास से मेरुदण्ड लचीला और स्वस्थ हो जाता है, जिसके

कारण शरीर को जैसा चाहें, मोड़ सकते हैं।

2. शरीर की सभी मांसपेशियां, अस्थियां व नस-नाड़ियां स्वस्थ और लचीली बन जाती हैं, जिसके कारण पूरा शरीर स्फूर्त रहता है।

3. पेट तथा शरीर का मोटापा व झुर्रियां दूर होती हैं तथा पूरा शरीर सक्षम बनता है।

4. वृद्धावस्था में भी शरीर उत्साह से भरा हुआ तथा कान्तिवान् बना रहता है।

5. पाचनशक्ति बढ़ती है तथा क़ब्ज़ से छुटकारा मिलता है।

6. पेट, आमाशय तथा आंतों के रोगों से मुक्ति मिलती है।

7. स्वप्नदोष, वीर्यविकार एवं बवासीर आदि रोगों से बचाव होता है।

8. महिलाओं के प्रदर, प्रमेह एवं गर्भाशय के अनेक रोग दूर होते हैं।

9. कमरदर्द, सायटिका और वातरोगों से बचने के लिए अमोघ आसन है।

मेरुदण्डासन

विशेष

मेरुदण्डासन में चार अन्य आसन जुड़े होते हैं, जिसके कारण शरीर पूर्णत: लचीला और सक्षम हो जाता है। यदि पाद-हस्तासन, उत्थित त्रिकोणासन, कटि-चक्रासन तथा अर्द्ध पृष्ठ-चक्रासन दो-दो बार कर लिये जायें, तो पूर्ण मेरुदण्डासन हो जाता

है।

स्पाण्डलाइटिस, मेरुदण्ड की विकृति, उसमें हुई गड़बड़ी, चोट अथवा कशेरुकाओं में टूट-फूट या अप्राकृतिक अन्तर के लिए शरीर का मेरुदण्ड ही विशेष कारण होता है। इसीलिए अनेक चिकित्सा विशेषज्ञ भी कोई सुनिश्चित उपचार योजना आज तक नहीं खोज सके। मेरुदण्डासन *स्पाण्डलाइटिस* के रोगियों के लिए एक वरदान है। इसके लिए शरीर-विज्ञान की बारीकियों को जानने वाले योग्य गुरु का निर्देशन अत्यन्त आवश्यक है।

पहले उत्थित त्रिकोणासन और कटि-चक्रासन के सहारे कमर को दाहिनी व बायीं ओर झुकाकर जोड़ों को लचीला बना लें। उसके बाद पाद-हस्तासन और सबसे अन्त में मेरुदण्डासन करना चाहिए।

विधि क्रमांक-1

मेरुदण्डासन करते समय सबसे पहले दोनों पांवों के पञ्जे व एड़ियां आपस में मिलाकर सीधे सावधान की मुद्रा में खड़े हो जायें। अब बायें हाथ को कमर पर टिकाकर श्वास भीतर खींचते हुए दाहिने हाथ को सिर के ऊपर की ओर इस प्रकार उठायें कि दाहिनी भुजा दाहिने कान को छूती रहे। अब दाहिने हाथ से सिर को बायीं ओर दबाते हुए व धीरे-धीरे श्वास बाहर निकालते हुए बायीं ओर को झुकते चले जायें। इस स्थिति में बायीं हथेली कमर को सहारा भी देती रहेगी और उसे दाहिनी ओर धकेलती भी रहेगी। इस प्रकार बायीं कोहनी पृथ्वी पर झुकते हुए भी लम्बी ही रहेगी। इस स्थिति में जितना अधिकाधिक दाहिनी ओर तनाव दे सकें, अवश्य दें। अब श्वास भरते हुए पूर्व स्थिति में वापस लौट आयें तथा ऊपर उठे हुए हाथ व कमर पर रखे हुए हाथ को नीचे की ओर लाकर शरीर के साथ सटा दें। सांस सामान्य रहनी चाहिए। कमर के ऊपर की मांसपेशियां व कन्धे बारी-बारी से ऊपर-नीचे करते हुए कुछ देर विश्राम करें।

विधि क्रमांक-2

दोनों पांवों के पञ्जे व एड़ियां आपस में चिपकाकर सावधान की मुद्रा में सीधे खड़े हों तथा विधि क्रमांक-1 के विपरीत दूसरी ओर झुकने का प्रयास करें। अब दायीं हथेली कमर पर जमा लें और श्वास को भीतर खींचते हुए बायें हाथ से बायें कान को छूते हुए ऊपर की ओर उठा लें। श्वास को धीरे-धीरे बाहर निकालते हुए दाहिनी ओर झुकते चले जायें। इस स्थिति में बायां हाथ, सिर व कन्धे को दाहिनी ओर दबाते रहें, लेकिन दाहिनी हथेली कमर को बायीं ओर धकेलते हुए उसे सहारा भी देती रहेगी। जब थकान अनुभव होने लगे, तो झुकना बन्द कर दें और भीतर श्वास

भरते हुए सीधे खड़े हो जायें। इसके बाद दोनों हाथों को नीचे की ओर लटकाकर दोनों कन्धों को ऊपर-नीचे लचकाते हुए व मांसपेशियों की अकड़न दूर करते हुए कुछ देर विश्राम करें।

विधि क्रमांक-3

पांवों के पञ्जे आपस में सटे हुए रखकर सावधान की मुद्रा में खड़े हो जायें और सांस भीतर खींचते हुए दोनों हाथों को ऊपर सिर की ओर उठा दें। दोनों भुजाएं, दोनों कानों का स्पर्श करती रहेंगी। गर्दन तथा कन्धे बिना हिलाये, सांस बाहर निकालते हुए सामने पृथ्वी की ओर झुकना आरम्भ करें। सिर को घुटनों के पास लाते हुए हथेलियों से पांवों की अंगुलियों का स्पर्श करें। इस स्थिति में पांवों के पिछले भाग, नितम्ब, पीठ, गर्दन तथा हाथों की मांसपेशियों में भरपूर खिंचाव पैदा होगा। यही इस आसन का उद्देश्य भी है। अब सांस को बाहर निकालते हुए पुन: पूर्वस्थिति में आकर विश्राम करें।

विधि क्रमांक-4

दोनों पांवों के पञ्जे और एड़ियां आपस में मिलाकर सावधान की मुद्रा में खड़े हो जायें और श्वास भीतर खींचते हुए दोनों हाथों को ऊपर उठायें। इस प्रकार दोनों भुजाएं दोनों कानों का स्पर्श करती हुई ऊपर की ओर तनी रहेंगी तथा दोनों हथेलियां आमने-सामने ऊपर खुली हुई रहेंगी। अब दोनों हाथों, गर्दन व सिर को तनिक भी हिलाये बिना, पीछे की ओर झुकने का प्रयास करें तथा आराम से जितना पीछे झुक सकें, पीछे की ओर से नीचे की ओर झुकते चले जायें। लेकिन ध्यान रहे, शरीर का सन्तुलन न बिगड़े। जब तक सांस रोक सकें, रोककर रखें, उसके बाद सांस भीतर भरते हुए वापस पूर्वस्थिति में आ जायें। अब गहरा सांस लेते हुए शरीर को पूर्ण विश्राम दें।

इस प्रकार चारों विधियों का पूर्ण अभ्यास करते हुए आप अपने शरीर पर पड़ने वाले खिंचाव और शिथिलता का भी ध्यान करें। यही मेरुदण्डासन की पूर्ण स्थिति है।

योगासन मनुष्य-जीवन के लिए परम आवश्यक हैं और मानव-शरीर को ठीक रखने के लिए प्राकृतिक व्यवस्था है। योगासनों के द्वारा शरीर का व्यायाम भी होता है और उसे विश्राम भी मिल जाता है। जिस प्रकार कुछ योगासन बैठकर अथवा खड़े होकर किये जाते हैं, उसी प्रकार कुछ योगासन लेटकर भी किये जा सकते हैं। समयाभाव के कारण सोते-जागते समय बिस्तर पर लेटे-लेटे ही उपयुक्त योगासन करके पूर्ण स्वास्थ्य-लाभ प्राप्त किया जा सकता है।

70. समर्पण आसन

नामकरण

इस ईश्वरप्रदत्त जीवन के लिए उस परमेश्वर के प्रति कृतज्ञता ज्ञापित करना आवश्यक है। अतः अहंकार भाव से बचने तथा मन, वचन और कर्म से कृतज्ञता ज्ञापित करने के लिए किये जाने वाले कार्य को समर्पण भाव कहा जाता है। इसी कारण से इस आसन का नाम 'समर्पण आसन' रखा गया है।

कुछ आचार्य इसे 'साष्टांग-प्रणाम-मुद्रा' भी कहते हैं। साष्टांग का अर्थ है—आठों अंगों सहित। इस आसन का अभ्यास करने से हमारे शरीर के आठों अंग पृथ्वी पर टिक जाते हैं। हथेलियां, कोहनी, माथा, नाक, पेट, जांघें, घुटने तथा पांवों के पञ्जे—ये आठों अंग पृथ्वी पर समर्पण की मुद्रा में टिक जाते हैं।

लाभ

1. मन के अहंकार भाव को नष्ट करने के लिए तथा आध्यात्मिक लाभ प्राप्त करने के लिए यह प्रमुख आसन है।

2. सभी प्रकार की मानसिक व्याधियों से मुक्त होने के लिए अत्यन्त उपयोगी आसन है।

3. जब अन्य चिकित्सा पद्धतियों के द्वारा रोगों का उपचार नहीं हो पाता, तब इस आसन के द्वारा अनेक बार आश्चर्यजनक लाभ प्राप्त होता है।

4. इस आसन के अभ्यास से हृदयरोग, उच्चरक्तचाप और मानसिक तनाव में लाभ पहुंचता है।

5. दुर्बल शरीर वाले व्यक्ति भी इस आसन में ध्यान प्राप्त कर सकते हैं।

6. इस आसन को किसी भी आयु और कैसी भी शारीरिक स्थिति वाला व्यक्ति कर सकता है।

7. सभी प्रकार के श्वासरोग, मिरगी, हिस्टीरिया, चक्कर आना, अनिद्रा अथवा नींद की कमी को दूर करके शरीर को उत्तम स्वास्थ्य प्रदान करता है।

विधि

किसी चौपरत कम्बल, तख़्त अथवा गद्दे पर पेट के बल सीधे लेट जायें और शरीर को तनावरहित और बिल्कुल ढीला छोड़ दें। इस स्थिति में उपर्युक्त आठों अंग धरती पर टिक जायेंगे। अब आप भीतर खींची जाने वाली श्वास को शरीर में पहुंचते हुए, धरती और पेट में फैलते हुए, बाहर जाते हुए और पुनः भीतर आते हुए अनुभव करें। इस स्थिति में आपका पूरा ध्यान श्वास पर टिका रहना चाहिए। यह परम

आवश्यक है। आप जितनी सूक्ष्मता से अपने श्वास का निरीक्षण करेंगे, समर्पण आसन का लाभ उतना ही अधिक प्राप्त होगा।

इस आसन को रात्रि में बिस्तर पर जाने के बाद तथा प्रात:काल जागने पर बिस्तर छोड़ने से दस-पन्द्रह मिनट पहले अवश्य किया जाना चाहिए। यदि इस आसन का अभ्यास रक्तचाप को सामान्य करने के लिए, मानसिक तनाव को कम करने के लिए अथवा किसी रोग से छुटकारा पाने के लिए करना चाहें, तो कम-से-कम आधा घण्टे तक इस आसन का अभ्यास अवश्य करें। इस आसन में लेटने के पश्चात् आप यह अनुभव करें, मानो आप स्वयं को प्रभु के चरणों में पूर्णत: समर्पित कर चुके हैं और आपके मन में कोई भी भावना अथवा कोई भी विचार बाक़ी नहीं बचा है तथा आप अपनी इस नश्वर देह को आज और अभी ईश्वर को समर्पित कर रहे हैं। आपने अपना सब कुछ उसके निर्णय पर छोड़ दिया है। अब आपका प्राण, आपकी आत्मा और आपकी चेतना इस समर्पण भाव की साक्षी है और आप तटस्थ होकर इस शरीर का निरीक्षण कर रहे हैं। जितनी देर भी आप समर्पण आसन में स्थित रह सकें, देह को मृत ही समझें। किसी के आवाज़ देने पर आप सुनें अवश्य, लेकिन आपको ध्यान यही रहे कि आपका शरीर आपका नहीं है। अत: उस स्थिति में न उत्तर दें, न कुछ सोचें। कोई कुछ भी करे, भले ही अपमानजनक बातें क्यों न कहे, लेकिन आप केवल श्रोता बनकर ही उसके साक्षी बने रहें। आपके शरीर से दूसरे के द्वारा की गयी किसी भी क्रिया की प्रतिक्रिया व्यक्त नहीं होनी चाहिए। आपको केवल साक्षी भाव से देखते रहना है, किसी बात का कोई प्रतिकार नहीं करना है। यही समर्पण आसन की पूर्ण स्थिति है।

71. प्रेतासन

नामकरण

प्रेत को शारीरिक और मानसिक विकृतियों का प्रतीक माना जाता है, जिसका अर्थ है ऐसा जीवन, जिसका कोई प्रयोजन न हो। इसी आधार पर 'प्रेतासन' की रचना की गयी, जो विश्राम के लिए भी एक स्थिति हो सकती है। शारीरिक भिन्नता के कारण अनेक स्त्री-पुरुषों को शवासन से वाञ्छित लाभ नहीं मिल पाता। इसीलिए आचार्यों ने साधकों की सुविधा के लिए प्रेतासन की व्यवस्था की। जो साधक अपने शारीरिक अवयवों को पूर्ण शिथिल अथवा विश्राम न दे सकते हों और जिन्हें सदा तनाव बना रहता हो, वे शवासन के स्थान पर प्रेतासन का अभ्यास करें। उन्हें लाभ प्राप्त होगा।

लाभ

1. प्रेतासन में शवासन से प्राप्त होने वाले सभी लाभ प्राप्त हो जाते हैं।

2. हृदयरोगियों को इस आसन के द्वारा कम लाभ मिलता है, लेकिन फिर भी यह एक निरापद आसन है।

प्रेतासन

विधि

समतल भूमि पर चौपरत कम्बल बिछाकर मनपसन्द करवट से लेट जायें, लेकिन नीचे वाला पांव सीधा फैला हुआ रहे और नीचे वाला हाथ पीठ की ओर से नितम्बों तक शरीर से सटा हुआ रहे। हथेली सुविधानुसार खुली अथवा अधखुली अवस्था में आकाश की ओर उठी रहेगी और ऊपर वाला पांव घुटनों से मुड़कर कमर की सीध में अथवा छाती के पास किसी भी सुविधाजनक स्थिति में, आगे की ओर रहेगा। कोहनी भूमि पर रहेगी और सिर बिना किसी तकिये के गालों के ऊपर टिका रहेगा। ऊपर वाला हाथ मुख के सामने से होता हुआ माथे को छूता रहेगा। यही इस आसन की पूर्ण स्थिति है। इस आसन का अभ्यास करते समय शवासन की भांति ही शरीर के एक-एक अंग को पुन: शिथिल, तनावमुक्त और भारहीन होने का निर्देश दें और पांवों के पञ्जों से शिथिलता अनुभव करते हुए सिर तक निरीक्षण करें। पूरे शरीर को पृथ्वी पर डालते हुए प्रत्येक अंग को ढीला छोड़ दें, मानो प्रत्येक अंग ढीला होकर बिखर गया हो। अन्त में, श्वास के आने-जाने का निरीक्षण करते हुए प्रत्येक बाहर जाती हुई श्वास के साथ शरीर की थकान, चिन्ताएं और विचारों को विसर्जित करते जायें।

72. मृतासन

नामकरण

जीवित शरीर प्रत्येक कार्य कर सकता है, परन्तु निर्जीव होते ही शिथिल पड़

जाता है। आपने प्राय: देखा होगा कि मूर्च्छित अथवा गहरी निद्रा में सोये हुए व्यक्ति का अपने शरीर पर कोई नियन्त्रण नहीं होता। शरीर की ऐसी ही नियन्त्रण-मुक्त स्थिति को शवासन, समर्पण आसन अथवा प्रेतासन कहा जाता है। लेकिन शरीर के निर्जीव हो जाने पर जब पर्याप्त समय व्यतीत हो जाता है, तो रक्त ठोस और मांसपेशियां कठोर हो जाती हैं, अस्थिबन्धन भी सख़्त हो जाते हैं और सिर से लेकर पांव तक पूरा शरीर सूखी हुई लकड़ी की भांति कड़ा हो जाता है। इसे ही मृत शरीर कहते हैं और इसी अध्ययन के आधार पर इस आसन को 'मृतासन' नाम प्रदान किया गया है।

मृतासन

लाभ

1. शवासन अथवा मृतासन के अभ्यास से शरीर की भली-भांति मालिश हो जाती है।

2. मांसपेशियों की जकड़न, ऐंठन व शिथिलता दूर होती है तथा मांसपेशियां सक्षम बनती हैं।

3. अस्थियों के समस्त जोड़ सक्षम और लचीले बनते हैं।

4. मृतासन शवासन का पूरक आसन माना जाता है। अत: शवासन से प्राप्त होने वाले सभी लाभ मृतासन से भी प्राप्त होते हैं।

5. आलस्य और शारीरिक थकान दूर होती है और शरीर में स्फूर्ति आती है।

आपने कुत्ते, बिल्ली या अन्य चौपाये पशुओं को ध्यान से देखा होगा। वे अपने पिछले पांवों को पीछे की ओर खींचकर व पूरे शरीर को शक्ति से तानकर सख़्त बना लेते हैं। आप भी कभी-कभी सोकर उठने के बाद भरपूर अंगड़ाई लेते हैं, तो आपका शरीर भी तिरछा होकर तन जाता है और आपके पूरे शरीर में स्फूर्ति और जोड़ों में लोच आ जाती है। पूरे शरीर की मालिश-सी हो जाती है। मृतासन इसी क्रिया का

वैज्ञानिक रूप है।

विधि

समतल भूमि पर चौपरत कम्बल बिछाकर पीठ के बल लेट जायें। दोनों पांव आपस में सटे हुए हों। मुंह आकाश की ओर तथा गर्दन सीधी हो और पूरा शरीर एक साथ सीधा व तना हुआ रहे। आपको ध्यान होगा कि शवासन में शरीर को बिल्कुल ढीला छोड़ दिया जाता है, परन्तु मृतासन उसके एकदम विपरीत है। इसमें पूरे शरीर के प्रत्येक अंग को खींचकर एकदम सख़्त कर लेना होता है। आपका पूरा शरीर लकड़ी के किसी ठूंठ की भांति, एक सिरे से दूसरे सिरे तक किसी ठोस एवं लम्बे पदार्थ की भांति सख़्त हो जाना चाहिए। अब आप अपने दो सहयोगियों को सिर व पांवों के पास खड़ा होने का आदेश दें। सिर की ओर वाला व्यक्ति गर्दन के नीचे हथेली के सहारे तथा पांव की ओर वाला व्यक्ति टख़नों के नीचे से हथेली के सहारे आपके शरीर को ऊपर उठाये। शेष शरीर के नीचे कोई सहारा नहीं रहेगा, लेकिन फिर भी आपका पूरा शरीर बिना लचक खाये ऊपर की ओर टंग जायेगा। यही मृतासन का सफल अभ्यास है।

कुछ समय पश्चात् शरीर को नीचे रख दिया जाना चाहिए और कुछ देर शवासन किया जाना चाहिए। यदि आप प्रात:काल अपने बिस्तर पर ही लेटे-लेटे तीन बार मृतासन, शवासन, मृतासन, शवासन का अभ्यास कर लें, तो पूरे दिन की थकान से बच सकते हैं और तब आपको शरीर की मालिश की भी कोई आवश्यकता नहीं रह जायेगी।

73. पाद-मस्तक-संयुक्त आसन

नामकरण

शरीर के पीछे की ओर से दोनों तलवों को उठाकर सिर से स्पर्श कराने की क्रिया को 'पाद-मस्तक-संयुक्त आसन' कहा जाता है।

लाभ

1. इस आसन का अभ्यास करने से मेरुदण्ड, पीठ, कमर, कन्धे, गर्दन, जांघों, घुटनों व टख़नों का भली-भांति व्यायाम हो जाता है।

2. छाती, कमर, पेट व पेड़ू की भली-भांति मालिश हो जाती है और वे निरोग और पुष्ट हो जाते हैं।

3. पेट की अंतड़ियों में खिंचाव होने से सभी प्रकार के उदररोगों में लाभ होता है।

4. पूरे शरीर में लचीलापन आता है और चेहरे पर कान्ति आती है।

5. पूरे शरीर की चर्बी छंटती है और शरीर सुडौल हो जाता है।

6. वात, पित्त, कफ ठीक होते हैं तथा गठिया और मधुमेह में भी लाभ पहुंचता है।

7. स्त्रियों के प्रदर, प्रमेह व गर्भाशय सम्बंन्धी रोग नष्ट होते हैं और उनका रूप आकर्षक बनता है।

8. नौकासन से होने वाले समस्त लाभ इस आसन से भी प्राप्त हो जाते हैं।

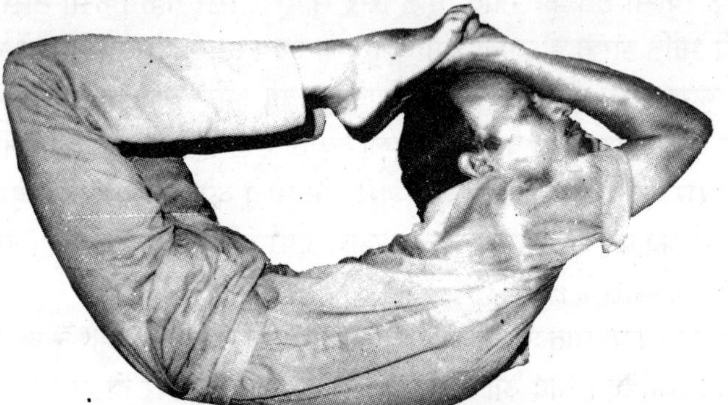

पाद-मस्तक-संयुक्त आसन

विधि

समतल भूमि या तख़्त पर चौपरत कम्बल बिछाकर पेट के बल लेट जायें और दोनों पांवों के पञ्जे व एड़ियां आपस में सटाकर पास-पास रखें। पांव के पञ्जे पर्याप्त पीछे की ओर फैले हुए तथा उनका ऊपरी भाग अधिकाधिक ज़मीन के पास रहे। हाथों को कोहनी से मोड़ते हुए कन्धों के पास से हथेलियों को पृथ्वी पर टिका दें और शेष हाथ शरीर से सटा हुआ रहे। पूरे शरीर का भार दोनों हथेलियों पर डालते हुए और कन्धों को थोड़ा ऊपर उठाते हुए कमर से ऊपर के भाग को सर्पासन की भांति ऊपर उठायें। शरीर आसानी से जितना ऊपर और पीछे की ओर झुका हुआ उठ सके, उठाये रहें। लेकिन गर्दन को अवश्य इतना पीछे झुकायें कि मुख आसमान की ओर सीधा ऊपर उठ जाये और सिर का पिछला भाग गर्दन के पास पीठ की मांसपेशियों को छूने लगे। इस सारी क्रिया को करते समय सांस को भीतर खींचें और पूरी क्रिया को धीरे-धीरे ही करें। अब घुटनों को मोड़कर पांव के तलवों को सिर की ओर लाते हुए सिर के पिछले भाग पर टिका दें। सांस को जितनी देर भीतर रोक सकें, रोकें और शरीर को इसी स्थिति में बना रहने दें।

यह एक पर्याप्त कठिन आसन है। अतः इसे अत्यन्त धीरे-धीरे ही करने का प्रयास करें। निरन्तर अभ्यास करते रहने से कुछ दिन बाद आप इस आसन की पूर्ण स्थिति में पहुंच सकेंगे। शरीर के अत्यधिक लचीला हो जाने पर पांव के अंगूठों को मस्तक के अगले भाग से भी स्पर्श कराया जा सकता है।

इस स्थिति में शरीर में बनने वाली विद्युत् शक्ति नष्ट नहीं होती और इसका पूरा उपयोग शरीर के भीतर की रहस्यमयी शक्तियों को जगाने में व्यय हो जाता है।

74. पूर्वोत्तानासन

नामकरण

योग की भाषा में शरीर के मस्तक को 'शीर्ष दिशा', पांवों को 'तत्त्व दिशा', सामने वाले भाग को 'पूर्व दिशा' तथा पिछले भाग को 'पश्चिम दिशा' कहा जाता है। इसी प्रकार शरीर के दायीं ओर के समस्त अंगों को दक्षिण अथवा सूर्य दिशा तथा बायें भाग को वाम अथवा चन्द्र दिशा कहा जाता है। योगाचार्यों ने दिशाबोध के आधार पर ही 'पूर्वोत्तानासन' का नामकरण किया। इस आसन में शरीर के सभी सामने वाले अंगों पर तनाव की स्थिति निर्मित की जाती है।

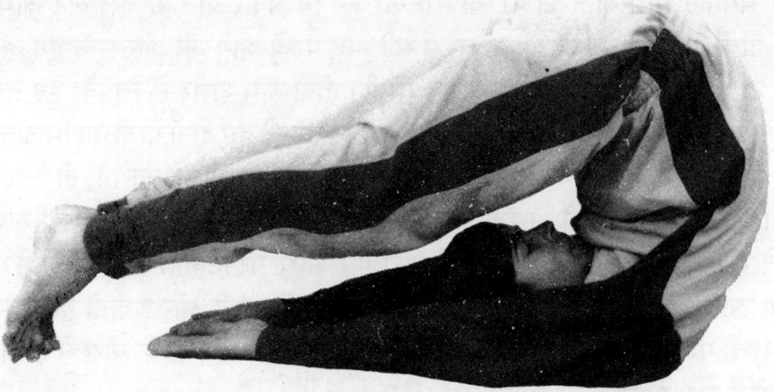

पूर्वोत्तानासन

पाद-हस्तासन खड़े होकर किया जाता है, जिसका सर्वाधिक प्रभाव हाथों-पांवों की मांसपेशियों पर पड़ता है। जानुशिरासन भी खड़े होकर किया जाने वाला आसन है, जिसके अभ्यास से जांघें और सिर की मांसपेशियां अत्यधिक प्रभावित होती हैं। पश्चिमोत्तानासन बैठकर किया जाता है, जिसके कारण शरीर के पिछले भाग की मांसपेशियां प्रभावित होती हैं, लेकिन पूर्वोत्तानासन लेटकर किया जाने वाला आसन

है। फिर भी, उपर्युक्त तीनों आसनों से भिन्न न होने पर उनसे कठिन अवश्य है तथा इससे प्राप्त होने वाले लाभ भी अन्य आसनों से होने वाले लाभों से अलग हैं। इससे प्रभावित होने वाली सभी मांसपेशियां शरीर के अगले भाग में ही अवस्थित हैं, इसीलिए इस आसन को पूर्वोत्तानासन नाम प्रदान किया गया है।

लाभ

1. इस आसन का अभ्यास करने से सम्पूर्ण शरीर की मांसपेशियों,अस्थियों और जोड़ों की भली प्रकार मालिश हो जाती है और वे लचीली व सक्षम बनती हैं।

2. पूरा शरीर स्वस्थ, सुडौल व सुन्दर बनता है।

3. मन शान्त तथा स्मरणशक्ति तीव्र होती है तथा वृद्धावस्था में भी शरीर पर झुर्रियां नहीं पड़तीं।

4. मेरुदण्ड लचीला बनता है, जिसके कारण जीवनीशक्ति में वृद्धि होती है।

5. फेफड़े स्वस्थ व सबल बनते हैं, जिसके कारण हृदय को पूर्ण विश्राम मिलता है और अधिकाधिक ऑक्सीजन पहुंचने के कारण रक्त-शुद्धि होती रहती है।

6. कन्धे, भुजाएं व सीना पुष्ट व सुगठित बनते हैं।

विधि

समतल भूमि या तख़्त पर चौपरत कम्बल बिछाकर पीठ के बल लेट जायें। दोनों पांवों के पञ्जे व एड़ियां आपस में सटे हुए, पञ्जे आगे की ओर झुके हुए और दोनों टांगें पूरी तरह तनी हुई और सख़्त रहेंगी। दोनों हाथ शरीर से चिपके हुए तथा हथेलियां पृथ्वी से चिपकी रहेंगी। श्वास बाहर निकालते हुए दोनों पांवों को मिलाकर एक साथ ऊपर उठायें। यदि पांवों को थोड़ा-सा सिर की ओर झुकायेंगे, तो नितम्ब पृथ्वी से ऊपर उठ जायेंगे अथवा हथेलियों के सहारे शरीर के भार को थोड़ा ऊपर उठाने में सहायता करें और सम्पूर्ण शरीर का भार कन्धों पर टिकाते हुए दोनों पांवों को सीधा ऊपर उठा दें। फिर धीरे-धीरे दोनों पांवों को सिर की ओर झुकाते हुए पञ्जों को पृथ्वी पर टिकाने का प्रयास करें। अब दोनों हाथों को भी सिर के पास से ले जाते हुए दोनों पांव पकड़ने का प्रयास करें।

ध्यान रहे, घुटने तनिक भी मुड़ने नहीं चाहिए और दोनों पांव आपस में सटे हुए व तने हुए रहें। हाथ भी तने हुए रहकर पांव के अंगूठे को पकड़कर ज़मीन पर टिके रहें। शरीर के भार के कारण हाथ तथा पांव के पञ्जे प्रायः कुछ ऊपर की ओर उठ जाते हैं, लेकिन उन्हें धरती पर ही रखना चाहिए। यही पूर्वोत्तानासन की पूर्ण स्थिति है।

इस आसन के साथ प्राणायाम करने से विशेष लाभ होता है; क्योंकि इस आसन

में ठोड़ी छाती से सट जाती है, जिससे स्वयं ही जालन्धर बन्ध लग जाता है। अतः पांवों को ऊपर ले जाते समय सांस को भीतर भरना आरम्भ कर दें और पांवों को पीछे भूमि की ओर लाते समय सांस को बाहर निकालना आरम्भ कर दें तथा पांवों के अंगूठे को हाथ से पकड़ने तक पूरे सांस को बाहर निकाल दें और बाहर ही रोककर रखें। लेकिन इस प्राणायाम को वे ही साधक करें, जो पूर्ण अभ्यास कर चुके हों।

सावधानी

पांवों को पृथ्वी पर वापस लाते समय अत्यधिक सावधानी की आवश्यकता होती है। अतः ध्यान रखें, पांवों को पृथ्वी पर वापस लाते समय एड़ियां पृथ्वी पर झटके से न टकरायें, अन्यथा लाभ के स्थान पर हानि होने की सम्भावना हो जाती है।

75. वृश्चिकासन

नामकरण

वृश्चिक बिच्छू को कहते हैं, जिसकी पूंछ के अन्तिम छोर पर विष की थैली होती है और तिरछा-सा सख़्त डंक होता है। बिच्छू इसी डंक को मारकर अपने शिकार को अर्द्धमूर्च्छित कर देता है। उसका यह डंक सदा ही गोलाकार रूप में उसके शरीर पर स्थिर रहता है। बिच्छू के इसी आचरण के आधार पर इस आसन का नामकरण 'वृश्चिकासन' किया गया है।

लाभ

1. इस आसन का अभ्यास करने से हथेलियां, कलाइयां, कोहनी तथा कन्धे और हाथों की मांसपेशियां स्वस्थ व सुदृढ़ होती हैं।

2. यकृत, अर्थात् जिगर और तिल्ली की वृद्धि ठीक होती है।

3. मूत्राशय के सभी रोग दूर होते हैं तथा मूत्राशय स्वस्थ व सबल बनता है।

4. सभी प्रकार के उदररोग दूर होते हैं तथा बल व बुद्धि की वृद्धि होती है।

5. मेरुदण्ड लचीला, स्वस्थ और सुदृढ़ बनता है।

विधि

इस आसन में पूरे शरीर का सन्तुलन बाज़ुओं पर किया जाता है। इसलिए यह एक कठिन आसन है। अतः इस आसन का अभ्यास करने वालों को चाहिए कि वे प्रारम्भ में इस आसन को कुछ हिस्सों में बांट लें। इससे उन्हें शीघ्र सफलता मिलने की आशा है। समतल भूमि पर चौपरत कम्बल बिछाकर पेट के बल लेट जायें। दोनों पांव आपस में मिले हुए, दोनों हाथ कोहनी से मोड़कर बाज़ुओं से सटे हुए और

हथेलियां दोनों कानों के समीप पृथ्वी पर जमी हुई रहेंगी। शरीर भरपूर तना हुआ रहेगा। अब सिर को हथेलियों के बीच से थोड़ा-सा ऊपर उठायें और कोहनी से कन्धों तक भुजाएं भी ऊपर उठायें। अब पांवों का भार पांवों की अंगुलियों पर संभालते हुए व सन्तुलन बनाते हुए पांव, घुटने व जांघें भूमि से ऊपर उठा दें। सिर को थोड़ा आगे और नीचे की ओर झुकाते हुए पांव के पञ्जे को सिर की ओर लायें और कमर को ऊपर उठायें।

वृश्चिकासन

जब पांव पेट और छाती के लगभग समीप आ जायें, तब गर्दन तथा सिर को भूमि से ऊपर उठाते हुए दोनों कोहनियों पर शरीर का सन्तुलन बनायें और घुटनों को मोड़ लें। एड़ियां नितम्बों से सटा दें, लेकिन घुटने पृथ्वी से ऊपर उठे हुए व मुड़कर छाती के समीप पहुंच जायेंगे। अब भुजाओं को थोड़ा-सा आगे झुकाकर सिर के ऊपर रखते हुए घुटनों को मोड़कर जांघों को शरीर की सीध में ऊपर उठा दें और इसी स्थिति में शरीर का सन्तुलन बनाते हुए घुटनों को धीरे-धीरे खोलें और दोनों तलवों को सिर के ऊपरी भाग पर रख दें। पूरा शरीर कोहनी और हथेलियों के आधार

पर सन्तुलन बनाकर वृश्चिकासन की पूर्ण स्थिति में आ जायेगा। इस स्थिति में जितनी देर सन्तुलन बनाये रख सकें, अवश्य रखें और श्वास को सामान्य गति से चलने दें।

वापस पूर्वस्थिति में आते समय, अर्थात् वृश्चिकासन को खोलते समय अत्यन्त सावधान रहें। सन्तुलन बनाये रखें तथा धीरे-धीरे ही पहले एड़ियों को नितम्बों से सटाकर मुड़े हुए घुटनों को सीधा ऊपर ले आयें, फिर जांघें सामने की ओर झुकाते हुए घुटने छाती की ओर नीचे लायें और घुटनों को खोलकर पञ्जों के बल भूमि का स्पर्श करें। फिर धीरे-धीरे पूरे शरीर को पृथ्वी पर लाकर पेट के बल लेट जायें और प्रत्येक अंग को ढीला छोड़कर विश्राम करें।

76. वृक्षासन

वृक्षासन

नामकरण

इस आसन में शरीर की आकृति किसी सीधे वृक्ष की भांति बन जाती है, जिसकी जड़ें नीचे भूमि में, तना सीधा और पत्ते ऊपर फैले हुए दिखाई देते हैं। इसीलिए इस आसन को 'वृक्षासन' नाम प्रदान किया गया है।

लाभ

1. वृक्षासन शीर्षासन से भी श्रेष्ठ है तथा इसके अभ्यास से शीर्षासन से होने वाले सभी लाभ मिल जाते हैं।

2. शरीर का रक्त-सञ्चार हृदय की ओर सुगमतापूर्वक होने लगता है, जिसके फलस्वरूप हृदय को शक्ति, क्षमता व विश्राम की प्राप्ति होती है।

3. बाल स्वस्थ और काले तथा नेत्र चमकदार, आकर्षक और नीरोग रहते हैं। नेत्र-दृष्टि तीव्र बनी रहती है।

4. उदररोग दूर होते हैं तथा हाथ,गर्दन व कमर पुष्ट बनते हैं।

5. स्त्री-पुरुषों की जननेन्द्रियां सक्षम बनती हैं।

विधि

वृक्षासन की विधि भी वृश्चिकासन की भांति है। इसमें अन्तर केवल इतना है कि तलवों को सिर पर रखने की बजाय सीधा ऊपर उठा दिया जाता है, जिसके कारण इसमें वृश्चिकासन की अपेक्षा तनाव कम रहता है। वृक्षासन के अन्त में दोनों पांवों को आपस में चिपकाकर रखने की अपेक्षा थोड़ा फैलाया भी जा सकता है, जिसके कारण आकृति फैले हुए वृक्ष की भांति हो जाती है।

सावधानी

इस आसन का अभ्यास करते समय श्वास की गति को सामान्य रहने दें, लेकिन आसन को छोड़ते समय पूरी तरह सावधान रहें। शरीर को आगे-पीछे गिरने व झटका लगने से पूरी तरह से बचाये रखें।

77. शीर्षासन

नामकरण

संस्कृत भाषा में सिर को ही शीर्ष कहा जाता है। इसी प्रकार किसी भी वस्तु के ऊपरी छोर को शीर्ष कहा जाता है। शरीर में भी सिर का स्थान सबसे ऊपर और प्रमुख है तथा प्रतिदिन लगभग सोलह घण्टे हम सिर को ऊपर रखकर ही पृथ्वी के गुरुत्वाकर्षण का सामना करते हैं। महर्षि पतञ्जलि ने प्रकृति के इस रहस्य को समझकर एक

सहज प्रक्रिया को खोज निकाला, जिसके द्वारा शरीर को गुरुत्वाकर्षण के बोझ से मुक्ति दिलाई जा सकती है। इस प्रक्रिया में सिर को आधार बनाकर जिस आसन का अभ्यास किया जाता है, उसे 'शीर्षासन' कहते हैं। शारीरिक दृष्टि से सिर को सर्वोच्च स्थान प्राप्त है और इसलिए शीर्षासन को योगासनों का राजा माना जाता है।

सावधानी

आप जानते हैं कि राजा का दरबार हो या देवता का मन्दिर, अशुद्ध स्थिति में वहां प्रवेश करना वर्जित है। इसी प्रकार शीर्षासन करने की अनुमति भी प्रत्येक व्यक्ति को नहीं दी जा सकती। यदि आगे दिये गये निषेधों के अनुसार आपके भीतर कोई कमी अथवा अशुद्धि हो, तो उसे अन्य उपायों द्वारा दूर कर लें, अन्यथा सम्भावित दुष्परिणामों के लिए आप स्वयं उत्तरदायी होंगे।

शीर्षासन

निषेध

1. पुराना क़ब्ज़, पुराना ज़ुक़ाम, थकान तथा भरा हुआ अथवा भारी पेट होने पर

शीर्षासन भूलकर भी न करें।

2. यदि आपका कान बहता हो अथवा आपके शरीर में कोई बड़ा ज़ख़्म या फोड़ा हो या महिलाओं का मासिक-धर्म चल रहा हो, तो भी शीर्षासन न करें।

3. यदि आपको हृदयरोग हो, चक्कर आते हों, उच्च अथवा निम्नरक्तचाप हो, कोई नेत्ररोग हो अथवा सिर में भारीपन रहता हो, तो भी शीर्षासन न करें।

सावधानी

जिस प्रकार राजदरबार, मन्दिर अथवा समाज में उठने-बैठने या आने-जाने के अपने ढंग या तौर-तरीक़े होते हैं, जिनकी जानकारी न होने पर अपमानित होना पड़ता है अथवा दण्ड भुगतना पड़ता है, उसी प्रकार शीर्षासन का अभ्यास करने से पहले निम्नलिखित तौर-तरीक़े सीख लें।

1. शीर्षासन केवल प्रातःकाल शौच आदि से निवृत्त होने के पश्चात् ही किया जाना चाहिए।

2. शीर्षासन दिन में केवल एक बार किया जाना चाहिए, बार-बार नहीं।

3. शीर्षासन करने के बाद ताड़ासन और शवासन अवश्य करना चाहिए तथा शीर्षासन करने के तुरन्त बार तेज़ हवा या तेज़ धूप में न निकलें। यदि शीर्षासन करने से पूर्व स्नान कर लिया हो, तो पूरे शरीर और बालों को ठीक से सुखा लेने के बाद ही शीर्षासन आरम्भ करना चाहिए। यदि स्नान न किया हो, तो शीर्षासन करने के एक घण्टा पश्चात् ही स्नान करें, उससे पहले नहीं।

4. शीर्षासन का अभ्यास ऐसे स्थान पर नहीं करना चाहिए, जहां गिरने अथवा चोट लगने की सम्भावना हो।

5. शीर्षासन को किसी मोटे गद्दे अथवा घास वाले या सूखे रेतीले स्थान पर ही आरम्भ करना चाहिए। आरम्भ में इस आसन को केवल पन्द्रह सैकण्ड ही करना चाहिए तथा प्रति सप्ताह आधा-आधा मिनट बढ़ाते हुए अधिकाधिक दस मिनट तक ही करना चाहिए, इससे अधिक नहीं।

लाभ

1. शीर्षासन महिलाओं और पुरुषों के लिए समान रूप से हितकारी है।

2. इस आसन के अभ्यास से अनिद्रा के रोगियों को गहरी नींद आने लगती है।

3. शरीर की हड्डियों के जोड़ और उनके बन्धन दृढ़ व स्वस्थ बनते हैं।

4. शीर्षासन के अभ्यास से पेट, जिगर व तिल्ली से सम्बन्धित सभी प्रकार के रोग नष्ट होते हैं।

5. पाचक अंग सशक्त बनते हैं और उनसे नियमित रसों का स्राव होने लगता है, जिससे पूरे शरीर को लाभ मिलता है।

6. स्त्री-पुरुषों के प्रजनन-अंग स्वस्थ और विकसित होते हैं। पुरुषों में शुक्राणुओं की कमी दूर होती है तथा महिलाओं के गर्भाशय की प्राकृतिक व्यवस्था ठीक होती है। उनका बन्ध्यत्व दूर होकर वे स्वस्थ सन्तान को जन्म देने योग्य बन जाती हैं।

7. स्त्रियों के मुख, पेट, स्तनों व नितम्बों पर असमय पड़ने वाली झुर्रियां दूर होती हैं, शरीर सन्तुलित होता है, चेहरे पर चमक आती है तथा युवावस्था-जैसा उत्साह और शक्ति बनी रहती है।

8. फेफड़े व श्वास-नलिकाएं स्वस्थ व सक्षम बनती हैं तथा वे तेंतीस प्रतिशत अधिक ऑक्सीजन सोखने योग्य बन जाती हैं।

9. रक्त-सञ्चार के व्यवस्थित होने के कारण हृदय को विश्राम मिलता है तथा उसका काम आसान हो जाता है। पूरे शरीर में रक्त-प्रवाह के व्यवस्थित व सहज होने के कारण शरीर के लगभग सभी अंग स्वस्थ व सक्षम हो जाते हैं।

10. आंख, नाक, कान आदि की प्राकृतिक क्षमताएं विकसित होती हैं तथा ये अंग भी सक्षम बनते हैं।

11. स्मरणशक्ति की कमज़ोरी, मानसिक असन्तुलन, असहनशीलता अथवा स्वभाव का चिड़चिड़ापन आदि रोगों में पर्याप्त लाभ पहुंचता है और मन एकाग्र होकर तथा आशा एवं उत्साह से भरकर कुछ करने के लिए उद्यत हो जाता है।

12. शीर्षासन के अभ्यास से शुक्र अथवा रज ओज में परिवर्तित हो जाता है, जिसके कारण मुख पर कान्ति आती है तथा जीवन सादा व सन्तुलित बनता है।

13. दायें-बायें दोनों नासिका-स्वर एक साथ चलने में सक्षम हो जाते हैं, जिसके कारण सुषुम्ना स्वर जागृत होने लगता है और बुद्धि, स्मरणशक्ति व एकाग्रता विकसित होती है। हिप्नोटिज़्म व त्राटक करने वाले साधकों के लिए यह अत्यन्त उपयुक्त आसन है।

विधि

आरम्भ में साधकों को किसी दीवार पर सहारा लेकर ही इस आसन का अभ्यास करना चाहिए। धीरे-धीरे जब सन्तुलन बनने लगे, तो वे किसी समतल भूमि, मुलायम घास के मैदान अथवा मोटे गद्दे पर भी इस आसन का अभ्यास कर सकते हैं। किसी तीन मीटर लम्बे और डेढ़ मीटर चौड़े ख़ाली स्थान पर ही इस आसन को किया जाना चाहिए। सबसे पहले कोई चौपरत मोटा कम्बल अथवा मोटा गद्दा समतल भूमि पर बिछा लें तथा सिर के नीचे कपड़े से बनी गेंडुली रख लें, ताकि सिर को हानि की

सम्भावना न रहे। अब दोनों हाथों और कोहनियों को धरती पर इस प्रकार टिकायें कि हाथों के बीच, सिर को स्थिर रखने योग्य किसी गड्ढे के समान रिक्त स्थान रह जाये। अब दोनों हथेलियों को आपस में फंसाकर सिर के पिछले भाग को सहारा देने योग्य गोलाई बना लें।

तत्पश्चात् घुटने मोड़कर वज्रासन की स्थिति में कम्बल या गद्दे के किसी सिरे पर इस प्रकार बैठें कि सामने पर्याप्त स्थान ख़ाली रहे। कमर को सामने की ओर झुकाते हुए छाती को घुटनों पर टिका दें तथा दोनों कोहनियां और हथेलियां फ़र्श पर जमा दें। हथेलियों के बीच सिर को इस प्रकार टिकायें कि सिर का थोड़ा-सा भाग ही धरती का स्पर्श कर सके। शेष भाग कोहनी और हथेलियों से बने घेरे के बीच फंसा रहे। हाथों और सिर की यह स्थिति शीर्षासन के अन्त तक बनी रहनी चाहिए,जबकि पांवों को ऊपर ले जाने की क्रिया धीरे-धीरे चार भागों में पूरी की जायेगी। इस प्रकार अधिकाधिक सन्तुलन बना रह सकेगा।

1. सबसे पहले पूरे शरीर का सन्तुलन पांवों के पञ्जों पर साधते हुए वज्रासन की स्थिति को छोड़कर व दोनों घुटनों को खोलकर पांवों को सीधे पीछे की ओर फैलाते हुए कमर को इस प्रकार ऊपर उठायें कि आपकी आकृति पर्वत के समान दिखाई देने लगे। अब दोनों पांवों के पञ्जों को धीरे-धीरे सिर की ओर लाते हुए घुटनों को लगभग छाती के पास सटा दें। सिर से नितम्बों तक के भाग को धरती पर लम्ब रूप में लायें और पञ्जों को थोड़ा-थोड़ा ऊपर उठाते हुए सन्तुलन बनाने का प्रयास करें।

2. पञ्जों को ऊपर उठाते समय घुटने मुड़ते जायेंगे और दोनों एड़ियां नितम्बों से सट जायेंगी। अब नितम्बों को सीधा करते हुए घुटनों को मुड़ी हुई अवस्था में ही थोड़ा ऊपर उठायें।

3. घुटनों को शरीर की सीध में ऊपर उठा दें। दोनों घुटने ऊपर की ओर सिर से घुटने तक ही उठे रहेंगे। पांव मुड़े हुए तथा पञ्जे शरीर पर सन्तुलन बनाये रखने के लिए नितम्बों से थोड़ा दूर रहेंगे।

4. इस प्रकार सन्तुलन बनाते हुए और घुटनों को धीरे-धीरे खोलते हुए दोनों पांवों को शरीर की सीध में ऊपर की ओर तान दें। इस स्थिति में पूरा शरीर पृथ्वी पर लम्ब रूप में ऊपर की ओर तन जायेगा। यही शीर्षासन की अन्तिम और पूर्ण स्थिति है।

शीर्षासन की पूर्ण स्थिति में पहुंचकर केवल पन्द्रह सैकण्ड के लिए ही सन्तुलन बनायें और उसके बाद पूर्व स्थिति में वापस लौटने की क्रिया आरम्भ कर दें। अब जिस प्रकार धीरे-धीरे 1, 2, 3 व 4 स्थितियों का उपयोग किया था, वापस आते समय

क्रमशः 3, 2 व 1 विधियों का उपयोग करेंगे। सबसे पहले घुटनों को मोड़ते हुए दोनों एड़ियों को धीरे-धीरे पीछे से नीचे लाकर नितम्बों के साथ चिपका देंगे। घुटने आगे की ओर झुकते हुए जंघा के मोड़ से होते हुए छाती के पास आ जायेंगे। अन्त में घुटनों को खोलते हुए पञ्जों को धीरे-धीरे नीचे लाकर पृथ्वी पर टिका देंगे। इस सबके अन्त में घुटने ज़मीन पर टिकाते हुए सिर को ऊपर उठाकर वज्रासन की स्थिति में बैठ जायें। कुछ देर बाद शवासन की स्थिति में पीठ के बल लेटते हुए शरीर को पूरी तरह शिथिल छोड़ दें।

विशेष

शवासन में विश्राम करने के बाद सीधे खड़े होकर ताड़ासन का अभ्यास अवश्य करना चाहिए।

78. विपरीतकरणी आसन

नामकरण

इस आसन का अभ्यास करने पर व्यक्ति के शरीर की स्थिति उत्तानपादासन में साठ डिग्री कोण के समान दिखाई देती है, परन्तु उसमें पीठ और कमर ऊपर न उठाकर केवल पांव ही ऊपर उठाये जाते हैं, लेकिन विपरीतकरणी आसन में कुर्सी पर पांव फैलाकर व पीछे पीठ लगाकर बैठे व्यक्ति के विपरीत स्थिति बन जाती है। इसीलिए इसे 'विपरीतकरणी आसन' कहा जाता है।

लाभ

1. इस आसन के अभ्यास से सिर नीचा रहने के कारण रक्त का प्रवाह सिर व चेहरे की ओर आसानी से होता है। अतः बाल पर्याप्त आयु तक काले व सुदृढ़ बने रहते हैं। स्मरणशक्ति तेज़ रहती है तथा चेहरे पर झुर्रियां भी नहीं पड़तीं।

2. मेरुदण्ड स्वस्थ रहता है तथा पीठ और कन्धों का दर्द भी दूर हो जाता है।

3. इस आसन के अभ्यास से वृद्धावस्था में भी युवावस्था के समान शक्ति और उत्साह बना रहता है।

4. स्नायुदौर्बल्य में यह आसन अत्यन्त लाभकारी सिद्ध होता है।

5. महिलाओं के अनेक रोगों में इस आसन के अभ्यास से लाभ पहुंचता है। बन्ध्यत्व मिटता है तथा महिलाएं स्वस्थ व दीर्घायु सन्तान को जन्म देने योग्य बन जाती हैं।

6. हार्मोन रक्त में मिलकर ओज में बदल जाते हैं, जिसके कारण स्त्री-पुरुषों के चेहरे पर चमक और आकर्षण पैदा होता है।

7. उदररोगों के लिए भी यह आसन अत्यन्त उपयोगी है।

8. इसके अभ्यास से पाचनशक्ति तीव्र होती है तथा क़ब्ज़ और गैस बनने की शिकायत दूर होती है।

9. उच्च तथा निम्नरक्तचाप दूर होता है तथा रक्त की कमी और बढ़ा हुआ मोटापा भी दूर होता है।

विपरीतकरणी आसन

विशेष

जिन महिलाओं को बार-बार गर्भस्राव हो जाता है, यदि वे सातवें महीने तक निरापद रहकर इस आसन का अभ्यास कर सकें, तो उन्हें लाभ प्राप्त होगा। चिकित्सक भी ऐसी महिलाओं को सोते समय पांवों को दस-पन्द्रह सेण्टीमीटर ऊपर रखने की सलाह देते हैं।

सावधानी

अनेक आसनों के समान इस आसन में भी वापस आते समय अत्यन्त सावधानीपूर्वक पांव व एड़ियां अत्यन्त हलके-से ही नीचे रखें, अन्यथा पेट की आंतें

अस्त-व्यस्त हो जाने की सम्भावना रहती है।

चौदह वर्ष से कम आयु के लड़के-लड़कियां इस आसन को न करें।

विधि

समतल भूमि अथवा तख़्त पर चौपरत कम्बल बिछाकर पीठ के बल लेट जायें। दोनों पांव व एड़ियां आपस में सटे हुए, पांव सीधे तने हुए तथा दोनों हथेलियां जांघों के नीचे दबाकर रखें। दोनों पांवों को सीधा तना हुआ रखते ही दोनों हथेलियों के सहारे ऊपर उठायें तथा उत्तानपादासन की समकोण स्थिति में आते ही पांवों को थोड़ा सिर की ओर झुकायें। नितम्ब और कमर के ऊपर उठ जाने पर दोनों कोहनियां भूमि पर जमाये हुए हथेलियों तथा कलाइयों के बल पर सर्वांग आसन की स्थिति में आ जायें। दोनों कन्धे,भुजाएं व सिर को भूमि पर सटाकर शरीर का सन्तुलन बनाते हुए दोनों पांवों को थोड़ा-सा नीचे लायें। इस प्रकार आपका शरीर कन्धों से पांव के पञ्जों तक सीधा तना हुआ और पृथ्वी से लगभग साठ अंश का कोण बनाने लगेगा। यही विपरीतकरणी आसन की पूर्ण स्थिति है। इस स्थिति में जितनी देर सुगमतापूर्वक रह सकें, रहें।

ध्यान रखें,सर्वांग आसन की भांति इस आसन में भी शरीर का सारा भार कन्धों व कोहनी पर ही साधा जाता है तथा पीठ, कमर, नितम्ब व पांव भूमि से क्रमशः ऊपर उठाये जाते हैं, लेकिन पूर्वस्थिति में वापस आते समय सावधानी आवश्यक है।

79. उदर आसन

नामकरण

उदर की भीतरी-बाहरी विकृतियों को दूर करने के लिए यह आसन अत्यन्त लाभकारी है और इसका अभ्यास अत्यन्त साधारण है। इसे असहाय व्यक्ति भी कर सकते हैं। इसीलिए इसे 'उदर आसन' नाम प्रदान किया गया है।

आपने प्रायः देखा होगा कि ग़लत ढंग से उठने-बैठने के कारण अथवा ग़लत प्रकार के दबाव से पेट बढ़ जाता है। ऐसे बढ़े हुए पेट को ठीक करने के लिए उदर आसन सर्वोत्तम विधि है।

लाभ

1. इस आसन के अभ्यास से बढ़ा हुआ पेट अथवा दबी हुई व चपटी आंतें व्यवस्थित हो जाती हैं।

2. श्वासरोगियों के लिए यह एक अत्यन्त उत्तम आसन है।

3. इस आसन के अभ्यास से आंतों की चाल ठीक होकर गैस आदि की शिकायत

दूर हो जाती है।

4. क़ब्ज़ दूर होता है, इसीलिए बवासीर के रोगियों को भी लाभ पहुंचता है।

5. अतिसार, अपच, हिचकी व डकार में भी लाभदायक है।

6. थोड़ा-सा श्रम करते ही हांफ जाने वाले व्यक्तियों के लिए यह आसन वरदान-स्वरूप है।

7. बार-बार गर्भपात होने से दुखी महिलाओं के लिए यह आसन बहुत उपयोगी है।

8. इस आसन के अभ्यास से बाल काले रहते हैं, प्रजनन-अंग स्वस्थ व सक्षम बनते हैं तथा व्यक्ति के चेहरे पर ओज और कान्ति चमकती है।

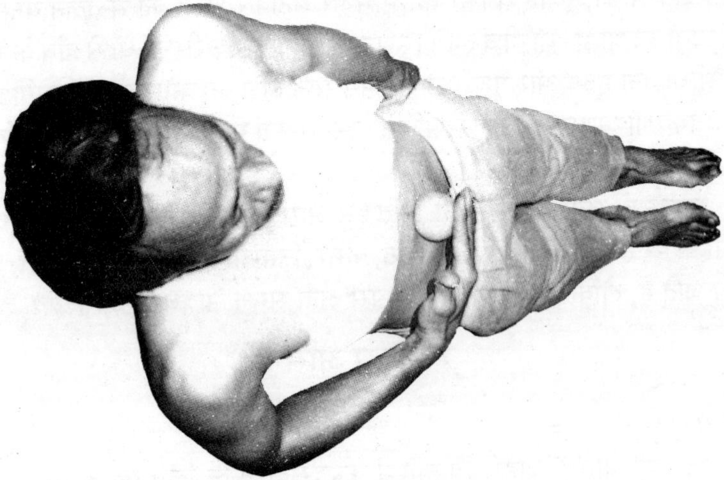

उदर आसन

विशेष

यह आसन विपरीतकरणी आसन से मिलता-जुलता है, लेकिन फिर भी यह उससे भिन्न है।

आपने बच्चों को पार्कों में ऊपर से फिसलने वाले उपकरणों पर फिसलते देखा होगा। उदर आसन में भी शरीर को किसी रुकावट या आधार के सहारे भूमि से बीस डिग्री से पैंतालीस डिग्री के बीच स्थापित किया जाता है। आज कोई भी व्यक्ति कठोर श्रम नहीं कर पाता। यही कारण है कि ऐसे व्यक्ति नाना प्रकार के रोगों से ग्रस्त व त्रस्त हैं। ऐसे लोगों के लिए उदर आसन बहुत लाभकारी सिद्ध होता है।

सावधानी

उच्चरक्तचाप के रोगी, हृदयरोगी तथा सिरदर्द अथवा *माइग्रेन* के रोगी इस आसन को बिल्कुल न करें। स्वस्थ व्यक्ति भी इस आसन को ख़ाली पेट ही करें तथा पांच मिनट से आरम्भ करके प्रति सप्ताह दो मिनट बढ़ाते हुए अधिकतम पन्द्रह मिनट तक ले जायें।

विधि

शरीर की लम्बाई-चौड़ाई के अनुसार किसी समतल तख़्ते अथवा बेंच को इस प्रकार रखें कि उसका एक सिरा किसी स्टूल अथवा कुर्सी पर रखा जाये, तो पृथ्वी से तीस से पचास अंश का कोण बन जाये। इस बात का ध्यान रखें कि तख़्ते पर आपके लेटने अथवा हिलने-डुलने से तख़्ता ज़मीन पर न आ गिरे और न किसी प्रकार की असावधानी के कारण आपको चोट लगे। अब इस तख़्ते पर इस प्रकार लेटें कि आपका सिर नीचे की ओर रहे और दोनों पांव पूरी तरह फैले हुए ऊंचाई की ओर रहें। दोनों पांव आपस में सटे हुए और सिर से पांव तक पूरा शरीर बिल्कुल सीधा तख़्ते पर ही टिका रहे। अब दोनों हाथों की हथेलियां खोलकर अंगुलियों को आपस में फंसा लें। रेचक क्रिया करते हुए श्वास को पूरी तरह बाहर निकाल दें और बाहर ही रोककर उदराकर्षण आसन के समान आंतों को छाती की ओर खींचें तथा पेट को पीठ की ओर मिलाने का प्रयास करें। जब श्वास भरना चाहें, तो भरपूर श्वास भीतर खींचें और श्वास को भीतर रोककर कुम्भक प्राणायाम करें। प्राणायाम की इस विधि को दस-बारह बार भी कर सकते हैं। इस आसन को अधिकाधिक पांच मिनट तक किया जाना चाहिए।

उदररोगियों व बढ़े हुए पेट वालों को चाहिए कि वे इस आसन को अवश्य करें तथा पेट को हलके हाथ से दबाते हुए उसकी मालिश भी करें।

80. चक्रासन

नामकरण

इस आसन का अभ्यास करने पर साधक की आकृति किसी गोल चक्र के समान दिखने लगती है। इसीलिए इस आसन का नामकरण 'चक्रासन' किया गया है। यदि इस आसन को धनुरासन के बाद अथवा पहले किया जाये, तो दोनों आसन एक-दूसरे के पूरक बन जाते हैं।

लाभ

1. इस आसन के अभ्यास से पूरा शरीर लचीला और स्वस्थ बनता है, लेकिन

कमर को लचीला बनाने के लिए यह आसन विशेष लाभप्रद है।

2. क़ब्ज़ के साथ-साथ पेट के सभी रोगों को नष्ट करता है तथा पाचनशक्ति को बढ़ाता है।

3. बुढ़ापे तक कमर कभी नहीं झुक सकती; क्योंकि मेरुदण्ड लचीला और सुदृढ़ रहता है।

4. इस आसन का अभ्यास करने से पांव के पञ्जे, टख़ने, पिंडलियां, घुटने, जांघें, पेट, पीठ, कन्धे, हाथ, गर्दन, सभी जोड़ों व मांसपेशियों का भली प्रकार व्यायाम हो जाता है। इसलिए ये सभी अंग स्वस्थ रहते हैं।

5. चक्रासन के अभ्यास से किसी भी कारणवश हाथ-पांव, गर्दन या सिर हिलने का रोग नहीं होता।

6. चेहरे पर झुर्रियां और शरीर की चमड़ी में सिकुड़न नहीं पड़ती।

7. बाल सदा काले रहते हैं और चेहरे की कान्ति तथा आकर्षण बना रहता है।

चक्रासन

विधि

समतल भूमि पर चौपरत कम्बल बिछाकर पीठ के बल लेट जायें। पांव तथा दोनों हाथ शरीर के पास सटे रहेंगे। दो-तीन बार गहरा श्वास भीतर लेकर ज़ोर से

बाहर निकाल दें। उसके बाद भरपूर श्वास लेकर भीतर रोक लें और पूरे शरीर को मृतासन की भांति एकदम कड़ा और सख़्त बनाकर दस-पन्द्रह सैकण्ड तक श्वास को भीतर रोके रहें। सांप की फुंकार की भांति श्वास को एकदम बाहर निकालते हुए शरीर को ढीला छोड़ दें। इसी क्रिया को दो-तीन बार दोहरायें, तो आपका शरीर फुर्तीला और लचीला बना रहेगा। यह इस आसन की पूर्व तैयारी है।

चक्रासन को दो प्रकार से किया जा सकता है। पहली विधि में खड़े होकर शरीर को धीरे-धीरे पीछे मोड़ते हुए तथा हाथों को पीछे से लाकर पांव की एड़ियों के पास भूमि पर जमाया जाता है, लेकिन यह विधि अत्यन्त कठिन है। दूसरी विधि में चक्रासन को लेटकर किया जाता है। यह विधि आसान है।

समतल भूमि पर चौपरत कम्बल बिछाकर पीठ के बल सीधे लेट जायें और दोनों हाथों को सिर से सटाते हुए पीछे की ओर ज़मीन पर टिका दें। दोनों पांवों के घुटनों को मोड़ते हुए ऊपर उठायें और एड़ियों को नितम्बों के पास लाकर थोड़े अन्तर से धरती पर टिका दें। दोनों हाथों को कोहनियों से मोड़ते हुए कन्धों और सिर के पास इस प्रकार जमा दें कि हथेलियां पृथ्वी पर जमी रहें तथा अंगुलियां कन्धों को छूने लगें। हथेलियों और पांवों के पञ्जों पर ज़ोर डालते हुए नितम्बों को पृथ्वी से जितना ऊपर उठा सकें, उठा दें। इस प्रकार आपके शरीर की आकृति ऊपर को उठे हुए अर्द्धवृत्त के समान हो जायेगी। पूर्ण चक्र बनाने के लिए एड़ियों को थोड़ा-थोड़ा पीछे हाथों की ओर सरकायें और हाथों को थोड़ा-थोड़ा एड़ियों की ओर सरकाते हुए हाथ की अंगुलियों से एड़ियों को स्पर्श करने का प्रयास करें।

इस प्रकार जब आपकी कमर निरन्तर अभ्यास करते हुए पर्याप्त लचीली बन जाये, तो आप अपने शरीर का सन्तुलन बनाये रखकर हथेलियों से पिंडलियों को छुएं तथा पीछे की ओर से गर्दन व छाती को सीधा करते हुए खड़े होने का अभ्यास करें।

चक्रासन की पूर्ण आकृति बन जाने के पश्चात् पहले सिर को ज़मीन पर टिकायें। उसके बाद नितम्बों को नीचे लायें और अन्त में पूरी तरह सीधे लेटकर विश्राम करें।

इस आसन का अभ्यास केवल दस सैकण्ड के लिए ही किया जाना चाहिए। किसी रोग का निवारण करने के इच्छुक साधक भी इस आसन को एक मिनट से अधिक न करें।

सावधानी

यह बहुत कठिन आसन है। इसीलिए जिनका शरीर लचीला न हो, वे पूर्ण स्थिति तक पहुंचने में किसी प्रकार की जल्दबाज़ी न करें, अपितु धीरे-धीरे ही अभ्यास बढ़ायें।

जल्दबाज़ी के कारण कमर की मांसपेशियों में मोच आ सकती है अथवा किसी प्रकार की टूट-फूट हो सकती है।

81. शीर्ष चक्रासन

नामकरण

वास्तव में यह कोई आसन नहीं है, अपितु एक गतिशील स्थिति है, जिसमें सिर को वृत्ताकार रूप में घुमाते हुए पूरे शरीर को भी वृत्ताकार घुमाया जाता है। केवल इसीलिए इसे 'शीर्ष चक्रासन' नाम प्रदान किया गया है।

शीर्ष चक्रासन

लाभ

1. इस आसन के अभ्यास से पूरे शरीर की नस-नाड़ियां और मांसपेशियां स्वस्थ व पुष्ट होती हैं।

2. पेट के सभी विकार दूर होते हैं, पाचनशक्ति तीव्र होती है तथा क़ब्ज़ दूर होता है।

3. शरीर में सभी प्रकार के रस, हार्मोन व धातुओं का उत्पादन सही रूप में होने लगता है।

4. छाती, गर्दन व पांवों की कार्यक्षमता बढ़ जाती है और ये अंग भी स्वस्थ एवं सुदृढ़ होते हैं।

5. रीढ़ की हड्डी पर पर्याप्त प्रभाव पड़ने के कारण मेरुदण्ड लचीला, स्वस्थ व पुष्ट होता है।

6. शारीरिक स्थिति के कारण रक्त-प्रवाह सिर की ओर होने लगता है, जिसके प्रभाव से स्मरणशक्ति तेज़ होती है, बुद्धि प्रखर होती है, मुख पर तेज में वृद्धि होती है

तथा मस्तिष्क में ताज़गी आती है।

विधि

इस आसन को अधिक चिकने फ़र्श पर नहीं किया जाना चाहिए; क्योंकि चक्र बनाते समय फिसलकर गिर जाने से चोट अथवा मोच का भय बना रहता है, लेकिन फ़र्श का समतल होना बहुत आवश्यक है और सिर के नीचे रखने के लिए कपड़े से बनी गेंडुली भी अवश्य होनी चाहिए। इसके साथ ही कमरे की लम्बाई-चौड़ाई भी इतनी होनी चाहिए कि वृत्त या चक्र बनाते समय कोई अवरोध पैदा न हो। सोचने अथवा देखने से यह आसन अत्यन्त सरल प्रतीत होता है, परन्तु वास्तव में यह एक कष्टसाध्य आसन है। इस आसन का अभ्यास करने से पहले हस्त-शीर्ष चक्रासन का भरपूर अभ्यास कर लेना चाहिए।

82. हस्त-शीर्ष चक्रासन

चौपरत कम्बल बिछाकर उस पर पेट के बल लेट जायें और माथे के नीचे कपड़े से बनी गेंडुली रख लें। दोनों हाथों को सिर के दोनों ओर दस-पन्द्रह सेण्टीमीटर की दूरी पर हथेलियों के सहारे फ़र्श पर जमा दें और कमर को ऊपर की ओर उठाते हुए पञ्जों को थोड़ा-थोड़ा खिसकाते हुए गेंडुली की ओर लाने का प्रयास करें। इस प्रकार शरीर की लम्बाई सिमट जायेगी तथा सिर और पांवों के बीच लगभग तीस से पचास सेण्टीमीटर की दूरी रह जायेगी। कमर फ़र्श से तीस से पचास सेण्टीमीटर तक ऊपर उठ जायेगी। कमर और फ़र्श के बीच यह दूरी यथासम्भव बनाये रखें। हर स्थिति में सिर गेंडुली पर ही टिका रहेगा और हाथ भी उतनी ही दूरी बनाये रखकर फ़र्श पर जमे हुए व चारों ओर खिसकते हुए घूमेंगे। अब दाहिने पांव को दाहिनी ओर लगभग तीस सेण्टीमीटर की दूरी पर रखें और बायें पांव को दायें पांव के पास लाकर मिला दें। इसी प्रकार करते हुए धीरे-धीरे दाहिनी ओर को तीस सेण्टीमीटर हटते हुए पूरा चक्र बनायें।

एक चक्र पूरा होने पर पेट के बल लेटकर थोड़ी देर विश्राम करें और पुनः कमर को ऊपर तथा सिर को पहले की भांति गेंडुली पर और हथेलियों को उसके आस-पास जमा लें। अब बायें पांव को बायीं ओर लगभग तीस सेण्टीमीटर हटाकर दाहिने पांव को उसके साथ मिला दें और इसी प्रकार धीरे-धीरे दाहिनी ओर से बायीं ओर को पूरा चक्र लगायें। दोनों ओर से एक-एक बार घूमने के बाद ही एक चक्र पूरा होगा। इस प्रकार कम-से-कम तीन बार बायीं ओर से तथा तीन बार दाहिनी ओर से चक्र पूरा करें।

हस्त-शीर्ष चक्रासन का अभ्यास हो जाने पर तथा सन्तुलन बन जाने पर ही शीर्ष

चक्रासन का अभ्यास आरम्भ करें। हस्त-शीर्ष चक्रासन की भांति ही कमर को पृथ्वी से लगभग तीस सेण्टीमीटर ऊपर रखते हुए शरीर को पांव के पञ्जों पर सन्तुलित करें और सिर को गेंडुली पर जमाकर तथा दोनों हाथों को पीठ पर मिलाकर आपस में गूंथ लें। अब एक बार दाहिनी ओर से तथा दूसरी बार बायीं ओर से घूमते हुए चक्र पूरा करें। कुछ देर विश्राम करने के बाद वापस इसी स्थिति में आ जायें। अब सिर को गेंडुली पर जमाकर हाथों को पीठ पर कस लें और पांव के पञ्जों को थोड़ा आगे लाते हुए कमर को ज़मीन से लगभग तीस सेण्टीमीटर ऊपर उठा दें। अब पूरे शरीर का सन्तुलन दाहिने पांव पर बनाते हुए तथा बायें पांव को शरीर के पीछे से हटाते हुए दाहिने पांव के दाहिनी ओर जमायें। लेकिन इस स्थिति में भी छाती ऊपर,पीठ नीचे और भूमि से कमर की दूरी लगभग तीस सेण्टीमीटर रहेगी। इस बार दाहिने पांव को उठाकर ऊपर से लाते हुए बायें पांव के बायीं ओर जमा दें तथा पेट नीचे, पीठ ऊपर और कमर की दूरी पृथ्वी से तीस सेण्टीमीटर ऊंचे रखते हुए चक्र को पूरा करें।

शरीर का सन्तुलन सिर तथा पांवों पर ही रहेगा तथा बायीं ओर से उलटते-पुलटते हुए ही चक्र को पूरा करेंगे। यही शीर्ष चक्रासन की पूर्ण स्थिति है।

83. सर्वांग चक्रासन

सूर्य नमस्कार की दण्ड स्थिति में पूरे शरीर का भार एक ओर के हाथ और पांव पर ही साधते हुए वृत्ताकार चक्र काटना 'सर्वांग चक्रासन' कहलाता है। इस स्थिति में हाथ और पांव के पञ्जों को छोड़कर केवल सिर व पूरा शरीर ऊपर शून्य में उठा हुआ रहता है और इसी स्थिति में साधक को चक्र लगाने का अभ्यास करना होता है।

सावधानी

जो व्यक्ति उच्चरक्तचाप से पीड़ित हों, हृदयरोगी हों, जिनके शरीर या सिर में घाव, कोई फोड़ा या चोट लगी हो, उन्हें किसी भी चक्रासन का प्रयोग नहीं करना चाहिए।

जिन्हें चक्कर आते हों या सिरदर्द रहता हो या जो नेत्ररोगी हों, उन्हें भी चक्रासन का अभ्यास नहीं करना चाहिए। इस आसन का अभ्यास केवल ख़ाली पेट ही किया जाना चाहिए। इस आसन का अभ्यास करते समय सिर के नीचे कपड़े की गेंडुली अवश्य रखनी चाहिए तथा कोई भी चक्रासन चिकने फ़र्श पर नहीं करना चाहिए।

पूरे शरीर का सन्तुलन पांवों के पञ्जों, एड़ी तथा सिर व हाथों पर ही रहना चाहिए और हर स्थिति में कमर को पृथ्वी से तीस से पचास सेण्टीमीटर ऊपर ही रखना चाहिए। थक जाने पर बीच-बीच में शवासन करते हुए विश्राम करें और चक्रासन का अभ्यास करते रहें।

84. कर्ण-पीड़न आसन

नामकरण

इस आसन का अभ्यास करने पर दोनों कानों को पांव से दबाया जाता है और कानों को पीड़ा पहुंचती है। इसीलिए इस आसन का नामकरण 'कर्ण-पीड़न आसन' रखा गया है।

लाभ

1. इस आसन के अभ्यास से कान से सम्बन्धित अनेक रोग नष्ट होते हैं तथा बहरापन कम होता है।

2. क़ब्ज़, उदररोग तथा जिगर की ख़राबी दूर करने के लिए यह अत्युत्तम आसन है।

3. शरीर के सभी अंग लचीले, स्वस्थ व पुष्ट होते हैं।

4. पीठ, कमर, रीढ़ की हड्डी, गर्दन, आंख, नाक व गले के रोगों को मिटाने के लिए यह अत्यन्त शक्तिशाली आसन है।

कर्ण-पीड़न आसन

विधि

समतल भूमि पर चौपरत कम्बल बिछाकर पीठ के बल सीधे शवासन की स्थिति में लेट जायें। दोनों हाथ शरीर से सटे हुए तथा हथेलियां फ़र्श से सटी रहेंगी। कमर के नीचे के भाग और पांवों को आपस में सटाकर कड़ा रखते हुए सर्वांग आसन की भांति ऊपर की ओर उठाते हुए सिर के पीछे ले जाकर दोनों पांवों के पञ्जों को ज़मीन पर टिका दें। इस स्थिति में दोनों हाथ पहले की भांति हलासन की स्थिति में फ़र्श पर टिके रहेंगे। इस स्थिति में पांवों को फ़र्श पर टिकते ही ढीला छोड़ दें और दोनों घुटनों

के बीच आ जायें। घुटनों को सिर की ओर मोड़ते हुए दोनों कानों के पास लाकर फ़र्श पर रख दें। इस प्रकार दोनों कान दोनों घुटनों से दब जायेंगे। यह कर्ण-पीड़न आसन की पूर्ण स्थिति है। कानों पर दबाव बनाते हुए इस स्थिति में जितनी देर रुक सकें, अवश्य रुकें। उसके बाद पहले हलासन, फिर सर्वांग आसन और अन्त में उत्तानपादासन की स्थिति बनाते हुए पांवों को फ़र्श की ओर वापस लायें और एड़ियों को अत्यन्त हलके स्पर्श के साथ पृथ्वी पर टिका दें, लेकिन झटका नहीं लगना चाहिए। अब शरीर को एकदम ढीला छोड़कर शवासन में विश्राम करें।

कर्ण-पीड़न आसन का अभ्यास धीरे-धीरे ही बढ़ाना चाहिए तथा इस आसन का अभ्यास आधा मिनट से बढ़ाते हुए पांच मिनट तक किया जा सकता है।

85. गर्भासन

गर्भासन

नामकरण

सर्वांग बद्ध पद्मासन के समान, लेकिन लेटी हुई स्थिति में होने के कारण तथा

गर्भ में मानव-शरीर की निर्माण स्थिति के समान आकृति बन जाने के कारण ही इस आसन को 'गर्भासन' नाम प्रदान किया गया है।

लाभ

1. ध्यान लगाने के लिए यह एक प्रमुख आसन है। इसके द्वारा मन की वृत्तियां, प्रवृत्तियां तथा श्वास-प्रश्वास पर नियन्त्रण करने में अद्‌भुत सहायता मिलती है।

2. यह लेटकर किया जाने वाला आसन है और इसमें सन्तुलन की भी विशेष आवश्यकता नहीं होती। इसीलिए शक्ति के अनुसार इसकी अवधि बढ़ाई जा सकती है।

3. मोटापा कम होता है तथा शरीर की चमड़ी चिकनी व सुन्दर बनती है।

4. शरीर लचीला व सशक्त बनता है।

5. अनावश्यक आलस्य व बुद्धिहीनता दूर होती है तथा कार्यक्षमता और स्मरणशक्ति बढ़ती है।

6. अस्थियों के जोड़ व बन्धन स्वस्थ, लचीले और सुदृढ़ बनते हैं।

विधि

समतल भूमि पर चौपरत कम्बल बिछाकर पद्मासन में बैठ जायें। कोहनियों और भुजाओं का सहारा लेते हुए पीछे की ओर पीठ के बल लेट जायें। पद्मासन लगाये हुए ही पांवों के घुटने मुड़कर अधिकाधिक छाती के पास आ जायें। दोनों हथेलियों को घुटनों के भीतर से डालते हुए बाहर की ओर इस प्रकार निकालें कि कोहनियां घुटनों के नीचे से निकल आयें। दोनों हाथों की अंगुलियों से अपने दोनों कानों का स्पर्श करें। यही इस आसन की पूर्ण स्थिति है। जिन साधकों के शरीर अत्यन्त लचीले हो गये हों, वे दोनों हथेलियों को गर्दन के पिछले भाग पर बांधकर तकिया-सा बना लें और सिर को उस पर टिका दें।

86. भ्रूणासन

नामकरण

गर्भासन और भ्रूणासन प्राय: मिलते-जुलते नाम हैं। प्रारम्भिक तीन-चार महीनों तक गर्भ में शरीर किसी पिण्ड के समान रहता है। उसमें हाथ-पांव अथवा सिर के चिह्न उभर आते हैं, परन्तु विकसित नहीं होते। इसीलिए उन्हें भ्रूण कहा जाता है। महर्षि पतञ्जलि ने शरीर-निर्माण की इस प्रक्रिया को आधार बनाकर ही 'भ्रूणासन' की रचना की थी।

लाभ

1. यह आसन लेटकर किया जाता है। अत: शारीरिक सन्तुलन बनाये रखने की चिन्ता नहीं की जाती।

2. इस आसन के अभ्यास से शरीर में अद्‌भुत लोच पैदा होता है तथा पांवों की शक्ति बढ़ती है और मन शान्त एवं गम्भीर हो जाता है।

3. गर्भासन से प्राप्त होने वाले सभी लाभ इस आसन से भी प्राप्त होते हैं।

4. इस आसन में अधिक देर तक टिके रहने की क्षमता का विकास हो जाने के कारण योगीजन 'कुण्डलिनी-शक्ति का जागरण' भी कर सकते हैं।

5. इस आसन के अभ्यास से सुषुम्ना स्वर चलने लगता है। अत: इस स्थिति में घण्टों तक ध्यान-साधना की जा सकती है।

6. इस आसन के अभ्यास से पूवर्जन्म के रहस्यों का भी अनावरण किया जा सकता हैं तथा पूवर्जन्म की स्मृतियां याद आ जाती हैं। अनेक सिद्ध योगियों का ऐसा मत है।

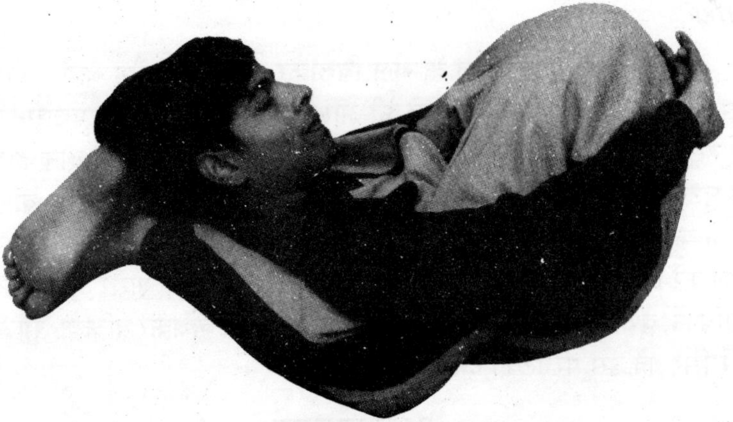

भ्रूणासन

विधि

समतल भूमि पर चौपरत कम्बल बिछाकर द्विपाद-ग्रीवासन की भांति कम लचीले पांव को सावधानी से उठायें और धीरे-धीरे उसकी एड़ी को गर्दन के पीछे से निकालते हुए दूसरे कन्धे पर इस प्रकार टिका दें कि पांव गर्दन को सहारा देते हुए पीछे टिके रहें। दूसरे पांव को उठाकर गर्दन के पीछे से लाकर पांव के पञ्जे से कैंची

की भांति फंसा लें। इसी स्थिति में कोहनियों और हथेलियों का सहारा लेते हुए कम्बल पर पीठ के बल लेट जायें। दोनों हाथों से पांवों व जांघों को ऊपर से पीछे दबाते हुए दोनों हथेलियों को नितम्बों के नीचे आपस में गूंथ लें और जितनी देर तक रुक सकें, रुकने का प्रयास करें। पूर्व स्थिति में वापस आने से पहले हाथों को खोलें, फिर हाथों के सहारे एक-एक पांव को खोलें और सीधे लेटकर शवासन में विश्राम करें।

87. पवन मुक्तासन

नामकरण

इस आसन के अभ्यास से पेट के सभी वायुविकार दूर होते हैं। इसीलिए इस आसन का नाम 'पवन मुक्तासन' रखा गया है।

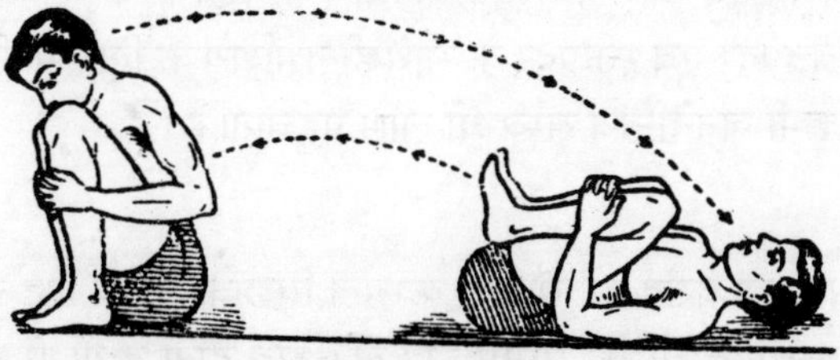

पवन मुक्तासन

लाभ

1. इस आसन के अभ्यास से पेट के सभी प्रकार के विकार दूर होते हैं।
2. हृदयरोग, गठिया व अम्लपित्त में विशेष लाभकारी है।
3. पेट की बढ़ी हुई चर्बी को घटाता है।
4. *स्लिपडिस्क, सायटिका* और कमरदर्द में अत्यन्त लाभकारी आसन है।
5. गर्भाशय सम्बन्धी सभी प्रकार के स्त्री रोगों के लिए लाभप्रद आसन है।

विधि

समतल भूमि पर चौपरत कम्बल बिछाकर सीधे लेट जायें। दाहिने पांव के घुटने को पेट पर रखें और दोनों हाथों की अंगुलियां एक-दूसरे में फंसाकर घुटनों पर टिकायें और श्वास को बाहर निकालते हुए घुटनों को दबाकर छाती से लगायें। सिर को उठाते हुए नासिका से घुटनों का स्पर्श करें। लगभग बीस सैकण्ड तक श्वास को इसी स्थिति में बाहर रोककर रखें, तत्पश्चात् पांव को सीधा कर लें।

दूसरे पांव से भी इसी प्रकार इसी क्रम को दोहरायें। यह एक चक्र पूरा होता है।

इसी प्रकार दो-तीन चक्र पूरे करें।

दोनों पांवों को एक साथ पकड़ते हुए तथा शरीर को दायें-बायें लुढ़काते हुए भी इस आसन का अभ्यास किया जाना चाहिए।

88. कन्धरासन

नामकरण

कन्धरा गर्दन को कहते हैं। इस आसन के अभ्यास से गर्दन के साथ-साथ नाभि को भी अद्‌भुत लाभ पहुंचता है। इसीलिए इस आसन का नामकरण 'कन्धरासन' किया गया है।

लाभ

यह आसन पेटदर्द और कमरदर्द के साथ ही स्त्रियों के बन्ध्यत्व, मासिक-धर्म- विकृति, श्वेतप्रदर एवं रक्तप्रदर के साथ ही गर्भाशय के लिए भी विशेष लाभप्रद है तथा पुरुषों को भी जननेन्द्रिय सम्बन्धी लाभ पहुंचाता है।

विधि

समतल भूमि या तख़्त पर चौपरत कम्बल बिछाकर सीधे लेट जायें और दोनों घुटनों को मोड़कर नितम्बों के समीप रख लें। अब दोनों हाथों से एड़ी के ऊपरी हिस्से को पकड़ लें और श्वास को भीतर खींचकर व रोककर कमर और नितम्बों को ऊपर उठायें। इस स्थिति में कन्धे, सिर और एड़ियां भूमि पर ही टिके रहेंगे। पन्द्रह-बीस सैकण्ड के बाद श्वास को बाहर निकालते हुए कमर को धीरे-धीरे भूमि पर टिका दें और इस क्रिया को चार-पांच बार दोहरायें।

89. पूर्ण मत्स्येन्द्रासन

नामकरण

अर्द्ध मत्स्येन्द्रासन की भांति ही पूर्ण मत्स्येन्द्रासन से भी शरीर के पिछले भाग की सभी नस-नाड़ियों में रक्त-सञ्चार पूर्ण रूप से होता है, जिसके कारण सभी प्रकार के उदर-विकार दूर होते हैं तथा आंतें शक्तिशाली बनती हैं। इसीलिए इस आसन का नाम 'पूर्ण मत्स्येन्द्रासन' रखा गया है।

लाभ

1. अर्द्ध मत्स्येन्द्रासन से होने वाले सभी लाभ पूर्ण मत्स्येन्द्रासन द्वारा भी प्राप्त होते हैं।

2. यह आसन कमरदर्द और मधुमेह के रोगियों के लिए विशेष लाभप्रद है।

विधि

अर्द्ध मत्स्येन्द्रासन की भांति दण्डासन में बैठकर व बायें पांव को मोड़कर दाहिनी जंघा के ऊपर नाभि के पास सटाकर रखें और दायें पांव को मोड़कर बायें पांव के घुटने के पास बाहर की ओर पञ्जे को टिकायें। अब बायें हाथ को दायें घुटने के पास बाहर की ओर रखते हुए दायें पांव का पञ्जा या घुटना पकड़ें तथा दायें हाथ को पीठ की ओर पीछे भूमि पर टिका दें। इस स्थिति में आधा मिनट से लेकर तीन मिनट तक रह सकते हैं, तत्पश्चात् वापस आकर कुछ देर विश्राम करें और इसी आसन का अभ्यास दूसरी ओर से करें।

90. सूर्य नमस्कार

प्राचीन ऋषि-मुनियों, योगियों ने एक ऐसे व्यायाम को खोज निकाला, जिसे सम्पूर्ण व्यायाम कहा जा सकता है। इस व्यायाम को सूर्य नमस्कार कहा जाता है। यह भी एक प्रकार से योगासन ही है; क्योंकि इस व्यायाम में अनेक प्रकार के आसन सम्मिलित हो जाते हैं। आधुनिक युग में प्रत्येक व्यक्ति इतना अधिक व्यस्त हो गया है कि जिसे देखो, वही समय के अभाव की शिकायत करता मिलता है। भले ही अन्य योगासनों के लिए समय का अभाव हो, लेकिन सूर्य नमस्कार के लिए प्रतिदिन प्रातःकाल दस-पन्द्रह मिनट का समय अवश्य निकालना चाहिए। इतने समय में ही सूर्य नमस्कार के दो चक्र पूरे किये जा सकते हैं, जो साधारण व्यक्ति के लिए पर्याप्त हैं।

सूर्य नमस्कार एक वैज्ञानिक आसन है, जिससे सम्पूर्ण शरीर का व्यायाम हो जाता है। इस व्यायाम के अभ्यास से रक्त-परिभ्रमण बढ़ता है और शरीर को आरोग्य, शक्ति, स्फूर्ति एवं ऊर्जा प्राप्त होती है, सभी अंग-प्रत्यंग क्रियाशील होते हैं तथा शरीर की आन्तरिक ग्रन्थियों से हार्मोन्स की प्रक्रिया नियमित होती है।

इस व्यायाम के नाम से ही यह सिद्ध हो जाता है कि इसे प्रातःकाल ही किया जाना चाहिए। प्रातःकाल सूर्य की किरणों में विशेष प्रकार की जीवनीशक्ति रहती है, जिसके प्रभाव से शरीर रोगमुक्त रहता है।

हम सब जानते हैं कि वनस्पतियों का उत्पादन सूर्य की गरमी के कारण ही होता है। सूर्य की गरमी ही उनमें जान डालती है, उनमें प्राण डालती है, उन्हें पकाती है और सूर्य किरणों के प्रकाश से ही रोगाणु नष्ट होते हैं। वेदों में सूर्य की उपासना के लिए अनेक मन्त्र उपलब्ध हैं। इसीलिए अनेक योगाचार्यों ने सूर्य नमस्कार के साथ सूर्योपासना के मन्त्र भी सम्मिलित कर दिये हैं। यदि श्रद्धालु साधक चाहें, तो

मन-ही-मन गायत्री मन्त्र का जाप भी कर सकते हैं, लेकिन सूर्य को नमस्कार करने के मन्त्र भी मौजूद हैं। इसीलिए इस व्यायाम का नाम 'सूर्य नमस्कार' रखा गया है।

वर्ष-भर में सूर्य के सम्मुख बारह राशियां, अर्थात् विभिन्न स्थितियां प्रस्तुत होती हैं। इसीलिए आगे दिये जा रहे बारह मन्त्रों से सूर्य की उपासना करने का विधान किया गया है।

बारह मन्त्र

1. ओ३म् मित्राय नमः। **2.** ओ३म् रवये नमः। **3.** ओ३म् सूर्याय नमः। **4.** ओ३म् भानवे नमः। **5.** ओ३म् खगाय नमः। **6.** ओ३म् पृश्ने नमः। **7.** ओ३म् हिरण्यगर्भाय नमः। **8.** ओ३म् मरीचये नमः। **9.** ओ३म् आदित्याय नमः। **10.** ओ३म् सावित्रे नमः। **11.** ओ३म् अर्काय नमः। **12.** ओ३म् भास्कराय नमः।

सूर्य नमस्कार से प्राप्त होने वाले लाभ

1. सूर्य नमस्कार एक सम्पूर्ण व्यायाम है, जिसके अभ्यास से शरीर के सभी अंग स्वस्थ और नीरोग रहते हैं।

2. रीढ़ की हड्डी, अर्थात् मेरुदण्ड लचीला बनता है, जिसके कारण शरीर में स्फूर्ति रहती है तथा वृद्धावस्था तक कमर नहीं झुकती।

3. क़ब्ज़ दूर होता है, पाचक अंग सशक्त होते हैं, भूख बढ़ती है तथा पेट और पीठ की मांसपेशियों में अधिक रक्त का सञ्चार होता है। इसी के साथ हृदय और फेफड़े भी स्वस्थ होते हैं।

4. महिलाओं के लिए यह आसन अत्यधिक उपयोगी है; क्योंकि इसके अभ्यास से उनका पूरा शरीर विशेषकर कमर और कूल्हे सुडौल होते हैं।

5. सूर्य नमस्कार के अभ्यास से सभी प्रकार के वायुविकार नष्ट हो जाते हैं तथा वृद्धावस्था में प्रायः होने वाला कम्पन रोग नहीं होता।

6. शरीर के सभी अंग-प्रत्यंगों पर भार पड़ने के कारण सम्पूर्ण शरीर स्वस्थ व सबल बनता है।

7. मुखमण्डल पर प्रातःकाल की ताज़गी दिखाई देती है।

8. मेरुदण्ड सशक्त रहने के कारण धीरे-धीरे व्यक्ति की ऊंचाई या लम्बाई भी बढ़ सकती है।

9. मधुमेह के रोगियों के लिए भी सूर्य नमस्कार विशेष रूप से उपयोगी है।

10. सूर्य नमस्कार के साथ प्राणायाम करने से गहरा श्वास लेने की क्षमता बढ़ती है। फलस्वरूप श्वास के साथ अनेक प्रकार के मल विसर्जित हो जाते हैं।

11. सूर्य नमस्कार का अभ्यास करने पर हृदयरोग अथवा श्वास सम्बन्धी किसी

भी रोग के होने की सम्भावना समाप्त हो जाती है।

12. फेफड़े सशक्त होते हैं। इसीलिए न्यूमोनिया आदि रोगों का भय समाप्त हो जाता है।

13. इस व्यायाम को करने से स्थूल या दुर्बल दोनों प्रकार के व्यक्तियों की देह सुगठित हो जाती है और दुर्बल देह वालों का शरीर बलिष्ठ हो जाता है।

14. महिलाओं द्वारा इस व्यायाम का अभ्यास करने से उनका मासिक-धर्म व्यवस्थित हो जाता है, लेकिन मासिक-धर्म के दिनों में महिलाओं को सूर्य नमस्कार नहीं करना चाहिए तथा गर्भवती महिलाएं भी इस व्यायाम को केवल दो-तीन महीने तक ही करें।

15. इस व्यायाम के करने से स्त्रियों के गर्भाशय,कमर और कूल्हे सशक्त होते हैं तथा जांघें सुडौल हो जाती हैं।

16. सूर्य नमस्कार का निरन्तर अभ्यास करने से भद्दा और बेडौल शरीर सुगठित हो जाता है तथा व्यक्ति जीवन के अन्तिम क्षणों तक पर्याप्त सुख भोग सकता है।

विधि

इस व्यायाम को बारह भागों में और बारह योगासनों में बांटा गया है, जिन्हें क्रमानुसार ही करना चाहिए, अन्यथा शरीर की लय में गड़बड़ी हो जाती है।

स्थिति क्रमांक-1

सूर्य की ओर मुख करके सीधे खड़े हो जायें और दोनों हाथों को जोड़कर नमस्कार की मुद्रा में छाती के पास रख लें। एड़ियां और पञ्जे मिले हुए रहें और बाज़ू शरीर से चिपके रहें। धीरे-धीरे श्वास को भीतर खींचें और पहले मन्त्र को दोहराते हुए धीरे-धीरे ही श्वास को बाहर निकालें। नमस्कार की मुद्रा में जुड़े हुए हाथों को सांस भरते हुए सीधे ऊपर की ओर ले जायें। शरीर को थोड़ा पीछे की ओर खींचें, कमर को पीछे की ओर झुकायें, लेकिन पांव धरती पर ही टिके रहें। थोड़ी देर तक सांस को भीतर रोककर इसी प्रकार खड़े रहें।

स्थिति क्रमांक-2

श्वास को धीरे-धीरे बाहर निकालते हुए हाथों को धीरे-धीरे सामने की ओर इतना झुकायें कि हाथों की अंगुलियां पांव के अंगूठों तक पहुंच जायें। ध्यान रहे, इस स्थिति में टांगें बिल्कुल सीधी रहनी चाहिए और कमर को भी यथासम्भव ही झुकायें। पूरी कमर न झुकने पर किसी प्रकार की ज़ोर-ज़बरदस्ती न करें। अब इसी स्थिति में श्वास को थोड़ी देर बाहर रोककर रखें।

स्थिति क्रमांक-3

श्वास को भीतर खींचते हुए बायें पांव को यथासम्भव पीछे की ओर ले जायें। जंघा से पांव की एड़ी तक पूरा शरीर सीधा और तना हुआ रहना चाहिए। दायें पांव का घुटना छाती से लग जायेगा और पूरा शरीर तना रहेगा। अब गर्दन को ऊपर आकाश की ओर उठा दें, लेकिन श्वास को भीतर रोककर रखें।

स्थिति क्रमांक-4

श्वास को धीरे-धीरे बाहर निकालते हुए दायें पांव को उठाकर पीछे ले जायें और बायें पांव के पास जमा दें। इस प्रकार दोनों पांव समानान्तर स्थिति में सटे हुए रहेंगे और पूरा शरीर तना हुआ रहेगा। श्वास को यथासम्भव जितनी देर बाहर रोक सकें, रोककर रखें।

स्थिति क्रमांक-5

सर्यू नमस्कार की यह अत्यन्त महत्त्वपूर्ण स्थिति है। इस स्थिति में सांस को तब तक अन्दर रोका जाता है, जब तक पूरे शरीर में कम्पन पैदा न हो जाये। लेकिन हम पुन: कहना चाहते हैं कि शरीर के साथ ज़ोर-ज़बरदस्ती नहीं करनी चाहिए। धीरे-धीरे गहरा श्वास लेते हुए पांव के पञ्जों से सिर तक पूरे शरीर को किसी सीधी रेखा के समान रखें और कोहनियों को भी झुकाकर शरीर के समानान्तर ले आयें। अब आपकी स्थिति कुछ ऐसी बन जायेगी, जैसी दण्ड निकालते समय बनती है। इस स्थिति में जब तक श्वास को भीतर रोक सकें, रोककर रखें। उसके बाद बाहर निकाल दें।

स्थिति क्रमांक-6

श्वास को भीतर खींचते हुए कमर, छाती, कन्धे और सिर को ऊपर उठायें। जांघों के नीचे का भाग धरती के पास होगा, लेकिन धरती पर टिकेगा नहीं। इस प्रकार आपके शरीर की आकृति उलटे धनुष की भांति हो जायेगी। अपने सिर को इतना पीछे ले जायें कि सिर का पिछला हिस्सा कन्धे को छूता हुआ प्रतीत हो। इसी स्थिति में श्वास को भीतर रोककर यथासम्भव कुम्भक क्रिया करें।

स्थिति क्रमांक-7

श्वास को बाहर निकालते हुए नितम्बों को ऊपर उठायें। आपकी स्थिति पर्वतासन के समान हो जायेगी। पांवों के तलवे धरती को स्पर्श करेंगे तथा जांघें व घुटने परस्पर सटे हुए और तने हुए रहेंगे। अब श्वास को बाहर ही रोककर पेट को पीठ से चिपकाने का प्रयास करें। इस प्रकार पेट की सारी वायु बाहर निकल जायेगी। यथासम्भव

श्वास को बाहर रोककर इसी स्थिति में रहने का प्रयत्न करें।

स्थिति क्रमांक-8

यहां से विपरीत क्रिया आरम्भ हो रही है। श्वास को धीरे-धीरे भीतर खींचते हुए दाहिने पांव को उठाकर आगे की ओर लायें और दाहिनी हथेली के पास, लेकिन थोड़ा भीतर की ओर टिका दें। अब बायां पांव उसी स्थिति में पीछे की ओर टिका रहेगा और छाती तनी हुई, चेहरा ऊपर की ओर उठा हुआ और दृष्टि आकाश की ओर रहेगी। यह स्थिति क्रमांक-3 के समान होगी। केवल पांव बदला हुआ होगा।

स्थिति क्रमांक-9

श्वास को बाहर निकालते हुए बायें पांव को वापस लाकर बायीं हथेली के पास पीछे की ओर जमा दें। इस स्थिति में आपकी आकृति क्रमांक-2 की भांति हो जायेगी। इस स्थिति में श्वास को बाहर निकालते हुए कुछ देर तक रोकें तथा पेट को भीतर पीठ की ओर खींचने का प्रयत्न करें।

स्थिति क्रमांक-10

पुन: श्वास भरते हुए दोनों हाथों को ऊपर उठा लें और खड़े हो जायें। पूरा शरीर सीधा व तना हुआ रहेगा तथा दोनों पांव के तलवे भूमि पर टिके रहेंगे। शरीर को इस प्रकार ऊपर की ओर तानें, मानो कोई शरीर को ऊपर की ओर खींच रहा हो। एक बार पूरा खिंचाव लाने के बाद शरीर को ढीला छोड़ दें और सांस भीतर खींचते हुए हाथों व शरीर के ऊपर के भाग को पीछे की ओर मोड़ें। श्वास को भीतर रोकते हुए कुछ देर इसी स्थिति में रहें।

स्थिति क्रमांक-11

श्वास को बाहर निकालते हुए सीधे खड़े हो जायें और दोनों हाथों को छाती के सामने नमस्कार की मुद्रा में ले आयें।

स्थिति क्रमांक-12

आप सूर्य नमस्कार की प्रारम्भिक स्थिति में सीधे खड़े होकर हाथों को नीचे जांघों से सटा लें। इस प्रकार सूर्य नमस्कार का एक चक्र पूर्ण हो जाता है।

विशेष

यदि आप सूर्य नमस्कार के साथ कुछ आध्यात्मिक लाभ भी प्राप्त करना चाहते हैं, तो प्रत्येक स्थिति में सूर्य के बारह मन्त्रों में से एक-एक मन्त्र का मन-ही-मन जप करते रहें। इस प्रकार निष्ठापूर्वक सूर्य नमस्कार करने वाले व्यक्ति की कान्ति भी

सूर्य के समान बढ़ती जाती है। सूर्य नमस्कार के साथ ही व्यायाम भी करना होता है, जिससे साधकों को विशेष लाभ प्राप्त होता है। सूर्य नमस्कार करने की जो स्थितियां बताई गयी हैं, वे एक बार के लिए हैं। दूसरी बार सूर्य नमस्कार करते समय पांव को पीछे ले जाते अथवा आगे लाते समय पांव की स्थिति बदल लें, अर्थात् दाहिने पांव के स्थान पर बायां पांव और बायें पांव के स्थान पर दाहिने पांव का प्रयोग करें। प्रत्येक बार सूर्य नमस्कार करते समय यह क्रम बदलते रहना चाहिए।

सावधानी

हम आपको पुनः स्मरण कराना चाहते हैं कि एक दिन में किसी भी योगासन अथवा व्यायाम में पूर्णता प्राप्त नहीं होती, लेकिन आप न घबरायें और न अपने शरीर के साथ ज़ोर-ज़बरदस्ती ही करें। कुछ कमी रह जाने पर भी आपको लाभ अवश्य प्राप्त होगा और अभ्यास पूरा हो जाने के पश्चात् पूरा लाभ भी प्राप्त होने लगेगा। ज़ोर-ज़बरदस्ती करने पर आपका मन और शरीर अस्थिर हो जायेंगे और तब आप अपने अभ्यास की नियमितता को बनाये नहीं रख सकेंगे।

91. गुप्तासन

नामकरण

गुप्तासन सिद्धासन के समान ही एक आसन है। दोनों में बहुत मामूली अन्तर है।

लाभ

1. वीर्य-रक्षा के लिए यह आसन बहुत सहायक है।

2. ईश्वर-भक्ति तथा चिन्तन-मनन के लिए भी यह आसन बहुत उपयोगी है।

विधि

इस आसन का अभ्यास करने के लिए दाहिने पांव को मोड़कर उसकी एड़ी को गुप्तांग और गुदा के मध्य टिका दें। अब बायें पांव को दाहिने पांव के ऊपर रखते हुए घुटनों के भीतर दबा दें और दोनों हाथों की हथेलियों को खोलकर दोनों घुटनों पर ज्ञान-मुद्रा में टिका दें। मुद्राओं के सम्बन्ध में पूर्ण जानकारी मुद्राओं से सम्बन्धित अध्याय में पढ़ें। तर्जनी अंगुली को अंगूठे से दबाकर रखें, लेकिन विशेष ज़ोर न डालें।

92. जानुगमनासन

नामकरण

इस आसन में घुटनों के बल चलने का अभ्यास किया जाता है। इसीलिए इसका नामकरण 'जानुगमनासन' किया गया है। इस आसन का अभ्यास करते समय व्यक्ति कुछ बौना-सा लगता है। इसलिए इसे 'वामन आसन' भी कहा जाता है।

लाभ

1. इस आसन का अभ्यास करने से घुटने का दर्द व गठिया आदि रोग दूर हो जाते हैं।

2. वात-व्याधियों से दूर रहकर शरीर पूर्णतः सन्तुलित हो जाता है।

जानुगमनासन

विधि

देखने में यह आसन अत्यन्त सरल प्रतीत होता है, परन्तु इस आसन में शरीर को पूर्णतः सन्तुलित रखना पड़ता है। इस आसन का अभ्यास करते समय प्रारम्भ में कठिनाई आ सकती है और शरीर के सन्तुलित न रहने पर साधक गिर भी सकता है। इसलिए आरम्भ में इस आसन का अभ्यास किसी क़ालीन अथवा पतले गद्दे पर ही किया जाना चाहिए। दोनों घुटने पृथ्वी पर टिकाकर वज्रासन की स्थिति में एड़ियों पर बैठ जायें। तत्पश्चात् किसी व्यक्ति अथवा वस्तु का सहारा लेते हुए घुटनों के बल

खड़े होने का प्रयास करें। घुटनों के बल खड़े होने के बाद एड़ियों को नितम्बों से लगा लें और दोनों पांवों को हाथों से पकड़कर घुटनों के बल आगे चलने का प्रयास करें। आरम्भ में केवल पांच-सात डग ही भर सकेंगे, लेकिन घबरायें नहीं और न शरीर के साथ ज़ोर-ज़बरदस्ती ही करें। धीरे-धीरे अभ्यास बढ़ायेंगे, तो आप अधिक भी चल सकेंगे।

93. कन्दपीड़नासन

लाभ

1. इस आसन का अभ्यास करने से जांघों, घुटनों और पिंडलियों को शक्ति प्राप्त होती है तथा इन स्थानों पर होने वाले दर्द व अन्य विकार दूर हो जाते हैं।

2. इसके साथ ही योनि आसन से प्राप्त होने वाले लाभ इस आसन का अभ्यास करने से भी प्राप्त हो जाते हैं।

विधि

यदि आप योनि आसन का अभ्यास कर चुके हैं, तो यह आसन करना आपके लिए अत्यन्त सरल होगा। इस आसन का अभ्यास करने के लिए समतल भूमि पर चौपरत कम्बल बिछाकर व उस पर बैठकर तलवों व एड़ियों को मिलाकर पांव के पञ्जों को हाथों की सहायता से छाती के सामने लायें और पांव के पृष्ठ भाग को मिलाने का प्रयास करें। ध्यान रहे, इसमें तलवे नहीं मिलेंगे, अपितु तलवों की अपेक्षा पांव का ऊपर वाला भाग एक-दूसरे से मिल जायेगा। घुटने धरती पर टिके रहेंगे और दोनों हाथ प्रणाम की मुद्रा में पञ्जों के ऊपर रख दिये जायेंगे। कुछ योगाचार्य हाथों के पिछले भाग को भी पांवों की भांति उलटा करके मिलाना पसन्द करते हैं। इस विधि से हाथों को भी लाभ प्राप्त होता है और उनमें रक्त-सञ्चार अधिक मात्रा में होने लगता है। करतल, अर्थात् हथेली के पिछले भाग को जोड़ने के कारण इस आसन का नाम 'कन्द-हस्त-पीड़नासन" भी रखा जाता है। इस आसन में पूर्णता प्राप्त करने के लिए आप अपने हाथों से भी सहायता ले सकते हैं।

94. उत्थित शीर्षासन

लाभ

1. इस आसन का अभ्यास करने से पूरे शरीर का व्यायाम हो जाता है।

2. स्त्रियों के मोटे व भद्दे नितम्ब कस जाते हैं, उनके वक्षस्थल में उभार आता है और वक्षस्थल सुन्दर व सुडौल बनता है।

3. इस आसन के अभ्यास से महिलाओं का बन्ध्यत्व दूर होता है।

4. चेहरे की ओर रक्त-सञ्चार होने के कारण मुख की कान्ति बढ़ती है।

5. पुरुषों के वीर्य-दोष दूर होते हैं।

6. शरीर में रक्त-सञ्चार की क्रिया व्यवस्थित होती है, जिसके कारण पूरा शरीर स्वस्थ और कान्तिवान् बनता है।

7. शीर्षासन से होने वाले सब लाभ उत्थित शीर्षासन से भी मिल जाते हैं।

8. शरीर में स्फूर्ति आती है तथा मन की एकाग्रता बढ़ जाती है।

विधि

यदि वृश्चिकासन का भली-भांति अभ्यास हो जाने के पश्चात् टांगों को सीधा ऊपर उठा दिया जाये, तो इस स्थिति को उत्थित शीर्षासन कहा जाता है। यदि इस आसन को शीर्षासन का ही एक अन्य रूप कहा जाये, तो भी अनुचित न होगा। वृश्चिकासन के पश्चात् उत्थित शीर्षासन करना बहुत आसान हो जाता है अथवा उत्थित शीर्षासन करने के पश्चात् वृश्चिकासन करने में कोई कठिनाई नहीं होती।

सावधानी

इस आसन को आरम्भ में किसी दूसरे व्यक्ति की सहायता से ही किया जाना चाहिए तथा इसे प्रात:काल ख़ाली पेट ही करना चाहिए। इस आसन को एक बार से अधिक नहीं करना चाहिए। इस आसन के बाद शवासन करना बहुत आवश्यक है।

95. अर्द्ध उत्थित आसन

नामकरण

इस आसन को करते हुए साधक की आकृति इस प्रकार बन जाती है, मानो वह खड़ा होने का प्रयत्न तो कर रहा हो, लेकिन पूरी तरह खड़ा न हो पा रहा हो। इसीलिए इस आसन का नामकरण 'अर्द्ध उत्थित आसन' किया गया है।

लाभ

1. इस आसन का अभ्यास करने से क़ब्ज़ दूर होने में बहुत सहायता मिलती है।

2. इस आसन को करने से पहले एक-दो गिलास कुनकुना जल पी लें, लेकिन प्राणायाम न करें। श्वास को सामान्य रूप से चलने दें। मल-शुद्धि होकर क़ब्ज़ दूर हो जायेगा।

3. पांवों, पिंडलियों, टांगों, जांघों, पेट व कमर पर ज़ोर पड़ने के कारण इन

अंगों को लाभ प्राप्त होता है।

4. पांवों पर अधिक ज़ोर पड़ने के कारण उनमें सूजन आदि नहीं आती तथा पांव सशक्त बनते हैं।

अर्द्ध उत्थित आसन

विधि

ताड़ासन की स्थिति में खड़े होने के पश्चात् एड़ियों को धीरे-धीरे ऊपर उठाते हुए मिला लें और पूरे शरीर का भार पञ्जों पर टिका दें। अब टांगों को धीरे-धीरे इतना झुकायें कि किसी आधे खड़े हुए व्यक्ति के समान आकृति बन जाये। इसी प्रकार हाथों को भी कोहनियों से मोड़ते हुए थोड़ा झुका लें और सिर के ऊपर ले जाकर प्रणाम की मुद्रा में जोड़ दें। यह क्रिया करते समय इस बात का ध्यान रखें कि धड़, अर्थात् शरीर का मध्य भाग बिल्कुल सीधा रहना चाहिए।

यदि आप इस आसन के साथ प्राणायाम भी करना चाहें, तो श्वास को भीतर खींचने के पश्चात् कुछ देर के लिए रोककर रखें।

सावधानी

गर्भवती महिलाओं को यह आसन नहीं करना चाहिए।

96. सर्वांग उत्थित आसन

नामकरण

यह आसन खड़े होकर किये जाने वाले अर्द्ध उत्थित आसन से सर्वथा भिन्न है। इसीलिए इसे अलग स्थान पर दिया जा रहा है। इसे 'नाभिदर्शन आसन' भी कहते हैं। इस आसन का अभ्यास करते समय शरीर की आकृति पूरे शरीर के हथेलियों पर टिककर एक सीध में खड़े होने के समान बन जाती है। इसीलिए इसे 'सर्वांग उत्थित आसन' नाम प्रदान किया गया है।

लाभ

1. यदि इस आसन के साथ प्राणायाम भी किया जाये, तो मधुमेह-जैसे रोग में लाभ प्राप्त होता है।

2. मधुमेह के रोगियों को चाहिए कि वे कुछ दिनों तक निरन्तर इस आसन का अभ्यास करें। जिन्हें मधुमेह रोग नहीं है, यदि वे भी इस आसन का अभ्यास करेंगे, तो उन्हें इस रोग का भय नहीं रहेगा।

3. इस आसन के अभ्यास से सभी प्रकार के मूत्ररोगों से बचाव होता है।

4. दोनों हाथों की नस-नाड़ियां व वक्षस्थल सबल बनता है।

विधि

समतल भूमि पर चौपरत कम्बल बिछाकर दोनों टांगें आगे की ओर फैलाकर बैठ जायें। जांघें, पिंडलियां और पांव के पञ्जे सीधे और आपस में मिले हुए रहने चाहिए। अब दोनों हथेलियों को पीछे की ओर फ़र्श पर टिका दें और श्वास को भीतर भरकर पूरे शरीर को बीच से ऊपर की ओर उठा दें। इस प्रकार पूरे शरीर का भार हाथ की हथेलियों पर तथा एड़ियों पर टिका रहेगा। इस स्थिति में गहरा श्वास अन्दर भरें तथा कुम्भक और रेचक क्रियाएं करें, अर्थात् श्वास को भीतर खींचें, कुछ देर रोककर रखें, फिर बाहर निकाल दें। यदि इस प्रकार प्राणायाम न करना चाहें, तो न करें, लेकिन भीतर गहरा श्वास भरें और उसे सामान्य रूप से बाहर निकाल दें। गर्दन को कण्ठकूप की ओर लाते हुए दृष्टि को नाभि पर टिकाने का प्रयास करें।

सावधानी

सोलह वर्ष से कम आयु के लड़के-लड़कियां इस आसन को न करें।

***

महिलाएं और योगासन

महर्षि पतञ्जलि ने योगासनों का विधान करते समय ऐसी कोई व्यवस्था नहीं की कि महिलाएं योगासन नहीं कर सकतीं अथवा योगासनों का महिलाओं से कोई सम्बन्ध नहीं है। योग- साधना स्त्री-पुरुष समान रूप से कर सकते हैं। महिलाएं परिवार-रूपी मशीन का एक ऐसा पुर्ज़ा हैं, जिसके महत्त्व को कम करके आंकना महामूर्खता है। इसीलिए योगासन भी महिलाओं के लिए उतने ही आवश्यक हैं, जितने पुरुषों के लिए और कुछ अर्थों में तो महिलाओं के लिए योग-साधना की आवश्यकता पुरुषों से भी अधिक होती है। इसीलिए योगासनों की उपयोगिता को समझने वाले व्यक्तियों को चाहिए कि वे महिलाओं को भी इस साधना की ओर प्रेरित करें।

हम पहले ही बता चुके हैं कि योगासन योग नहीं है। यह तो योग-प्राप्ति का एक साधन है। जीवन में सफलता पाने के लिए शरीर और मन दोनों का समन्वय होना आवश्यक है। अत: योगासनों के द्वारा शरीर को रोगमुक्त व स्फूर्त बनाना आवश्यक है। इसीलिए महिलाओं के लिए योग-साधनों की उपयोगिता को नकारा नहीं जा सकता।

कुछ समय पहले प्रत्येक घर में चक्की हुआ करती थी, जिसके प्रयोग से महिलाओं के अंगों का भली-भांति व्यायाम हो जाता था। आज स्थिति बदल चुकी है। अत: योगासनों की ओर ध्यान दिया जाना पहले से भी अधिक आवश्यक हो गया है। अन्य व्यायाम करने से शरीर में थकान हो जाती है, परन्तु व्यायाम से जो स्फूर्ति मिलनी चाहिए, वह नहीं मिलती और न शरीर की मल-शुद्धि ही हो पाती है।

हम व्यायाम करते हैं, ताकि हमारा शरीर स्वस्थ रह सके और हम बिना थके अधिकाधिक कार्य कर सकें, जीवन के अन्त तक सशक्त बने रहें। लेकिन आपने प्राय: देखा होगा कि पचास-पचपन वर्ष की आयु तक पहुंचते-पहुंचते महिलाओं के शरीर इतने बेडौल और बेढंगे हो जाते हैं कि उन पर दया आती है। योगासनों के द्वारा

शरीर की मांसपेशियों पर ऐसा कोई प्रभाव नहीं पड़ता, जिसके कारण शरीर में अकड़न पैदा हो, अपितु योगासनों के द्वारा शरीर की मांसपेशियों, नस-नाड़ियों और धमनियों पर अच्छा प्रभाव पड़ता है, जिससे उनमें लचक पैदा होती है और वे अन्तिम क्षणों तक सक्षम बनी रहती हैं। योगासनों के द्वारा शरीर में रक्त-सञ्चार सरलता से और उचित ढंग से हो जाता है, जिसके कारण उनकी जीवनीशक्ति बढ़ जाती है।

योगासनों का अभ्यास करने से महिलाओं के श्वास लेने की क्षमता बढ़ जाती है और वे अधिकाधिक ऑक्सीजन भीतर खींच सकती हैं। अशुद्ध रक्त शुद्ध होकर पूरे शरीर को स्वस्थ और तरोताज़ा बनाये रखता है तथा शरीर के विभिन्न मलों का निष्कासन सरलतापूर्वक होता रहता है। कोष्ठबद्धता दूर होती है तथा महिलाओं की अनेक समस्याओं का समाधान हो जाता है। अत: महिलाओं को योगासन का उपयोग इसी रूप में करना चाहिए। खान-पान में उचित हेर-फेर और कुछ आसनों के अभ्यास से महिलाएं अपने शरीर में स्फूर्ति का अनुभव करेंगी, लेकिन इसके लिए कुछ आवश्यक बातों की जानकारी भी होनी चाहिए, जो इस प्रकार हैं—

1. प्रात:काल उठते ही दो-तीन गिलास पानी अवश्य पियें। यदि ठण्डा पानी न पी सकें, तो थोड़ा कुनकुना कर लें। पानी पीने के पश्चात् थोड़ा टहलें।

2. प्रात:काल जल्दी भोजन करने की आदत न अपनायें। हां, नाश्ते में दूध, दलिया अथवा फलों का प्रयोग किया जा सकता है।

3. चाहें, तो नीबू व शहद का प्रयोग भी कर सकती हैं।

4. सप्ताह में एक दिन उपवास रखें और उस दिन केवल फलों का प्रयोग करें।

5. घी या तेल आदि में तले हुए पदार्थ कम-से-कम प्रयोग में लायें।

6. भोजन में शाक-सब्ज़ी व चोकरयुक्त आटे को ही प्रयोग में लायें।

7. दालें भी छिलके वाली हों, तो अच्छा रहता है।

8. भोजन निश्चित समय पर करें और यदि निश्चित समय पर भी ज़ोर की भूख न लगे, तो भोजन न करें।

9. भोजन में अन्न का प्रयोग कम-से-कम करें तथा दूध, दलिया, शाक-सब्ज़ी, फल, फलों का रस, खिचड़ी व दालों आदि का सेवन अधिक करें।

10. यदि आप योगासन या प्राणायाम आदि का अभ्यास करती हों, तो समयानुकूल दूध, घी, मक्खन आदि का सेवन भी करते रहना चाहिए।

उपर्युक्त बातों का ध्यान रखकर योगासन करते रहने से आपके शरीर में नवीन स्फूर्ति का सञ्चार होगा और तब आपको अपने चेहरे के लिए किसी क्रीम, पाउडर आदि का उपयोग करने की आवश्यकता नहीं रह जायेगी। योगासन करते समय

महिलाओं को एक बात का ध्यान अवश्य रखना चाहिए कि वे योगासनों के साथ शवासन का अभ्यास करना न भूलें। शवासन की विधि इसी पुस्तक में बताई जा चुकी है, जो स्त्री-पुरुषों के लिए एक-समान ही है। यदि शवासन के साथ ही महिलाएं प्रेतासन व मृतासन का भी अच्छा अभ्यास कर लें, तो उन्हें मानसिक व शारीरिक रूप से जो अन्तर प्रतीत होगा, उसका वर्णन करना असम्भव है।

***

बन्ध

बन्ध का अर्थ है किसी वस्तु को बांधना अथवा रोककर रखना। प्राणायाम अथवा मुद्राओं की विधियों का विवरण देते समय अनेक बार विभिन्न बन्धों की चर्चा होती है। ये बन्ध क्या हैं और इनके प्रयोग की क्या विधि है, पाठकों की सुविधा के लिए आगे प्रस्तुत है। योगासनों अथवा प्राणायाम का अभ्यास करते समय हमारे शरीर से कुछ शक्ति बाहर निकलती है, बन्धों के द्वारा हम उस शक्ति को रोककर अन्तर्मुखी बना सकते हैं। प्राणायाम करने में बन्ध अत्यन्त सहायक होते हैं। बिना बन्ध के प्राणायाम अधूरे रह जाते हैं।

1. जालन्धर बन्ध

जालन्धर बन्ध में कण्ठ पर दबाव डाला जाता है और श्वासनली को सिकोड़ा जाता है।

लाभ

1. जालन्धर बन्ध के अभ्यास से कण्ठ मधुर और सुरीला होता है।

2. गले में होने वाले थायराइड व टांसिल आदि रोग दूर रहते हैं।

3. विशुद्धि चक्र जागृत होता है।

4. इड़ा व पिंगला नाड़ियों के बन्द होने से प्राण सुषुम्ना नाड़ी में प्रविष्ट हो जाते हैं।

विधि

किसी भी आसन में सुखपूर्वक बैठकर घुटनों को दोनों हाथों से दबा लें और नाक से श्वास को भीतर खींचकर अन्तःकुम्भक करें। अब ठोड़ी को थोड़ा नीचे झुकाते हुए कण्ठकूप में लगाने का प्रयास करें, ताकि भीतर की वायु बाहर न निकल सके। इस स्थिति में जब तक कुम्भक कर सकें, करते रहें। ऐसे में दृष्टि भ्रू-मध्य

पर स्थिर करने का प्रयास करें तथा छाती को आगे की ओर तानकर रखें। इस बन्ध के द्वारा कण्ठ का नाड़ी समूह एक प्रकार से बंध जाता है। अब अपना पूरा ध्यान विशुद्धि चक्र पर केन्द्रित करते हुए उसे जगाने के लिए प्राणशक्ति को आज्ञा चक्र की ओर यात्रा करने का आदेश दें। यह जालन्धर बन्ध की पूर्ण स्थिति है। श्वास को बाहर निकालने से पहले जालन्धर बन्ध को खोल दें तथा पूर्ण अभ्यस्त बनने के लिए इस क्रिया को प्रतिदिन पांच बार अवश्य दोहरायें।

2. उड्डियान बन्ध

उड्डियान बन्ध में पेट की आंतों को भीतर खींचा जाता है, अर्थात् जिस क्रिया के द्वारा प्राण सुषुम्ना में प्रविष्ट हो जायें, उसे 'उड्डियान बन्ध' कहते हैं।

लाभ

1. उड्डियान बन्ध का भली प्रकार अभ्यास करने से पेट से गैस और मल भली प्रकार से दूर हो जाते हैं, आंतें स्वच्छ हो जाती हैं तथा व्यायाम का लाभ मिलने के कारण अन्य अंग भी स्वस्थ व सक्षम हो जाते हैं।

2. इस बन्ध का अभ्यास करने से प्राण जागृत हो जाते हैं और मणिपूर चक्र का शोधन हो जाता है।

3. इस बन्ध को लगाने से पहले मल-मूत्र का त्याग कर लेना आवश्यक होता है; क्योंकि पेट अथवा आंतों में भोजन अथवा मल रह जाने से कोई अप्रिय स्थिति भी उत्पन्न हो सकती है।

4. उड्डियान बन्ध को केवल बाह्यकुम्भक की स्थिति में ही लगाया जा सकता है। अत: भीतर के श्वास को पूरे ज़ोर से बाहर निकाल देना चाहिए।

विधि

किसी भी सुविधाजनक आसन में बैठकर भीतर के श्वास को ज़बरदस्ती बाहर निकालकर बाह्यकुम्भक करें तथा आंतों और नाभि को भीतर की ओर इतना खींचें कि पेट पीठ से चिपक जाये। इस स्थिति में अधिकाधिक रुकने का अभ्यास करें और अपने पूरे ध्यान को नाभि पर केन्द्रित करते हुए प्राणशक्ति को ऊपर के चक्रों की ओर उठाने का मन-ही-मन आदेश दें।

इस बन्ध का अभ्यास खड़े होकर भी किया जा सकता है। दोनों हाथों को घुटनों पर रखकर श्वास को बाहर निकाल दें और पेट को ढीला छोड़ दें। अब छाती को थोड़ा ऊपर की ओर उठायें और पेट को भीतर खींचकर कमर से सटाने का प्रयास करें। कुछ देर रुकने के बाद श्वास लेकर इसी क्रिया को दो-तीन बार दोहरायें।

प्रारम्भ में इस बन्ध को तीन बार लगाना ही पर्याप्त रहता है, लेकिन धीरे-धीरे अभ्यास बढ़ाया जा सकता है।

यदि उड्डियान बन्ध लगाने से पहले अग्निसार क्रिया का भली प्रकार अभ्यास कर लिया जाये, तो लाभ अधिक बढ़ जाता है।

3. मूल बन्ध

मूल का अर्थ होता है जड़, अर्थात् शरीर का वह अंग, जिसके द्वारा पूरे शरीर को पोषण प्राप्त होता है। जिस प्रकार वनस्पति-जगत् में मूल अथवा जड़ के कारण वनस्पति की उत्पत्तिं होती है, उसी प्रकार अन्य जीवों की उत्पत्ति भी प्रजनन-अंगों से विशेष क्रिया द्वारा सम्भव होती है। मानव की उत्पत्ति भी इससे भिन्न नहीं। इसीलिए इन अंगों को मूल माना गया है। योग-दर्शन में मूल बन्ध का अर्थ है गुदा और मूत्र-योनि का संकोचन। प्राय: हमारा जीवन-चक्र अन्य जीवों के प्रजनन और पोषण से सम्बन्धित कार्यों में ही व्यतीत हो जाता है और मानव इन कार्यों में इतना लिप्त रहता है कि उसे अन्य किसी कार्य का स्मरण ही नहीं आता और न वह इनके लिए समय निकालना चाहता है। यदि मनुष्य चाहे, तो अपनी इस प्राणशक्ति का उपयोग आत्म-साक्षात्कार के लिए भी कर सकता है। इस प्रकार प्रजनन-केन्द्रों के पास सोई पड़ी प्राणशक्ति को जगाकर उसे अन्य सार्थक कार्यों में संलग्न करने के लिए सर्वप्रथम मूलाधार पर ही योगियों का ध्यान पहुंचा, अर्थात् पहले यह बन्ध, बाद में कोई और काम।

लाभ

1. मूल बन्ध का अभ्यास हो जाने पर अपान वायु ऊपर की ओर उठकर प्राणों के साथ तादात्म्य स्थापित कर लेती है, जिससे कुण्डलिनी जागरण में अत्यधिक सहायता प्राप्त होती है।

2. ब्रह्मचारियों के लिए यह बन्ध अत्यन्त महत्त्वपूर्ण है; क्योंकि इसके द्वारा वीर्य ऊर्ध्वरितस् बनता है।

3. क़ब्ज़ को दूर करने, जठराग्नि को प्रबल बनाने तथा बवासीर को दूर करने के लिए यह बन्ध बहुत लाभकारी है।

विधि

समतल भूमि पर चौपरत कम्बल बिछाकर जिस आसन में भी सुविधापूर्वक बैठ सकें, बैठ जायें और दोनों हाथों को घुटनों पर रख लें। अब घुटनों को इस प्रकार दबायें कि जांघें पूरी तरह पृथ्वी के सम्पर्क में रह सकें। श्वास को भीतर खींचकर

रोकें और गुदा व मूत्रेन्द्रिय को ऊपर की ओर खींचें। बस, मूल बन्ध लग जायेगा। इस बन्ध को लगाने से नाभि के नीचे वाला हिस्सा ऊपर की ओर खिंच जाता है। जब तक कुम्भक क्रिया को साध सकें, मूल बन्ध लगाये रहें। जब छोड़ना चाहें, तब पहले मूल बन्ध को छोड़ें, फिर तीन–चार बार गहरा श्वास लेने और छोड़ने के पश्चात् इसी क्रिया को पुनः दोहरायें। मूल बन्ध लग जाने के बाद अपना सारा ध्यान मूलाधार पर एकाग्र कर लें और मन–ही–मन अपने प्राणों की शक्ति को ऊपर के चक्रों की ओर पहुंचने का आदेश दें। भली प्रकार अभ्यास हो जाने पर मूल बन्ध को कई घण्टों तक लगाया जा सकता है।

4. महा बन्ध

किसी भी आसन में ध्यानपूर्वक बैठकर उपर्युक्त तीनों बन्ध एक साथ लगा लेने की क्रिया को करते समय क्रम का ध्यान रखना बहुत आवश्यक है। इसके साथ ही ध्यान भी क्रमशः मूलाधार चक्र, मणिपूर चक्र और विशुद्धि चक्र पर केन्द्रित किया जाता है और इन चक्रों को जागृत करने का प्रयास भी किया जाता है। इसीलिए ये बन्ध क्रमानुसार ही लगाये और खोले जाते हैं। महा बन्ध लगाने से पहले फेफड़ों के भीतर की श्वास को पूरी तरह बाहर निकाल दें और बाह्यकुम्भक लगायें। अब सबसे पहले जालन्धर बन्ध, फिर उड्डियान बन्ध और अन्त में मूल बन्ध लगायें। महा बन्ध को खोलते समय सबसे पहले मूल बन्ध, फिर उड्डियान बन्ध और अन्त में जालन्धर बन्ध को खोलने के बाद ही श्वास को भीतर खींचें।

सावधानी

बाह्यकुम्भक को करने के पश्चात् अन्तःकुम्भक अवश्य किया जाना चाहिए; क्योंकि आंतों और श्वास नली के सिकुड़ने से भीतर की श्लेष्मा उनके साथ चिपकी हुई रह सकती है, लेकिन भीतर भरपूर श्वास पहुंचने पर आंतें व श्वासनली फूलकर अपने प्राकृतिक आकार में आ जायेंगी और तब आपको किसी प्रकार की शंका की सम्भावना नहीं रहेगी।

***

प्राणायाम करने के सामान्य नियम

1. प्राणायाम केवल बैठकर ही किया जाना चाहिए।

2. प्राणायाम शुद्ध और निर्मल स्थान पर बैठकर किया जाना चाहिए।

3. यदि किसी ऐसे स्थान पर प्राणायाम करना चाहें, जहां प्रदूषण का अधिक प्रभाव हो, तो उस स्थान को घी व गुग्गुल आदि जलाकर सुगन्धित बना लें अथवा वहां शुद्ध घी का एक दीपक जला लें।

4. किसी उपयुक्त और सुखप्रद आसन में बैठकर ही प्राणायाम करें तथा कम्बल या कुशा से बने आसन पर बैठकर ही करें। सीधे नंगी ज़मीन पर बैठकर प्राणायाम करने से शरीर में पैदा होने वाली विद्युत् नष्ट हो जाती है।

5. प्राणायाम करते समय श्वास सदा नाक से ही लेनी चाहिए। इस प्रकार श्वास लेने से विजातीय तत्त्व भीतर नहीं पहुंच पाते।

6. प्रात:काल शौच आदि से निवृत्त होकर अथवा भोजन करने के चार-पांच घण्टे बाद ही प्राणायाम किया जाना चाहिए।

7. आरम्भ में प्राणायाम का अभ्यास केवल पांच-सात मिनट के लिए ही करना चाहिए, लेकिन इस समयावधि को बढ़ाते हुए एक घण्टा तक भी ले जा सकते हैं। इसके अतिरिक्त प्राणायाम सदा नियमित संख्या में करना चाहिए। जोश में आकर कभी अधिक अथवा कभी कम संख्या में प्राणायाम करने से लाभ के स्थान पर हानि भी हो सकती है।

8. यदि प्रात:काल पेट भली प्रकार से साफ़ न होता हो अथवा क़ब्ज़ रहता हो, तो रात्रि को सोने से पहले आधा गिलास गरम पानी के साथ त्रिफलाचूर्ण का सेवन करें।

9. प्राणायाम का अभ्यास करने से मन प्रसन्न और एकाग्र हो जाता है, लेकिन फिर भी, प्राणायाम करते समय आपको शान्त और प्रसन्न ही रहना चाहिए।

10. यदि प्राणायाम करते समय थकान अनुभव हो, तो कुछ देर लम्बे-लम्बे

श्वास लेकर विश्राम करना चाहिए। उसके बाद ही अन्य प्राणायाम करना चाहिए।

11. कुछ प्राणायामों का अभ्यास करने से शरीर में गरमी बढ़ जाती है, कुछ से शरीर को ठण्डक पहुंचती है, तो कुछ सामान्य होते हैं। इसलिए अपनी प्रकृति और मौसम के अनुसार ही प्राणायाम करना चाहिए।

12. प्राणायाम करते समय श्वास को बलपूर्वक न भीतर रोकें, न बाहर निकालें।

13. प्राणायाम करने का अर्थ केवल श्वास को भीतर लेना, रोकना अथवा बाहर निकालना और बाहर निकालकर रोके रहना ही नहीं है, अपितु प्राणों की गति को नियन्त्रित और सन्तुलित रखने के साथ ही मन को भी स्थिर और एकाग्र रखने का प्रयास करना चाहिए।

14. प्राणायाम करते समय आंख, नाक व मुख आदि को सहज अवस्था में ही रखना चाहिए। इन अंगों पर किसी प्रकार का तनाव नहीं आना चाहिए। इसके लिए गर्दन, मेरुदण्ड अर्थात् रीढ़ की हड्डी तथा वक्षस्थल आदि को सीधा रखकर अभ्यास करें, तो बहुत लाभ पहुंचेगा।

15. प्राणायाम का दीर्घ अभ्यास करने के लिए ब्रह्मचर्य का पालन करना आवश्यक है। इसके साथ ही भोजन सात्त्विक हो तथा उसमें दूध, घी व फलों का प्रयोग अधिक करना चाहिए।

16. भूख से पीड़ित, ज्वर से पीड़ित अथवा गर्भवती महिला को प्राणायाम नहीं करना चाहिए।

17. रोगी व्यक्ति को प्राणायाम करते समय बहुत सावधानी की आवश्यकता होती है।

18. प्राणायाम का अभ्यास स्नान आदि से निवृत्त होकर ही किया जाना चाहिए, लेकिन यदि प्राणायाम करने के बाद स्नान करना चाहें, तो आधा घण्टा प्रतीक्षा करने के बाद ही स्नान करें।

19. प्राणायाम का अभ्यास धैर्यपूर्वक 'सावधानी के साथ' बिना किसी जल्दबाज़ी के ही किया जाना चाहिए तथा अभ्यास को धीरे-धीरे ही बढ़ाना चाहिए, अन्यथा लाभ के स्थान पर हानि हो सकती है।

***

प्राणायाम

वायुमण्डल में व्याप्त ऑक्सीजन नामक गैस मानव-जीवन के लिए सर्वाधिक आवश्यक है। इसे प्राणवायु भी कहा जाता है और इस प्राणवायु का सञ्चार और नियमन करना ही प्राणायाम का मूल उद्देश्य है। वायुमण्डल में लगभग बीस प्रतिशत प्राणवायु अथवा ऑक्सीजन मौजूद है, लेकिन मनुष्य इतना आलसी है कि वह केवल चार प्रति शत प्राणवायु ही ग्रहण करता है और उसी से अपना काम चला लेता है। प्राण हमारे जीवन का आधार है। इसे श्वास भी कहते हैं। यदि यह प्राण अथवा श्वास कुछ देर के लिए बन्द हो जाये, तो व्यक्ति की मृत्यु हो जाती है। ऐसी मान्यता है कि श्वास अथवा प्राण निश्चित हैं और निश्चित श्वासों की संख्या समाप्त होते ही व्यक्ति की मृत्यु हो जाती है। आपने यह भी सुना होगा कि कामुक व्यक्ति का जीवन बहुत थोड़ा होता है। उसका मूल कारण यह है कि जिस समय व्यक्ति काम-क्रिया में लगा होता है, उसका श्वास अधिक वेग से चलता है, यानी श्वासों की निश्चित संख्या जल्दी-जल्दी समाप्त होने लगती है। यदि ऐसे व्यक्ति का जीवन अथवा उसकी आयु घट जाती है, तो इसमें क्या आश्चर्य ? लेकिन इसके विपरीत योगियों की आयु लम्बी होती है और यह भी कहा जाता है कि यदि वे चाहें, तो अनन्तकाल तक जीवित रह सकते हैं। इसका कारण यह है कि वे अपने श्वास का प्रयोग इस प्रकार करते हैं कि निश्चित श्वासों का अधिक देर तक प्रयोग कर सकें। यही प्राणायाम का मूल तत्त्व है। गीता में स्पष्ट लिखा है—

अपाने जुह्वति प्राणं प्राणेऽपानं तथापरे।
प्राणापानगतिं रुद्ध्वा प्राणायामपरायणः॥

इस श्लोक का अर्थ यह है कि जो व्यक्ति प्राण और अपान वायु की गति को नियन्त्रित करके प्राण को अपान में और अपान को प्राण में मिला देता है, वह प्राणायामपरायण कहलाता है। ऐसे व्यक्ति प्राण-अपान में सामञ्जस्य स्थापित कर लेते हैं, इसलिए उन्हें यज्ञविद् कहा जाता है; उनके सब पाप नष्ट हो जाते हैं।

साधारण भाषा में प्राण और श्वास में कोई अन्तर नहीं, लेकिन वास्तव में देखा जाये, तो प्राण और अपान में अन्तर होता है। प्राण में जीवनीशक्ति, अर्थात् ऑक्सीजन होती है, जो मानव-शरीर के लिए नितान्त आवश्यक है, जबकि श्वास लेते समय आप अन्य किसी भी प्रकार की वायु को श्वास के द्वारा भीतर ले जा सकते हैं और उससे मृत्यु भी हो सकती है। प्राणवायु, अर्थात् ऑक्सीजन को भीतर लेने से मृत्यु नहीं हो सकती। उदाहरणार्थ, यदि किसी कमरे में सर्दी से बचने के लिए अंगीठी जलाकर और कमरा बन्द करके आप सो जायेंगे, तो प्रातःकाल तक यदि आपकी मृत्यु न हो गयी, तो आप अर्द्धमृत अवश्य हो जायेंगे। इसका कारण यह है कि सोते समय आप श्वास ले रहे होंगे। लेकिन श्वास के द्वारा शुद्ध ऑक्सीजन अथवा प्राणदायक वायु आपके भीतर नहीं जा रही होगी और ऑक्सीजन समाप्त हो जाने के कारण, तब आप दूषित वायु, अर्थात् कार्बनडाइआक्साइड को ही भीतर लेते रहे होंगे। कार्बनडाइआक्साइड को हम सांस द्वारा बाहर निकालते हैं, जबकि ऑक्सीजन को भीतर ग्रहण करते हैं। कार्बनडाइआक्साइड हमारी जीवनीशक्ति को नष्ट कर देती है। इसीलिए प्रकृति ने यह विधान बनाया है कि आप प्राणवायु, अर्थात् ऑक्सीजन को श्वास द्वारा भीतर लें और कार्बनडाइआक्साइड को बाहर निकालें।

यह हुआ प्राण या प्राणवायु का अर्थ। आयाम शब्द का अर्थ समझ लेने के बाद आपको 'प्राणायाम' शब्द का पूरा अर्थ समझ में आ जायेगा। आयाम शब्द का अर्थ है—किसी चीज़ को नियन्त्रित करना अथवा उसको विस्तार देना। इस प्रकार प्राणायाम का अर्थ हुआ, प्राणवायु को नियन्त्रित करते हुए उसे बढ़ाना अथवा उसका विस्तार करना।

जीवित रहते हुए आपके शरीर में जो रासायनिक परिवर्तन होते हैं, प्राणायाम उनमें सहायता करता है। इस प्रक्रिया को (Metabolic) चयापचय परिवर्तन कहते हैं। प्रायः व्यक्ति प्राण अथवा श्वास के प्रति कोई ध्यान नहीं देता। न उसे इस बात का ध्यान रहता है कि वह कैसा श्वास ले रहा है और न ही उसे यह पता चलता है कि उसने कितने श्वास लिये। लोग प्रायः छोटे-छोटे सांस लेते हैं; क्योंकि न उन्हें श्वास लेना आता है और न उन्हें उसका ध्यान होता है, जबकि लम्बा सांस लेने से शरीर को आराम मिलता है, यानी लम्बा सांस लेना आपके लिए लाभकारी है। आप जानते हैं कि प्राण समाप्त होते ही शरीर से बदबू आने लगती है, जिससे यह सिद्ध होता है कि केवल प्राण के कारण ही आपके शरीर से मल-शुद्धि होती रहती है। यदि यह सब जानने के पश्चात् आप अपने प्राण का सदुपयोग करेंगे, तो निश्चित ही आपको आशातीत लाभ होगा। अतः आप लम्बा और गहरा श्वास लेने का अभ्यास करें, ताकि वातावरण में से अधिक-से-अधिक ऑक्सीजन आपके फेफड़ों में पहुंच सके और

आपकी आयु व स्वास्थ्य में वृद्धि हो सके। इस सबके लिए आपको अभ्यास करना होगा। आपको धीरे-धीरे लम्बा और गहरा श्वास लेने की आदत पड़ जायेगी। इसके बाद ही आप श्वास को नियन्त्रित करने की विभिन्न विधियों पर पहुंचेंगे।

प्राण को नियन्त्रित करने, अर्थात् लम्बा श्वास लेने, उसे भीतर रोककर रखने और बाहर निकालकर रोकने की विधियां ही प्राणायाम का मुख्य आधार हैं।

1. लम्बा श्वास भीतर खींचने की प्रक्रिया को '**पूरक**' कहते हैं।

2. श्वास को पूरी तरह बाहर निकाल देने की क्रिया को '**रेचक**' कहते हैं।

3. श्वास को भीतर खींचकर, भीतर ही रोके रखने को '**आभ्यन्तर कुम्भक**' या '**अन्तःकुम्भक**' कहते हैं।

4. श्वास को बाहर निकालकर बाहर ही रोके रखने को '**बाह्यकुम्भक**' कहा जाता है।

इन चारों क्रियाओं में से किन्हीं तीन अथवा चारों को अनुपात में क्रमानुसार करने का नाम ही प्राण का नियमन अथवा प्राणायाम है।

प्राणायाम से सबसे बड़ा लाभ यह होता है कि व्यक्ति को लम्बे श्वास लेने-निकालने की आदत बन जाती है। तब भीतर के दोष बाहर निकलते हैं और बाहर की प्राणशक्ति भीतर आती रहती है।

प्राण के पांच मुख्य अंग हैं– **1. प्राण**, **2. अपान**, **3. उदान**, **4. समान** तथा **5. व्यान**।

1. **प्राण**–यह शक्ति श्वास के साथ शरीर के भीतर प्रवेश करती है।

2. **अपान**–इस शक्ति को मुख, नाक अथवा गुदा आदि मार्गों के द्वारा शरीर से बाहर फेंका जाता है।

3. **उदान**–इस शक्ति के द्वारा शरीर की मांसपेशियां सक्रिय बनती हैं।

4. **समान**–इस शक्ति के द्वारा शरीर की अन्य सभी शक्तियां सुचारु रूप से कार्य करती रहती हैं।

5. **व्यान**–यह शक्ति नाभि और जठराग्नि को सदा सन्तुलित बनाये रखती है।

मानव-शरीर में सिर से पांव तक रक्त-परिभ्रमण की क्रिया प्रकृतिप्रदत्त प्राणदायी वरदान है, जिसके कारण हमारा हृदय श्वास द्वारा भीतर पहुंची ऑक्सीजन के द्वारा रक्त की शुद्धि करता रहता है और इसी प्राणवायु के कारण हमारे फेफड़े फैलते और सिकुड़ते रहते हैं। शुद्ध रक्त का सञ्चरण होने से शरीर की नस-नाड़ियां और नाड़ी-चक्र सचेत रहते हैं और रोगनिरोधक शक्ति बढ़ जाती है। फेफड़ों के स्वस्थ रहने से व्यक्ति दीर्घायु होता है, उसका मन और बुद्धि एकाग्र होने लगते हैं, उसके शरीर में उत्साह बना रहता है तथा उसकी बौद्धिक और आत्मिक शक्तियां विकसित होती हैं।

प्राणायाम की सैकड़ों विधियां प्रचलित हैं, लेकिन उन सभी को सीखना न तो साधारण व्यक्ति के लिए आवश्यक है और न उपयोगी ही है। इसीलिए हम आपको महत्त्वपूर्ण सूचनाओं के साथ कुछ प्रचलित प्राणायाम ही सिखायेंगे।

कोई भी स्वस्थ व्यक्ति प्राणायाम कर सकता है। इसके लिए सबसे पहले नाक से लम्बा और गहरा श्वास लेने की आदत डालनी चाहिए। छोटे और उथले श्वास लेने से फेफड़ों का पूरा व्यायाम नहीं हो सकता। इसीलिए फेफड़े ऑक्सीजन का पूरी तरह लाभ नहीं उठा पाते। लेकिन गहरे व लम्बे श्वास लेने से व्यक्ति स्वस्थ रहता है। यूं तो पूरे दिन ही गहरा श्वास लेना चाहिए, लेकिन सोने से पहले और जागते समय गहरे सांस लेना बहुत लाभकारी होता है।

प्राणायाम अथवा गहरा श्वास लेना व छोड़ना एक व्यायाम है, लेकिन बीमार अथवा वृद्ध व्यक्ति, जो प्राणायाम का विशेष अभ्यास कर पाने में असमर्थ हों, वे केवल लम्बे श्वास ले सकते हैं। उन्हें केवल लम्बा व गहरा श्वास लेने से ही प्राणायाम से होने वाले अनेक लाभ प्राप्त हो जाते हैं। प्राणायाम के द्वारा ही योगीजन अपने मन, इन्द्रियों और अपने शरीर को वश में करके ब्रह्म की प्राप्ति करते हैं। सामान्य व्यक्ति, जो इस कठिन मार्ग पर नहीं चल सकते, वे भी लम्बे और गहरे श्वास लेकर लाभ प्राप्त कर सकते हैं। लेकिन यह क्रिया आसान नहीं है, इसके लिए अभ्यास की आवश्यकता है।

प्राणायाम के लिए सबसे अच्छा समय प्रातःकाल होता है। उस समय नित्यकर्मों से निबटकर प्राणायाम किया जाना चाहिए। यूं तो योगशास्त्र में प्राणायाम का स्थान योगासन के बाद आता है, परन्तु यदि योगासन आरम्भ करने से पूर्व ही इसका अभ्यास कर लिया जाये, तो भी लाभप्रद रहता है।

अभ्यास क्रम-1.

सीधे खड़े होकर व दोनों बांहों को सामने की ओर समानान्तर फैलाकर गहरे-लम्बे श्वास खींचें और थोड़ी देर तक भीतर रोके रहें। कुछ देर बाद श्वास को बाहर निकालते हुए दोनों हाथों को नीचे करके जांघों के पास सटा दें। इस अभ्यास को दो-तीन बार करें।

अभ्यास क्रम-2.

पद्मासन में बैठकर आंखें बन्द करें और गहरा श्वास लेकर थोड़ी देर भीतर रोकें। उसके बाद श्वास को बाहर निकालकर कुछ क्षण बाहर रोककर रखें और दोबारा गहरा श्वास भीतर खींचें। भीतर खींचते समय फेफड़ों में अधिकाधिक श्वास को भरने का प्रयास करें, छाती को फुलायें और कन्धों को चौड़ा करें। गहरा श्वास

भीतर लेते समय पेट थोड़ा आगे बढ़ता है और श्वास बाहर निकालते समय पेट पिचकता है। किसी सोते हुए बच्चे को देखें, श्वास लेते समय उसका पेट भी इसी प्रकार ऊपर-नीचे फूलता-पिचकता रहता है।

अभ्यास क्रम-3.

समतल फ़र्श अथवा किसी तख़्तपोश पर लेट जायें और दोनों हथेलियां पेट पर रख लें। अब गहरा श्वास खींचते समय यह अनुभव करें। आपकी हथेलियां ऊपर को उठ रही होंगी। कुछ क्षण बाद श्वास को बाहर निकालते हुए पेट पर इस प्रकार अनुभव करें, मानो आष अपने ही पेट को अपने ही हाथों से दबा रहे हों। इस प्रकार गहरे और लम्बे श्वास लेने से आप अपने मन में एक विशेष ताज़गी का अनुभव कर सकते हैं।

प्राणायाम करते समय अथवा श्वास लेते समय इस बात का विशेष ध्यान रखना चाहिए कि श्वास केवल नाक से ही ली जाये। प्रकृति ने हमारी शरीर-रचना ही इस प्रकार से की है कि भोजन की नली अलग है और श्वास लेने की अलग। अतः मुंह से श्वास नहीं लेना चाहिए। श्वास-नली का सम्बन्ध नासारन्ध्रों से लेकर नाभि-प्रदेश तक है। उसकेआगे प्राणवायु अन्य नलियों के द्वारा पांव केअंगूठे तक पहुंच जाती है। मुंह से श्वास लेने पर वायु में उपस्थित धूल के कण और रोगाणु फेफड़ों में पहुंचकर रोग पैदा कर सकते हैं, लेकिन नाक द्वारा श्वास लेने पर धूलयुक्त वायु छनने के बाद ही भीतर प्रवेश कर पाती है। प्राणायाम से पूर्ण लाभ उठाने के लिए आप अपने प्रत्येक श्वास पर ध्यान रखें। इस प्रकार के अभ्यास से आपके शरीर के समस्त दोष नष्ट हो जायेंगे और तब आपका शरीर और मुखमण्डल कान्तिवान् बनता चला जायेगा। इस अभ्यास को हवादार कमरे अथवा किसी बग़ीचे आदि में करना विशेष लाभप्रद रहता है।

आइये, अब कुछ विशिष्ट प्राणायाम विधियों का अध्ययन करें।

1. भस्त्रिका प्राणायाम

भस्त्रिका शब्द के अर्थ (लोहार की धौंकनी) की भांति ही यह प्राणायाम व्यक्ति [illegible] शारीरिक अग्नि को प्रदीप्त करता है, जिसके कारण व्यक्ति शीत का भी सहज मुक़ाबला कर सकता है। नये अभ्यास करने वालों को चाहिए कि इस प्राणायाम को ग्रीष्म अथवा वर्षा ऋतु में आरम्भ न करें। भस्त्रिका प्राणायाम करते समय एक सप्ताह के भीतर ही शरीर में ताप की वृद्धि होने लगती है। अतः आवश्यकतानुसार घी, दूध, मक्खन आदि का प्रयोग बढ़ा दें। इस प्राणायाम को शीत ऋतु में आरम्भ करना निरापद होता है, परन्तु उस समय भी छाती ढकी होनी चाहिए, ताकि वातावरण की

ठण्डक शरीर पर विपरीत प्रभाव न डाल सके।

लाभ

1. भस्त्रिका प्राणायाम का अभ्यास कर लेने से शरीर की चमक और चेहरे का ओज बढ़ता है।

2. सर्दी, *स्नोफ़ीलिया* तथा *साइनस*, अर्थात् नाक और सीने के अनेक रोग नष्ट हो जाते हैं।

3. भस्त्रिका प्राणायाम का अभ्यास कर लेने से अपच, मन्दाग्नि व बढ़े हुए *कॉलेस्ट्रोल* में लाभ होता है तथा रक्त-नाड़ियां स्वच्छ हो जाती हैं।

विधि

भस्त्रिका प्राणायाम को करने की अनेक विधियां विकसित कर ली गयी हैं । अत: साधक किसी भी विधि को अपनाने के लिए स्वतन्त्र हैं। भस्त्रिका प्राणायाम का सामान्य अभ्यास बिना कुम्भक किये ही करना चाहिए, अर्थात् श्वास लेने के बाद अथवा श्वास छोड़ने के बाद श्वास को रोकना नहीं चाहिए। केवल पूरक और रेचक क्रियाएं ही करनी चाहिए, अर्थात् तीव्र गति से श्वास को भीतर खींचें और तीव्र गति से ही बाहर छोड़ें। इस प्रकार साधक का श्वास लोहार की धौंकनी के समान चलने लगता है और श्वास की आवाज़ इतनी तेज़ हो जाती है, मानो आंधी या तूफ़ान चल रहा हो। वास्तव में, इस प्राणायाम का अभ्यास करते समय श्वास को केवल भीतर खींचना और बाहर छोड़ना होता है। भस्त्रिका प्राणायाम का अभ्यास धीरे-धीरे बढ़ाते हुए दस बार तक किया जा सकता है।

सावधानी

1. भस्त्रिका प्राणायाम करते समय नासारन्ध्र, अर्थात् नथुने न फूलें, न सिकुड़ें।

2. श्वास-प्रश्वास का प्रवाह पूरी तेज़ी से और बिना किसी रुकावट के होना चाहिए।

3. यह अभ्यास करते समय मुखमण्डल पर कोई चिन्ता अथवा तनाव नहीं रहना चाहिए।

2. कपालभाती प्राणायाम

सिर के सामने वाले भाग को कपाल कहते हैं और भाती का अर्थ होता है, आग की भट्ठी। इस प्राणायाम के अभ्यास से कपाल लाल हो जाता है, इसीलिए इसे 'कपालभाती' नाम दिया गया है।

लाभ

1. कपालभाती प्राणायाम के अभ्यास से व्यक्ति को कफ से उत्पन्न सभी रोगों से मुक्ति मिलती है।

2. स्मरणशक्ति विकसित होती है।

3. मुखमण्डल की आभा में वृद्धि होती है तथा आकर्षण बढ़ता है।

विधि

यह प्राणायाम करते समय पद्मासन अथवा सुखासन में बैठकर श्वास को ज़ोर से बाहर निकालना चाहिए, लेकिन भीतर नहीं खींचना चाहिए और बिना किसी विराम के ही इसका अभ्यास करना चाहिए। कपालभाती प्राणायाम के अभ्यास से कपाल, नाक और श्वास-नली की भरपूर सफ़ाई हो जाती है। इसके साथ ही आंतें तथा पाचन-ग्रन्थियां भी अधिक सक्षम और स्वस्थ हो जाती हैं। शरीर में ऑक्सीजन की वृद्धि होने के कारण रक्त की अशुद्धि और रोगाणु नष्ट हो जाते हैं। इस अभ्यास को धीरे-धीरे बढ़ाते हुए तीन मिनट तक किया जा सकता है।

3. कपालभाती प्राणायाम तीनों बन्धों के साथ

लाभ

1. यह एक अत्यन्त लाभप्रद प्राणायाम है, जो मन की चञ्चलता दूर करने में सहायक है।

2. इस प्राणायाम से पाचनशक्ति तेज़ होती है तथा पेट के रोगों में लाभ पहुंचता है।

3. इस प्राणायाम का अभ्यास करने से बुद्धि तीव्र होती है, शरीर की शुद्धि होती है तथा स्वप्नदोष, शीघ्रपतन व अनेक प्रकार के धातु-विकारों में लाभ होता है।

4. कपालभाती प्राणायाम का अभ्यास करने से पेट में हलका-हलका दर्द अनुभव होता है। अतः कपालभाती प्राणायाम करने पर पेट को विश्राम मिलना चाहिए।

विधि

सिद्धासन अथवा पद्मासन में बैठकर पूरे श्वास को एक ही झटके से बाहर निकाल दें और मूल बन्ध, उड्डियान बन्ध व जालन्धर बन्ध लगाकर श्वास को यथासम्भव बाहर ही रोककर रखें। जब श्वास लेना चाहें, तो पहले बन्धों को हटायें। फिर धीरे-धीरे श्वास भीतर खींचें। श्वास को भीतर खींचने के पश्चात् उसे बिना भीतर रोके ही बाहर निकाल दें और इस प्रकार तीन बार से लेकिर इक्कीस बार तक अभ्यास करें।

4. अनुलोम-विलोम प्राणायाम

लाभ

1. अनुलोम-विलोम प्राणायाम का अभ्यास करने से सम्पूर्ण शरीर की नस-नाड़ियों की शुद्धि हो जाती है तथा शरीर पूर्ण स्वस्थ, तेजोमय एवं बलिष्ठ बनता है।

2. इस प्राणायाम का अभ्यास करने से सर्दी, ज़ुक़ाम, नज़ला, खांसी, दमा तथा समस्त कफरोग, मूत्ररोग, धातुरोग, अम्लपित्त, शीतपित्त आदि एवं गठिया, आमवात, सन्धिवात व स्नायु-दौर्बल्य आदि वात, पित्त और कफ सम्बन्धी तीनों प्रकार के दोष नष्ट होते हैं।

3. यह प्राणायाम हृदयरोगियों के लिए बहुत उपयोगी है; क्योंकि इसका निरन्तर अभ्यास करने से तीन-चार महीने में ही हृदय की शिराओं में आये चालीस प्रतिशत तक अवरोध *(ब्लॉकेज)* खुल जाते हैं।

4. सभी प्रकार के रक्तदोष व रक्त की अनियमितताएं, जैसे *कॉलेस्ट्रोल, ट्राइग्लिस्राइड्स, एच. डी. एल.*, व *एल. डी. एल.* आदि ठीक हो जाते हैं।

5. इस प्राणायाम के करने से विचारों में परिवर्तन आकर नकारात्मक चिन्तन नष्ट हो जाता है तथा साधक को आनन्द एवं उत्साह की प्राप्ति होती है।

6. इस प्राणायाम के अभ्यास से तन, मन, विचार तथा संस्कार सब शुद्ध हो जाते हैं। देह के समस्त रोग नष्ट हो जाते हैं तथा मन ध्यान के प्रति एकाग्र होने लगता है।

7. कुण्डलिनी जागरण के लिए यह प्राणायाम अतिविशिष्ट है।

विधि

दाहिने हाथ को ऊपर उठाकर सिर के पास ले आयें तथा दाहिने हाथ के अंगूठे से नाक के दाहिने नथुने, अर्थात् पिंगला नाड़ी को तथा अनामिका व मध्यमा अंगुलियों के द्वारा बायें स्वर, अर्थात् इड़ा नाड़ी को बन्द करना चाहिए। हाथ की हथेली नासिका के सामने नहीं रहेगी, अपितु थोड़ा ऊपर की ओर रहनी चाहिए। बायां स्वर, अर्थात् इड़ा नाड़ी चन्द्र शक्ति की प्रतीक है। अत: नाड़ियों की शुद्धि करने के लिए अनुलोम-विलोम प्राणायाम को बायें नथुने से आरम्भ किया जाता है। दाहिने हाथ के अंगूठे से दाहिने नथुने को बन्द करके, बायें नथुने से श्वास को धीरे-धीरे भीतर खींचें तथा भीतर भरपूर श्वास भर जाने के बाद बायें नथुने को अनामिका व मध्यमा अंगुली के द्वारा बन्द करके दाहिने नथुने से पूरा श्वास बाहर निकाल दें। पूरा श्वास बाहर निकल जाने के बाद बायें नथुने को अनामिका व मध्यमा अंगुली से बन्द रखे हुए

दाहिने नथुने से ही भरपूर श्वास भीतर खींचें और दाहिने नथुने को दाहिने अंगूठे से बन्द कर दें। अब अनामिका व मध्यमा अंगुलियां हटाने के पश्चात् बायें नथुने से पूरा श्वास बाहर निकाल दें। इसी प्रकार बार-बार अभ्यास करें, अर्थात् दाहिने नथुने को बन्द रखते हुए बायें नथुने से श्वास भीतर खींचें और बायें नथुने को बन्द रखते हुए दाहिने नथुने से श्वास बाहर निकाल दें तथा बायें नथुने को बन्द रखते हुए दाहिने नथुने से श्वास को भीतर खींचें और दाहिने नथुने को बन्द रखते हुए बायें नथुने से बाहर निकाल दें। अब इसी प्रकार बार-बार अभ्यास करें। तीन मिनट से पांच मिनट तक दोहरायें। नियमित अभ्यास से एक माह में ही आप इस प्राणायाम को बिना रुके पांच मिनट तक कर सकेंगे। यह पर्याप्त समय है। ग्रीष्म ॠतु में इस प्राणायाम को दस मिनट से अधिक नहीं करना चाहिए। इस प्राणायाम का निरन्तर अभ्यास करने से मूलाधार चक्र में सोयी पड़ी शक्ति ऊपर को उठने लगती है, जिसे कुण्डलिनी-जागरण भी कहा जाता है। यदि इस प्राणायाम का अभ्यास करते समय श्वास को भीतर खींचते अथवा बाहर छोड़ते हुए मन में ओंकार का चिन्तन भी करते रहें, तो साधक को बहुत लाभ होता है।

अन्य उपयोगी प्राणायाम

1. उज्जायी प्राणायाम

इस प्राणायाम के द्वारा श्वास-तन्त्र की पूर्णतः शुद्धि होती है। शरीर से अनावश्यक पदार्थों तथा गैस को बाहर निकालने का कार्य फेफड़ों द्वारा ही किया जाता है, लेकिन शरीर के रोग अथवा वायुमण्डल का प्रदूषण फेफड़ों की कार्यक्षमता को कम कर देते हैं।

लाभ

1. प्रदूषित वायुमण्डल से ऑक्सीजन प्राप्त करने की यह उत्तम विधि है।
2. फेफड़ों तथा हृदय के विकार दूर करता है।
3. श्लेष्मरोग को दूर कर श्वास की दुर्गन्ध से मुक्ति दिलाता है।
4. सम्पूर्ण शरीर में शक्ति का सञ्चार करके स्वर को मधुर बनाता है।
5. जठराग्नि को बढ़ाकर खांसी, क्षय, ज्वर, अजीर्ण, आमवात तथा प्लीहा आदि रोगों से शरीर को मुक्त करता है।
6. बढ़े हुए टांसिल, खांसी या ज़ुक़ाम को दूर करने वाला अद्‌भुत टॉनिक है ।
7. रक्तचाप को नियमित करके नाड़ी-संस्थान को सशक्त बनाता है।
8. मानसिक तनाव और चिन्ताओं से मुक्त करके स्थिर-चित्तता प्रदान करता है।

विधि

उज्जायी प्राणायाम करने वाले साधक को पहले जालन्धर बन्ध का अभ्यास कर लेना चाहिए। गहरा पूरक करने के बाद, अन्त:कुम्भक में अपनी ठोढ़ी को नीचे लाकर कण्ठकूप में इस प्रकार टिका दें कि भीतर रोकी गयी वायु बाहर न निकल सके। इस मुद्रा को 'जालन्धर बन्ध' कहते हैं। उज्जायी प्राणायाम करते समय खेचरी मुद्रा बनाना भी आवश्यक है। इसका अभ्यास भी पहले से ही कर लेना चाहिए। जीभ को आगे बढ़ाते हुए बीच से ऊपर को मोड़कर जीभ के अग्रभाग से तालू को स्पर्श करें। यही खेचरी मुद्रा कहलाती है। ऊपरी जबड़े में गले के पास के ऊपरी पिलपिले-से भाग को ही तालू कहते हैं। खेचरी मुद्रा बनाने पर गले में एक प्रकार का रस टपकने लगता है, जिसे योग की भाषा में आनन्द मदिरा कहा जाता है। इस रस का पान करने से शरीर शक्तिशाली और मन आनन्द से भरा रहता है। उज्जायी प्राणायाम करने के लिए सुखासन, सिद्धासन, पद्मासन अथवा वज्रासन में से किसी भी आसन में बैठ जायें, खेचरी मुद्रा बना लें और शान्त भाव से धीरे-धीरे श्वास को भीतर भरें। यह पूरक क्रिया कहलाती है। पूरक करते समय गले के पास से स्पर्श करता हुआ श्वास ऐसी मधुर ध्वनि करेगा, जो आपके कानों को स्पष्ट सुनाई देगी। इस समय श्वास नाक द्वारा ही लिया जायेगा, परन्तु अनुभव ऐसा होगा, मानो श्वास मुंह से ले रहे हों। इस प्रकार पूरक किये जाने पर किसी शिशु की हंसी-जैसी मधुर ध्वनि निकालना ही इस क्रिया की पूर्णता मानी जाती है। पूरक क्रिया द्वारा फेफड़ों तथा पेट तक भरपूर श्वास भर जाने के बाद जालन्धर बन्ध लगायें और दोनों नासाछिद्रों को बन्द कर लें। श्वास को यथाशक्ति भीतर रोककर अन्त:कुम्भक करें। अन्त में, पहले जालन्धर बन्ध खोलें और उसके पश्चात् नासाछिद्रों से धीरे-धीरे रेचक क्रिया करें। उज्जायी प्राणायाम की यही विधि है। इस प्राणायाम का निरन्तर अभ्यास करते रहना चाहिए। इस प्राणायाम का अभ्यास तीन मिनट से तीस मिनट तक किया जा सकता है।

2. सूर्यभेदी प्राणायाम

नामकरण

शरीर में सूर्य के समान गरमी पैदा करने वाली श्वासोच्छ्वास क्रिया को 'सूर्यभेदी प्राणायाम' कहते हैं।

लाभ

1. प्राणायाम की इस विधि के द्वारा शरीर के वातरोग, आंतों के रोग तथा नाक के विकार दूर होते हैं।

2. शरीर के रोमछिद्रों में जमा हुआ अवरोध पसीने के द्वारा निकल जाता है और शरीर चर्मरोगों से पूर्णत: मुक्त हो जाता है।

3. कुष्ठरोग के रोगाणु भी इस प्राणायाम के द्वारा रक्त से बाहर हो जाते हैं।

4. इस प्राणायाम के करने से व्यक्ति की आयु और उसके शारीरिक बल में वृद्धि होती है।

5. यह प्राणायाम व्यक्ति की सूर्य शक्ति को बढ़कर उसे सहस्रार चक्र तक पहुंचाने में सहायता करता है।

विधि

सुविधानुसार किसी भी आसन में बैठकर शरीर को सीधा, परन्तु शिथिल रखें। दाहिना अंगूठा और अनामिका अंगुली को नासाछिद्रों पर रखकर आंखों को बन्द कर लें और ध्यान को नाभि पर केन्द्रित करें। अब बायें नासाछिद्र को बन्द करके, दाहिने नासाछिद्र से ख़ूब गहरा श्वास भीतर खींचें। इसके बाद नाक के दोनों छिद्र बन्द करके पहले जालन्धर बन्ध और फिर मूल बन्ध लगायें और अन्त:कुम्भक करें। कुम्भक की स्थिति में धीरे-धीरे इतना समय बढ़ायें कि शरीर के रोमछिद्रों से पसीना निकलने लगे। जब अधिक देर तक श्वास रोकना सम्भव न रहे, तो पहले मूल बन्ध को खोलें, उसके बाद जालन्धर बन्ध को खोलें। तत्पश्चात् दाहिने नासाछिद्र को खोलकर रेचक कर दें, अर्थात् दाहिने नथुने से श्वास को बाहर निकाल दें। इस प्राणायाम को करने पर आरम्भ में आपका श्वास कुछ फूलने लगेगा। इसलिए दाहिने नथुने से ही दो-तीन बार गहरा श्वास भीतर खींचें और बाहर छोड़ें। इस प्रकार एक चक्र पूरा हो जायेगा। इसी प्रकार तीन चक्र पूरे करें और धीरे-धीरे बढ़ाते हुए बारह चक्रों तक ले जायें।

यहां प्राणायाम के यह तीन प्रयोग दिये गये हैं, जो शरीर को स्वस्थ रखने के लिए बहुत आवश्यक हैं। यूं तो प्राणायाम की अनेक विधियां हैं, लेकिन शरीर और मन को पूर्णत: स्वस्थ रखने में सहायक अत्यन्त सरल विधियां ही यहां दी जा रही हैं। अत: अपनी आयु और शारीरिक सामर्थ्य के अनुसार धीरे-धीरे ही योगासन और प्राणायाम का अभ्यास करें और पूर्ण लाभ उठायें।

3. नाड़ीशोधन प्राणायाम

नाड़ीशोधन प्राणायाम का अभ्यास करने से भी वही लाभ प्राप्त होते हैं, जो अनुलोम-विलोम प्राणायाम करने से प्राप्त होते हैं।

विधि

नाड़ीशोधन प्राणायाम का अभ्यास करते समय भी अनुलोम-विलोम प्राणायाम

की भांति पहले दायें नथुने को बन्द करके बायें नथुने से श्वास को धीरे-धीरे भीतर खींचें और उसके पश्चात् श्वास को भीतर रोककर मूल बन्ध व जालन्धर बन्ध लगायें। तत्पश्चात् जालन्धर बन्ध को खोलकर श्वास को धीरे-धीरे दायें नथुने से बाहर निकाल दें। पूरा श्वास बाहर निकल जाने के पश्चात् दायें नथुने से श्वास को धीरे-धीरे भीतर खींचें और अन्त:कुम्भक करें और श्वास को भीतर रोकने के पश्चात् धीरे-धीरे बायें नथुने से बाहर निकाल दें। इस प्रकार नाड़ीशोधन प्राणायाम का एक चक्र पूरा हो जाता है।

यदि इस पूरी प्रक्रिया को नथुनों पर बिना हाथ लगाये पूरी एकाग्रता के साथ किया जाये, तो साधक का मन स्थिर हो जाता है और उसे अधिक लाभ पहुंचता है, लेकिन इस क्रिया को करते हुए, अर्थात् श्वास लेते समय अथवा श्वास छोड़ते समय श्वास की तनिक भी आवाज़ नहीं आनी चाहिए। इस प्राणायाम का अभ्यास प्रतिदिन तीन बार अवश्य करना चाहिए। अधिक-से-अधिक इच्छानुसार किया जा सकता है। इसके साथ ही इस प्राणायाम का अभ्यास करते हुए पूरक, अन्त:कुम्भक और रेचक का अनुपात 1:2:2 का रख़ना चाहिए, अर्थात् यदि श्वास को भीतर खींचते हुए, अर्थात् पूरक करते हुए दस सैकण्ड लगते हैं, तो उसे बीस सैकण्ड तक भीतर रोके रहें, अर्थात् अन्त:कुम्भक करें और उसके पश्चात् धीरे-धीरे बीस सैकण्ड में ही रेचक करें, अर्थात् श्वास को बाहर निकालें। अभ्यास बढ़ जाने के बाद इसके साथ बाह्यकुम्भक को भी जोड़ा जा सकता है, लेकिन तब इसका अनुपात 1:4:2:2 हो जायेगा, अर्थात् यदि पूरक करते समय दस सैकण्ड लगते हैं, तो अन्त:कुम्भक में चालीस सैकण्ड, रेचक क्रिया में बीस सैकण्ड और बाह्यकुम्भक में भी बीस सैकण्ड लगने चाहिए।

इस प्राणायाम का अभ्यास जितनी धीमी गति से किया जायेगा, लाभ उतना ही अधिक पहुंचेगा; क्योंकि इसमें श्वास को यथाशक्ति भीतर खींचने, रोककर रखने, बाहर छोड़ने और बाहर रोककर रखने के पश्चात् इसी क्रिया को दोहराने में विश्राम की आवश्यकता नहीं पड़ती। यदि पूरक, कुम्भक और रेचक क्रियाएं करते हुए ओंकार अथवा गायत्री का भी चिन्तन व मनन किया जाये, तो अधिक लाभप्रद सिद्ध होता है।

4. भ्रामरी प्राणायाम

नामकरण

संस्कृत भाषा में भंवरे को भ्रमर कहते हैं, जो सदा भ्रमण करता रहता है और भन-भन की ध्वनि निकालता रहता है। उसकी इन्हीं आदतों और विशेषताओं के कारण श्वास लेने की इस विधि का नामकरण 'भ्रामरी प्राणायाम' किया गया है।

लाभ

1. इस प्राणायाम के माध्यम से गायन प्रतिभा और कुशलता विकसित होती है।

2. संगीत निर्देशकों को नयी लय बनाने में सहयोग प्राप्त होता है।

3. साधक की श्वास क्षमता में आवश्यक वृद्धि होती है तथा उसका श्वास दीर्घ व स्थिर रहता है।

4. वाणी मधुर व उच्चारण स्पष्ट हो जाता है।

5. चित्त की चञ्चलता दूर होती है तथा ध्यान आसानी से लग जाता है।

6. मानसिक तनाव, उत्तेजना, उच्चरक्तचाप व हृदयरोगों के लिए भी यह प्राणायाम अत्यन्त लाभप्रद है।

विधि

किसी भी ऐसे आसन को चुन लें, जिसमें अत्यन्त सुविधापूर्वक बैठ सकें। अंगूठे व अनामिका को दोनों नथुनों पर इस प्रकार आसानी से रखें कि नथुने अवरुद्ध न हों। अब आधे दबे दाहिने नथुने से पूरक क्रिया करें, अर्थात् श्वास को धीरे-धीरे भीतर खींचें। कुछ क्षणों के लिए अन्तःकुम्भक करें और रेचक क्रिया करते हुए श्वास को इस प्रकार बाहर निकालें कि वायु गले और कण्ठ का स्पर्श करते हुए भंवरे की भांति मधुर गुञ्जन-सा करती हुई बाहर निकले। ध्यान रहे, रेचक, अर्थात् श्वास बाहर निकालते समय अधिक समय लगना चाहिए। इसी क्रम को दूसरे नथुने के द्वारा भी दोहराया जाता है। इस प्रकार एक चक्र पूरा हो जाता है। धीरे-धीरे एक-एक चक्र बढ़ाते हुए नौ चक्रों तक अभ्यास करने का प्रयास करें।

भ्रामरी प्राणायाम को एक अन्य विधि द्वारा भी किया जाता है। इसके लिए किसी भी सुखमय आसन में सीधे बैठकर दोनों हाथों के अंगूठों से दोनों नथुनों को हलका-हलका दबायें और दोनों तर्जनी अंगुलियों से आंखें बन्द करें तथा अनामिका और कनिष्ठिका से ऊपर-नीचे के होठ धीरे-धीरे दबाने का प्रयास करें। इसे शाम्भवी मुद्रा भी कहते हैं।

दोनों नथुनों को हलका-सा दबाते हुए धीरे-धीरे श्वास को भीतर खींचें। दांतों को दांतों के द्वारा इतना हलका स्पर्श करें कि जब श्वास को बाहर निकाला जाये, तो श्वास के स्पर्श से दांतों के बीच से जो ध्वनि निकले, उसके द्वारा दांतों में कम्पन पैदा हो जाये। इसके लिए नथुनों को थोड़ा और दबाना चाहिए, ताकि श्वास के बाहर जाने का रास्ता और भी छोटा हो जाये तथा श्वास गले और कण्ठ में कम्पन पैदा करते हुए हलकी-सी ध्वनि और अत्यन्त मन्द गति से पहले मुख से तथा फिर नथुनों से निकाली

जाये।

श्वास की ध्वनि-क्रिया का ध्यानपूर्वक अवलोकन करें और श्वास को बाहर निकालने की अथवा रेचक की अवधि को धीरे-धीरे बढ़ायें। लय और ताल के अनुसार ही गुञ्जन की ध्वनि को भी उतारते-चढ़ाते रहें। लेकिन उसकी निरन्तरता बनी रहनी चाहिए। भले ही वह कभी तेज़ और कभी धीमी सुनाई पड़ेगी।

5. चन्द्रभेदी प्राणायाम

नामकरण

इस प्राणायाम में बायें नथुने से श्वास को भीतर खींचा जाता है तथा दायें नथुने से बाहर निकाला जाता है, अर्थात् चन्द्र स्वर से पूरक और सूर्य स्वर से रेचक क्रिया की जाती है। प्राणायाम की यह विधि सूर्यभेदी प्राणायाम से सर्वथा विपरीत है। इसीलिए इसे 'चन्द्रभेदी प्राणायाम' कहा जाता है।

लाभ

1. इस प्राणायाम का अभ्यास करने से शरीर की थकान और गरमी दूर होकर शरीर शीतल हो जाता है।

2. मानसिक उत्तेजनाएं शान्त होती हैं।

3. पित्त के कारण होने वाले कष्ट दूर होते हैं।

विधि

पद्मासन, सिद्धासन, सुखासन अथवा वज्रासन में से किसी भी एक आसन में सुविधानुसार बैठकर शरीर को सीधा रखते हुए शिथिल छोड़ दें। अब नाड़ीशोधन प्राणायाम विधि के अनुसार दाहिने अंगूठे और अनामिका को दोनों नथुनों पर टिकाकर नेत्रों को बन्द कर लें, ध्यान मुद्रा लगा लें तथा ध्यान को नाभि पर केन्द्रित करें। अब बायें नथुने से ख़ूब गहरा श्वास भीतर खींचें और अन्तःकुम्भक करें, अर्थात् श्वास को भीतर ही रोककर रखें तथा जालन्धर व मूल बन्ध लगायें। जब श्वास को भीतर रोकना सम्भव न हो, तो पहले मूल बन्ध को खोलें, उसके बाद जालन्धर बन्ध को खोलें और दाहिने स्वर से श्वास को बाहर निकाल दें। इस प्राणायाम का अभ्यास शीत ऋतु में कम करना चाहिए।

6. शीतली प्राणायाम

नामकरण

इस प्राणायाम का अभ्यास करने से शरीर में शीतलता आती है। इसीलिए इसका

नामकरण 'शीतली प्राणायाम' किया गया है।

लाभ

1. इस प्राणायाम के निरन्तर अभ्यास से शरीर के पित्त-विकार दूर हो जाते हैं।

2. उच्च या निम्नरक्तचाप ठीक होता है और हृदयरोगों से मुक्ति मिलती है।

3. बढ़े हुए ज्वर को कम करने में यह प्राणायाम अत्यन्त सहायक सिद्ध होता है।

4. विष अथवा संक्रामक कीटाणुओं के प्रभाव की रोकथाम करने में विशेष उपयोगी है।

5. मानसिक, शारीरिक अथवा वैचारिक उत्तेजनाएं शान्त होती हैं।

6. इस प्राणायाम के अभ्यास से शरीर में जल की आपूर्ति हो जाती है तथा ग्रीष्म ऋतु में अथवा किसी भी कारण से लगने वाली प्यास बुझ जाती है।

विधि

पद्मासन, वज्रासन अथवा सुखासन में से किसी भी आसन में बैठकर हाथों को घुटनों पर न रखते हुए जांघों पर टिका लें तथा जीभ और मुंह को इस प्रकार आकृति दें कि पूरक क्रिया करते समय अथवा श्वास को भीतर खींचते समय एक नली-सी बन जाये। इस क्रिया के द्वारा भीतर खींची गयी श्वास तरल द्रव में बदल जाती है और साधक को शीतलता प्राप्त हो जाती है। इसके लिए जीभ और मुंह की मुद्रा पर विशेष ध्यान देना चाहिए। जीभ को यथासम्भव मुंह से बाहर निकालते हुए तथा जीभ के दोनों किनारों को मोड़ते हुए जीभ के बीचो-बीच एक पतली-सी नली बना लें तथा होठों को आगे बढ़ाते हुए इस प्रकार गोलाकार कर लें कि बीच में एक छोटा-सा छिद्र रह जाये। अब आपकी आकृति लगभग कौए की चोंच के समान बन जायेगी।

श्वास का अत्यन्त सूक्ष्म निरीक्षण करते हुए किसी विशेष मुद्रा में श्वास को इतना ज़ोर से भीतर खींचें कि सीटी-सी बजने लगे और आपकी छाती फूल जाये। जब तक रोक सकें, श्वास को भीतर रोककर रखें और जब न रोक सकें, तो दोनों नथुनों से श्वास को बाहर निकाल दें। यही शीतली प्राणायाम की पूर्ण विधि है। निरन्तर अभ्यास करते हुए शीतली प्राणायाम को अधिकतम पांच मिनट तक किया जा सकता है।

7. सीत्कारी प्राणायाम

नामकरण

इस प्राणायाम का अभ्यास करते समय सीत्कार-जैसी ध्वनि निकाली जाती

है। इसीलिए इसका नामकरण 'सीत्कारी प्राणायाम' किया गया है। इस प्राणायाम की विधि और प्रभाव में अन्तर होते हुए भी इससे होने वाले लाभ शीतली प्राणायाम की भांति ही हैं।

लाभ

1. शीतली प्राणायाम से होने वाले सभी लाभ इस प्राणायाम से भी प्राप्त होते हैं।

2. सभी प्रकार के दन्तरोग अथवा नाक, गला, मुंह व जीभ के रोग दूर होते हैं।

3. नींद में कमी आती है और शरीर की गरमी घट जाती है और प्यास भी शान्त रहती है।

4. उच्चरक्तचाप को सामान्य करने के लिए यह प्राणायाम बहुत उपयोगी है।

विधि

सुखासन, पद्मासन अथवा वज्रासन में से किसी भी सुविधाजनक स्थिति में जांघों पर हाथ रखकर बैठ जायें। अब जीभ को मोड़कर उसके अग्रभाग से तालु को छुएं और दांतों को हलका-सा छूते हुए होठों को गोल कर लें और बीच में मामूली-सा छेद छोड़ दें। इसी छिद्र में से श्वास को भीतर इस प्रकार खींचें कि वायु के भीतर जाने से मुंह से सीत्कार-जैसी ध्वनि निकलने लगे। यह ध्वनि जितनी धीमी, लेकिन स्पष्ट सुनाई देगी, शरीर में उतनी ही ठण्डक पहुंचेगी। श्वास को भरपूर भीतर भरने के बाद होठ बन्द कर लें और श्वास को भीतर रोककर अन्त:कुम्भक करें। जब श्वास को भीतर रोकना सम्भव न रहे, तो दोनों नथुनों से श्वास को बाहर निकाल दें। कुछ देर तक गहरी श्वास लेकर छोड़ें और थोड़ी देर विश्राम करें। आठ-दस बार अभ्यास करना पर्याप्त रहता है। लेकिन ध्यान रहे, इस प्राणायाम का अभ्यास शीतकाल में कम-से कम करना चाहिए। इस प्राणायाम को बिना कोई बन्ध लगाये भी किया जा सकता है।

8. मूर्च्छा प्राणायाम

नामकरण

कभी-कभी कुछ साधक सांसारिक स्थितियों अथवा वातावरण से कुछ देर के लिए अलग रहना चाहते हैं, ताकि उन्हें शारीरिक अथवा मानसिक विश्राम मिल सके। इस प्रकार वे कृत्रिम रूप से कुछ देर के लिए मूर्च्छित हो जाते हैं। इसीलिए इस प्राणायाम को 'मूर्च्छा प्राणायाम' नाम प्रदान किया गया है।

लाभ

1. इस प्राणायाम का अभ्यास करने से शरीर में स्फूर्ति दौड़ जाती है।

2. सांसारिक वृत्तियों से कुछ देर के लिए अलग रहने के लिए यह उत्तम आसन है।

3. इस प्राणायाम का अभ्यास करने से निश्चिन्तता प्राप्त होने लगती है और मृत्यु का भय छूट जाता है।

4. नेत्र-ज्योति और स्मरणशक्ति बढ़ती है।

5. सिरदर्द तथा स्नायु दौर्बल्य दूर करने के लिए अत्यन्त लाभदायक है।

6. मन अन्तर्मुखी होने लगता है तथा कुण्डलिनी-जागरण में सहयोगी है।

विधि

इस प्राणायाम का अभ्यास करने के लिए शवासन की स्थिति सर्वोत्तम रहती है। अत: शरीर को ढीला छोड़कर शवासन में लेट जायें तथा सामान्य अवस्था में पूरक व रेचक करते हुए ध्यान को आज्ञाचक्र पर केन्द्रित करें। इस प्राणायाम में अन्त:कुम्भक क्रिया की जाती है और उसके बाद धीरे-धीरे ही रेचक किया जाता है। कुम्भक के कारण ही शरीर में कुछ ऐसे रासायनिक परिवर्तन होने लगते हैं, जिनके कारण कृत्रिम नींद अथवा मूर्च्छा की स्थिति पैदा हो जाती है। इसलिए इस प्राणायाम का अभ्यास अत्यन्त सावधानीपूर्वक धीरे-धीरे अथवा किसी सिद्ध गुरु के निर्देशन में ही किया जाना चाहिए, अन्यथा लाभ के स्थान पर हानि भी हो सकती है।

9. प्लाविनी प्राणायाम

नामकरण

इस प्राणायाम का अभ्यास करने पर पेट व शरीर गुब्बारे की तरह फूलकर हलका हो जाता है। इस स्थिति को संस्कृत भाषा में प्लाविनी कहते हैं। इसीलिए इसका नामकरण 'प्लाविनी प्राणायाम' किया गया है।

लाभ

1. तैरना सीखने वालों अथवा तैराकों को थकान से बचाता है।

2. इस प्राणायाम का अभ्यास करने से पाचन-अग्नि तीव्र होती है, क़ब्ज़ दूर होता है तथा आंतें स्वस्थ बनती हैं।

3. इस प्राणायाम का अभ्यास करने से मणिपूर चक्र नामक प्राण-केन्द्र को उत्तेजना मिलती है, जिसके कारण साधक की सभी आन्तरिक क्रियाएं स्वस्थ एवं व्यवस्थित रहती हैं।

विधि

इस प्राणायाम का अभ्यास करने के लिए किसी भी सुविधाजनक आसन में

बैठकर मेरुदण्ड को सीधा व मन को शान्त रखें। धीरे-धीरे दोनों नथुनों से इतना श्वास भीतर खींचें कि फेफड़े, डायाफ्राम और पेट गुब्बारे की भांति फूल जायें। अब अन्तःकुम्भक करके श्वास को यथाशक्ति भीतर रोककर रखें और बिना हिले-डुले बिल्कुल सीधे बैठे रहें। जब श्वास छोड़ने की इच्छा हो, तो दोनों नथुनों से धीरे-धीरे श्वास को बाहर निकाल दें।

विशेष

कुछ साधक श्वास को मुंह के द्वारा भी बाहर निकालने का प्रयास करते हैं। इस प्राणायाम की पूरक, कुम्भक और रेचक तीनों क्रियाएं भली प्रकार सम्पन्न होने पर इसका एक चक्र पूर्ण हो जाता है। इस चक्र को पूर्ण करने में लगने वाले समय को प्रति सप्ताह थोड़ा-थोड़ा बढ़ाते हुए पांच मिनट तक ले जायें।

10. केवली प्राणायाम

इस प्राणायाम का अभ्यास करते समय केवल पूरक और रेचक क्रियाएं ही की जाती हैं, कुम्भक क्रिया नहीं की जाती, अर्थात् श्वास को भीतर खींचना और बिना भीतर रोके ही बाहर निकाल देना 'केवली प्राणायाम' कहलाता है। इस प्राणायाम का अभ्यास करते समय यदि श्वास को भीतर खींचते समय मन-ही-मन 'ओ' अक्षर का उच्चारण किया जाये तथा रेचक करते समय अथवा श्वास को बाहर निकालते समय 'म्' अक्षर का उच्चारण किया जाये, तो उद्‌गीथ के रूप में 'ओ३म्' का मानसिक जप भी हो जांता है।

लाभ

इस प्राणायाम का अभ्यास करने से ध्यान के लिए आवश्यक एकाग्रता प्राप्त होती है तथा अजपा-जप भी सिद्ध हो जाता है।

***

मुद्राएं

योग-शास्त्र में योग के आठों अंगों—यम, नियम, आसन, प्राणायाम, प्रत्याहार, धारणा, ध्यान व समाधि—के अतिरिक्त मुद्राएं भी विशेष महत्त्वपूर्ण मानी जाती हैं। मुद्राएं योगासानों का ही विकसित रूप हैं। योगासन इन्द्रिय-प्रधान होते हैं, लेकिन उनमें प्राण गौण रहते हैं, जबकि मुद्राओं में प्राणों की प्रधानता होती है, इन्द्रियां गौण रहती हैं। मुद्राओं के महत्त्व के विषय में शास्त्रों में आया है—''**नास्ति मुद्रासमं किञ्चित् सिद्धिदं क्षितिमण्डले**'' अर्थात् इस धरती पर मुद्रा के समान सफलता प्रदान करने वाला दूसरा कोई कर्म नहीं। आगे हम विभिन्न मुद्राओं का आवश्यक वर्णन प्रस्तुत कर रहे हैं। मुद्राएं दो प्रकार की होती हैं—**1.** तत्त्वों का नियमन करने वाली हस्तमुद्राएं और **2.** प्राणों के उत्थान व कुण्डलिनी-जागरण में सहायक मुद्राएं। तत्त्वों का नियमन करने वाली हस्तमुद्राएं ग्यारह हैं। **1.** ज्ञान मुद्रा या ध्यान मुद्रा, **2.** वायु मुद्रा, **3.** शून्य मुद्रा, **4.** पृथ्वी मुद्रा, **5.** प्राण मुद्रा, **6.** अपान मुद्रा, **7.** अपान वायु मुद्रा, **8.** सूर्य मुद्रा, **9.** वरुण मुद्रा, **10.** लिंग मुद्रा, **11.** धारणा शक्ति मुद्रा।

1. तत्त्वों का नियमन करने वाली हस्तमुद्राएं

ब्रह्माण्ड पञ्चतत्त्वों द्वारा निर्मित है और हमारा शरीर भी पञ्चतत्त्वों से मिलकर ही बना है। हाथ की पांच अंगुलियां इन पांचों तत्त्वों का प्रतिनिधित्व करती हैं, अर्थात् अंगूठा अग्नि का, तर्जनी अंगुली वायु का, मध्यमा अंगुली आकाश का, अनामिका अंगुली पृथ्वी का तथा कनिष्ठिका अंगुली जल तत्त्व का प्रतिनिधित्व करती हैं। इन पञ्चतत्त्वों की स्थिति जब तक सम रहती है, हमारा शरीर भी निरोग रहता है, लेकिन जैसे ही इन तत्त्वों की अवस्था में विषमता आ जाती है, रोग पैदा होने लगते हैं। मुद्राओं द्वारा पञ्चतत्त्वों के समन्वय से शरीर की आन्तरिक ग्रन्थियों, अवयवों एवं उनकी क्रियाओं का नियमन किया जाता है, जिसके द्वारा शरीर की सोयी हुई शक्तियां जागृत हो जाती हैं। हस्तमुद्राएं तुरन्त प्रभाव दिखाने वाली होती हैं। हम जिस हाथ से मुद्राएं

बनाते हैं, शरीर के विपरीत भाग में उसका प्रभाव तुरन्त दिखने लगता है। इन मुद्राओं को चलते-फिरते, उठते-बैठते व खड़े रहकर भी किया जा सकता है, लेकिन अधिक लाभ प्राप्त करने के लिए इन्हें सुखासन, पद्मासन अथवा वज्रासन में बैठकर ही किया जाना चाहिए। मुद्राओं का अभ्यास प्रतिदिन दस मिनट से आरम्भ करते हुए तीस-चालीस मिनट तक किया जाना चाहिए। यदि यह अभ्यास इतनी देर तक एक बार में न किया जा सके, तो दो-तीन बार में भी किया जा सकता है। लेकिन इस सम्बन्ध में एक विशेष बात का ध्यान रखना आवश्यक है। कोई भी मुद्रा बनाते समय जिन अंगुलियों को काम में न लाना हो, उन्हें सीधा रखना चाहिए।

1. ज्ञान मुद्रा या ध्यान मुद्रा

इस मुद्रा में केवल अंगूठे अथवा तर्जनी अंगुली के अग्रभागों को छूना या मिलाना होता है, शेष तीनों अंगुलियां सीधी रहती हैं।

लाभ

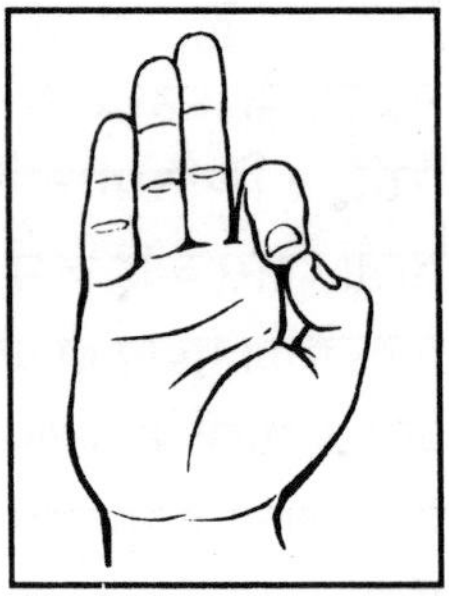

1. इस मुद्रा के द्वारा मन की एकाग्रता बढ़ती है, ध्यानात्मक स्थिति का निर्माण होता है तथा नकारात्मक विचार नष्ट होते हैं।

2. स्मरणशक्ति बढ़ती है।

3. मस्तिष्क के स्नायु सबल होते हैं, जिसके कारण अनिद्रा, सिरदर्द व तनाव दूर हो जाते हैं और क्रोध समाप्त हो जाता है।

विशेष

अधिक लाभ प्राप्त करने के लिए इस मुद्रा के बाद प्राण मुद्रा का अभ्यास भी अवश्य करें।

2. वायु मुद्रा

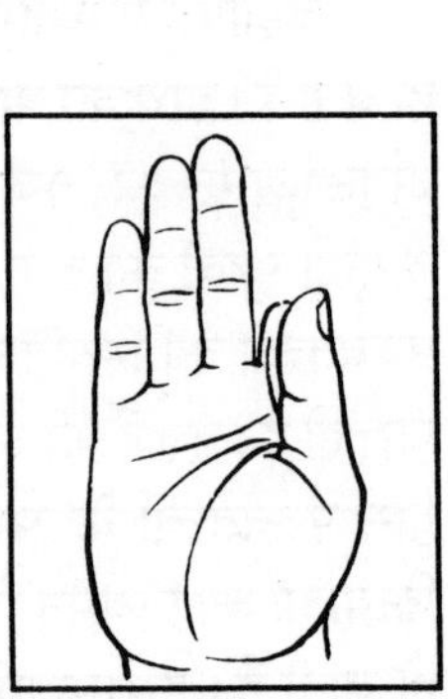

इस मुद्रा में तर्जनी अंगुली को अंगूठे के मूल में लगाकर अंगूठे को थोड़ा दबाने से यह मुद्रा बन जाती है। इस मुद्रा को बनाने के बाद शेष तीनों अंगुलियों को सीधा रखना चाहिए।

लाभ

1. इस मुद्रा के अभ्यास से वायु सम्बन्धी सभी विकार,

अर्थात् गठिया, आर्थराइटिस, पक्षाघात, सायटिका, घुटने का दर्द, सन्धिवात अथवा गैस बनना आदि दूर होते हैं।

2. गर्दन, पीठ व कमरदर्द में लाभ होता है।

3. रक्त-परिभ्रमण सम्बन्धी रोग नष्ट होते हैं।

3. शून्य मुद्रा

इस मुद्रा का अभ्यास करते समय मध्यमा अंगुली को अंगूठे के मूल में लगाकर अंगूठे से हलका-सा दबाव डालते हैं। शून्य मुद्रा बनाने के बाद शेष अंगुलियां सीधी रखनी चाहिए। मध्यमा अंगुली आकाश का प्रतिनिधित्व करती है।

लाभ

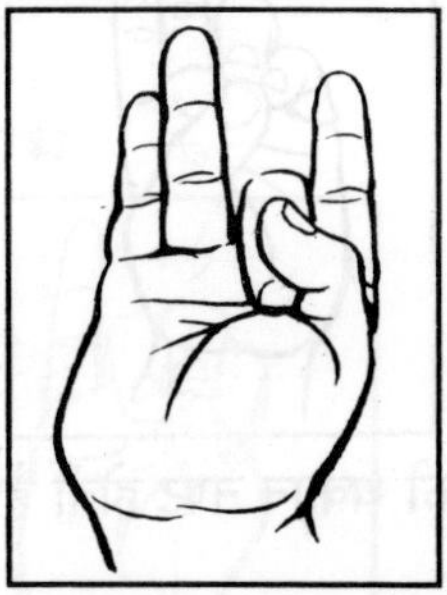

1. इस मुद्रा से कान से कम सुनाई देना, बहरापन, कानदर्द अथवा कान का बहना दूर हो जाता है, लेकिन इसके लिए इस मुद्रा का अभ्यास दो महीने तक कम-से-कम एक घण्टा प्रतिदिन करना चाहिए।

2. इस मुद्रा के अभ्यास से हड्डियों की कमज़ोरी व हृदयरोग ठीक हो जाते हैं।

3. मसूढ़े सुदृढ़ होते हैं, जिसके कारण दांत लम्बी आयु तक मज़बूत बने रहते हैं।

4. थायराइड रोग अथवा गले के रोगों में भी यह मुद्रा लाभ प्रदान करती है।

सावधानी

इस मुद्रा को चलते-फिरते अथवा भोजन करते समय न करें।

4. पृथ्वी मुद्रा

अनामिका अंगुली पृथ्वी का प्रतिनिधित्व करती है। इसीलिए अनामिका और अंगूठे के अग्रभागों को मिलाने से पृथ्वी मुद्रा बन जाती है। इस मुद्रा को बनाने के बाद अन्य तीनों अंगुलियों को सीधा रखना चाहिए।

लाभ

1. इस मुद्रा का निरन्तर अभ्यास करते रहने से जहां शारीरिक दुर्बलता समाप्त होती है, वहीं वज़न की कमी अथवा मोटापा-जैसे रोग भी दूर हो जाते हैं।

3. शारीरिक शक्ति का विकास होता है। मानसिक तनाव में कमी आती है, रक्त में बढ़ा हुआ कॉलेस्ट्रोल ठीक हो जाता है तथा मधुमेह अथवा जिगर के दोष दूर हो जाते हैं।

सावधानी

इस मुद्रा का अभ्यास ग्रीष्म ऋतु में अधिक देर तक न करें तथा दुर्बल व्यक्ति भी इस मुद्रा का अभ्यास न करें।

9. वरुण मुद्रा

वरुण मुद्रा बनाने के लिए केवल कनिष्ठिका अंगुली को अंगूठे से स्पर्श करायें।

लाभ

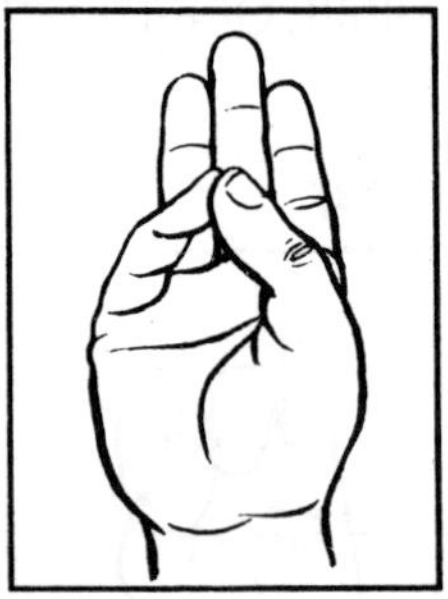

1. इस मुद्रा के अभ्यास से सभी प्रकार के चर्मरोग, रक्त-विकार, मुहांसे अथवा जलतत्त्व की कमी के कारण होने वाली सभी व्याधियां दूर होती हैं।

2. शरीर का रूखापन मिटता है तथा त्वचा चिकनी, चमकीली व नरम बनती है।

3. मुखमण्डल का सौन्दर्य बढ़ जाता है।

4. कफ प्रकृति वाले व्यक्तियों को इस मुद्रा का अभ्यास अधिक देर तक नहीं करना चाहिए।

10. लिंग मुद्रा

दोनों हाथों को मिलाकर मुट्ठी बांधें, सभी अंगुलियां तथा दाहिने हाथ का अंगूठा परस्पर गुंथ जायेंगे, लेकिन बायें हाथ का अंगूठा खड़ा रहेगा।

लाभ

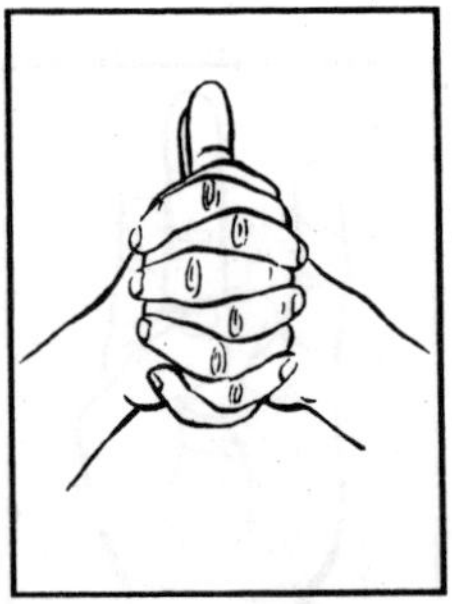

1. इस मुद्रा के अभ्यास से शरीर में गरमी बढ़ती है, जिस कारण सर्दी, ज़ुक़ाम, खांसी, दमा, साइनस, लकवा तथा निम्नरक्तचाप में लाभ पहुंचता है।

2. इस मुद्रा के अभ्यास से बढ़ा हुआ कफ सूखकर नष्ट हो जाता है।

सावधानी

इस मुद्रा का अभ्यास अधिक देर तक नहीं करना चाहिए तथा इस मुद्रा का अभ्यास करने के बाद फल, फलों का रस तथा जल, घी व दूध अथवा पेय पदार्थों

का सेवन अधिक करना चाहिए।

11. धारणा शक्ति मुद्रा

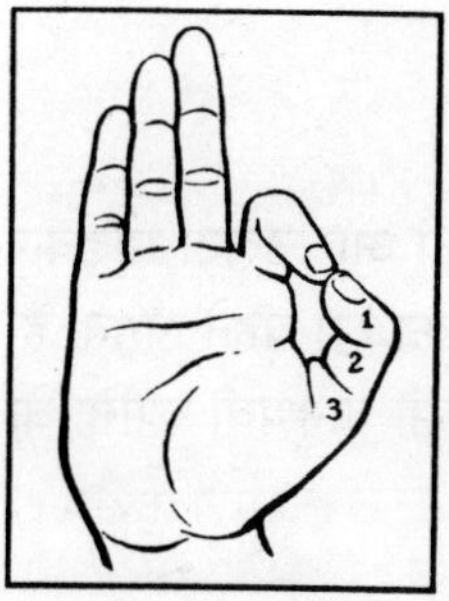

इस मुद्रा का अभ्यास करते समय अंगूठे को तीन समान भागों में विभाजित करने की कल्पना करनी चाहिए। प्राणायाम की पूरक विधि करते समय अंगूठे के ऊपर वाले भाग, अर्थात् चित्र में बताये गये भाग क्रमांक-1 को तर्जनी अंगुली से दबाने पर आन्तरिक कुम्भक अधिक देर तक लगा सकेंगे।

अंगूठे के मध्य भाग, यानी भाग क्रमांक-2 को दबाने पर कुम्भक अधिक समय तक कर सकेंगे तथा अंगूठे के मूल भाग, अर्थात् भाग क्रमांक-3 को दबाने से श्वास को अधिक समय तक सरलतापूर्वक रोक सकेंगे।

लाभ

1. इस मुद्रा का अभ्यास करने से श्वास को फेफड़ों में अधिक देर तक रोके रखने की क्षमता विकसित होती है, जिसके प्रभाव से फेफड़ों में अधिक समय तक श्वास रोके रखने से अधिक प्राणवायु मिलती है।

2. रक्त शुद्ध और शरीर पुष्ट होता है।

3. दिन-भर की जाने वाली श्वासोच्छ्वास की मात्रा को कम किया जा सकता है, जिसके द्वारा आयु में वृद्धि हो जाती है।

प्राणों के उत्थान व कुण्डलिनी-जागरण में सहायक मुद्राएं

इन उपर्युक्त ग्यारह प्रकार की मुद्राओं के अतिरिक्त भी कुछ मुद्राएं बनाई जाती हैं, जो कुण्डलिनी-जागरण में अथवा प्राणोत्थान के लिए बहुत आवश्यक हैं। इन मुद्राओं का विवरण इस प्रकार है— **1.** भूचरी मुद्रा, **2.** खेचरी मुद्रा, **3.** अश्विनी मुद्रा, **4.** योनि मुद्रा, **5.** उन्मनी मुद्रा, **6.** शक्तिचालनी मुद्रा, **7.** विपरीतकरणी मुद्रा, **8.** योग मुद्रा, **9.** महा मुद्रा, **10.** त्रिबन्ध मुद्रा, **11.** ब्रह्म मुद्रा और **12.** अग्निसार क्रिया।

1. भूचरी मुद्रा

सुखासन, पद्मासन अथवा सिद्धासन आदि किसी भी ध्यानमूलक आसन में बैठकर नासिका से लगभग चार अंगुल दूर शून्य आकाश में मन को स्थिर करने से भूचरी मुद्रा बन जाती है।

लाभ

1. इस मुद्रा के अभ्यास से मन की एकाग्रता बढ़ती है तथा मन ध्यान लगाने के लिए तैयार हो जाता है।

2. खेचरी मुद्रा

इस मुद्रा का अभ्यास करने के लिए जीभ को पीछे की ओर उलटा मोड़कर तालु से लगाया जाता है, जिसके कारण गले से एक प्रकार का रस बहने लगता है, जिसे अमृत रस कहते हैं, लेकिन इस मुद्रा का अभ्यास किसी अनुभवी व्यक्ति के सान्निध्य में ही किया जाना चाहिए।

लाभ

1. योग-शास्त्र में खेचरी मुद्रा के अनेक लाभों का वर्णन मिलता है। गले की अमृत ग्रन्थि (Nectar Gland) से निकलने वाले रस के फलस्वरूप साधक पर भूख, प्यास व निद्रा का कोई प्रभाव नहीं पड़ता।

3. अश्विनी मुद्रा

पद्मासन अथवा वज्रासन में बैठकर गुदा मार्ग का आकुंचन (ऊपर को खींचना) तथा प्रसारण (ढीला छोड़ना) करने से अश्विनी मुद्रा बन जाती है। इस मुद्रा का अभ्यास ख़ाली पेट ही किया जाना चाहिए, लेकिन इसे लेटकर, बैठकर अथवा किसी भी स्थिति में किया जा सकता है। यदि इस मुद्रा का अभ्यास बाह्यकुम्भक के साथ किया जाये, तो अधिक लाभ प्राप्त होता है। इस मुद्रा का अभ्यास पच्चीस से सौ बार तक किया जा सकता है।

लाभ

1. ब्रह्मचर्य व प्राणोत्थान के लिए यह मुद्रा अत्यन्त उपयोगी है।

2. इस मुद्रा के अभ्यास से मूत्ररोगों के साथ ही बवासीर, क़ब्ज़ व गैस आदि रोग भी दूर हो जाते हैं तथा पेडू, अर्थात् बस्ति प्रदेश स्वस्थ बनता है।

3. इस मुद्रा का अभ्यास करने से स्त्री-पुरुषों के यौनांग सशक्त और निरोग रहते हैं।

4. स्त्रियों का गर्भाशय स्वस्थ और सशक्त रहता है।

5. गर्भवती महिलाओं द्वारा इस मुद्रा का अभ्यास करते रहने से प्रसव सुखपूर्वक हो जाता है।

4. योनि मुद्रा

इस मुद्रा को प्राङ्मुखी मुद्रा भी कहा जाता है। इस मुद्रा का अभ्यास करने के लिए सिद्धासन में बैठ जायें और श्वास को खींचकर भीतर भर लें। अब दोनों हाथों के अंगूठों से दोनों कानों को, तर्जनी अंगुलियों से दोनों आंखों को, मध्यमा अंगुलियों से दोनों नथुनों को, अनामिका अंगुलियों से नाक के दोनों छिद्रों को और कनिष्ठिका अंगुलियों से होठों को दबा लें और मन-ही-मन ओ३म् का जाप करते हुए सब द्वारों को बन्द करके तथा मन को एकाग्र रखते हुए इस प्रकार ध्यान करें कि नीचे से ऊपर की ओर उठती हुई ऊर्जा सभी चक्रों को भेदती हुई सहस्त्रदल कमल तक पहुंच रही है।

लाभ

1. इस मुद्रा के अभ्यास से प्राण और अपान वायु मिलकर कुण्डलिनी चक्र को जागृत करने में सहायक बन जाती हैं। तब एक दिव्य प्रकाश दिखने लगता है और चक्रों का दर्शन होने की सम्भावनाएं बढ़ जाती हैं।

5. उन्मंनी मुद्रा

इस मुद्रा का अभ्यास करने के लिए पद्मासन में बैठकर दृष्टि को भ्रू-मध्य में स्थिर करते हुए ध्यान को आज्ञाचक्र पर केन्द्रित करें तथा मन को विचारशून्य बना दें, अर्थात् मन में कोई विचार न आये।

लाभ

1. मन को एकाग्र करने के लिए तथा ध्यान को केन्द्रित करने के लिए यह मुद्रा विशेष सहायक है।

2. इस मुद्रा का अभ्यास करने से इन्द्रिय और मन निष्क्रिय हो जाते हैं। प्रत्याहार की अवस्था बन जाती है। बुद्धि स्थिर हो जाती है। ज्ञान के प्रकाश का उदय होने लगता है तथा समाधि की स्थिति बनने लगती है।

6. शक्तिचालिनी मुद्रा

इस मुद्रा का अभ्यास करने के लिए वज्रासन में बैठ जायें। जिस प्रकार मूत्र को रोकने के लिए मूत्रेन्द्रिय को भीतर खींच लेते हैं, उसी प्रकार की क्रिया करने और छोड़ने को शक्तिचालिनी मुद्रा कहते हैं। इसका अभ्यास पच्चीस बार से लेकर सौ बार तक किया जा सकता है।

लाभ

1. इस मुद्रा का अभ्यास करने से आलस्य व प्रमाद आदि दोष दूर होते हैं।

2. प्राणोत्थान होकर कुण्डलिनी-शक्ति जागृत होती है।

3. स्त्रियों के गर्भाशय आदि प्रजनन-अंग स्वस्थ व सशक्त बनते हैं।

7. विपरीतकरणी मुद्रा

इस मुद्रा का अभ्यास करने के लिए पृथ्वी पर पीठ के बल लेट जायें और दोनों पांव व एड़ियां आपस में मिलाकर सीधा ताने हुए ऊपर की ओर उठायें। कमर को हथेलियों के सहारे ऊपर उठायें। पांव लगभग पैंतालीस डिग्री के कोण पर उठे रहेंगे। अब जालन्धर बन्ध लगाकर दृष्टि पांव के अंगूठे पर टिका दें। साधारण श्वास लेते रहें। इस मुद्रा का अभ्यास एक मिनट से दस मिनट तक किया जा सकता है।

लाभ

1. इस मुद्रा का अभ्यास करने से सर्वांग आसन से होने वाले सभी लाभ प्राप्त होते हैं।

2. मेरुदण्ड स्वस्थ रहता है। पीठ और कन्धों का दर्द दूर हो जाता है।

3. जठराग्नि प्रबल हो जाती है। भूख लगती है, शरीर स्वस्थ रहता है और बाल जल्दी सफ़ेद नहीं होते।

4. उच्च और निम्नरक्तचाप दूर होता है तथा रक्त की कमी और बढ़ा हुआ मोटापा भी दूर होता है।

5. पांवों की सूजन, फोड़े-फुंसी तथा रक्त-विकार सम्बन्धी अनेक रोग दूर होते हैं।

6. उदररोगों को दूर करने के लिए यह क्रिया अत्यन्त लाभदायक है।

8. योग मुद्रा

योग मुद्रा के अभ्यास से शरीर स्वस्थ, प्रसन्न और लचीला बना रहता है। नस-नाड़ियों में रक्त-सञ्चार भली प्रकार होता है। इसलिए प्राणों की शक्ति बढ़ जाती है। धारणा, ध्यान और समाधि के लिए स्थिति बनाने में यह मुद्रा बहुत सहायक होती है।

विधि

पद्मासन में बैठकर पहले दायें हाथ की हथेली को नाभि पर रखें, फिर बायें हाथ की हथेली को दायें हाथ पर रखकर श्वास को बाहर निकालते हुए आगे को झुकें और ठोढ़ी को भूमि पर टिका दें। दृष्टि सामने रहनी चाहिए। श्वास को भीतर खींचते

हुए वापस आकर चार-पांच बार इसी प्रकार दोहरायें।

इस मुद्रा को दूसरी विधि द्वारा भी किया जा सकता है। पद्मासन में बैठकर दोनों हाथों को पीठ के पीछे ले जायें तथा दायें हाथ से बायें हाथ की कलाई को पकड़ लें। अब श्वास को बाहर निकालते हुए ठोढ़ी को धरती पर टिका दें और दृष्टि को सामने रखें। यदि ठोढ़ी भूमि का स्पर्श न कर सके, तो घबरायें नहीं और न ज़ोर-ज़बरदस्ती ही करें। धीरे-धीरे अभ्यास करने से आप पूर्ण स्थिति प्राप्त कर सकते हैं।

लाभ

1. योग मुद्रा का अभ्यास करने से पाचक-अंग प्रदीप्त होते हैं तथा गैस, क़ब्ज और अपच से छुटकारा मिलता है।

2. इस मुद्रा का भली-भांति अभ्यास करने से मधुमेह को भी नियन्त्रित किया जा सकता है; क्योंकि इस मुद्रा से पैंकृआज़ पुन: क्रियाशील हो जाते हैं।

9. महा मुद्रा

बायें पांव की एड़ी को गुदा और उपस्थ के मध्य मार्ग में जमाकर दायें पांव को लम्बा फैला दें। अब शनै: शनै: पूरक क्रिया करते हुए पहले मूल बन्ध लगायें, फिर जालन्धर बन्ध लगायें, तत्पश्चात् दायें पांव का अंगूठा पकड़कर मस्तक को दायें पांव के घुटने पर टिका दें और यथाशक्ति कुम्भक करें। अब रेचक करते हुए मस्तक को घुटने से धीरे-धीरे उठायें और यथास्थिति में बैठ जायें। कुछ देर के पश्चात् इसी क्रिया को दूसरे पांव से भी करना चाहिए। प्राणायाम की अवधि और संख्या धीरे-धीरे बढ़ाते जायें।

लाभ

1. महा मुद्रा का अभ्यास करने से क्षय, कुष्ठ, गुल्म, अजीर्ण, प्रमेह आदि रोग नष्ट होते हैं।

2. इस मुद्रा का लम्बे समय तक अभ्यास करने से प्राणों का प्रवेश सुषुम्ना तक होकर ऊर्ध्वगमन होता है और कुण्डलिनी जागृत होने लगती है।

10. त्रिबन्ध मुद्रा

समतल भूमि पर चौपरत कम्बल बिछाकर पद्मासन में बैठ जायें और पूरा प्राणायाम करते हुए श्वास को प्राणों के साथ मिला दें। अब मूलाधार से अपान वायु को ऊपर खींचते हुए जालन्धर, उड्डियान व मूल बन्ध लगाते हुए भीतरी वायु को सुषुम्ना में प्रविष्ट कराने का प्रयास करें तथा इसी स्थिति में दोनों हथेलियों को दायें-बायें भूमि पर रखकर नितम्बों को ऊपर उठायें और धरती पर टिकायें। यह क्रिया करते

समय सावधान रहने की आवश्यकता होती है, ताकि शरीर को झटका न लगे। इस अभ्यास को तीन से पांच बार तक करें।

लाभ

1. इस मुद्रा के अभ्यास से कुण्डलिनी शक्ति ऊर्ध्वगमन करने लगती है और धीरे-धीरे चक्र भी प्रकाशित होने लगते हैं।

11. ब्रह्म मुद्रा

समतल भूमि पर चौपरत कम्बल बिछाकर वज्रासन में बैठ जायें। गर्दन, सिर और कन्धों को ऊपर-नीचे, दायें-बायें, गोलाई में चारों ओर और फिर इसके उलटे घुमाते हुए पांच से दस बार तक अभ्यास करें।

लाभ

1. इस मुद्रा के अभ्यास से *सर्वाइकल स्पाण्डलाइटिस* तथा गर्दन की अकड़न व दर्द दूर हो जाते हैं।

2. गलगण्ड व कण्ठमाला आदि गले के रोग नहीं होते।

3. सिरदर्द समाप्त हो जाता है तथा मस्तिष्क के स्नायु सुदृढ़ होते हैं।

12. अग्निसार क्रिया

समतल भूमि पर चौपरत कम्बल बिछाकर वज्रासन में बैठकर या खड़े होकर श्वास को बाहर निकाल दें और पेट को आगे-पीछे चलायें। बाह्यकुम्भक करें तथा बाह्यकुम्भक करते हुए बस्ति प्रदेश का आकुञ्चन व प्रसारण तीस-चालीस बार करें। कन्धे नहीं हिलने चाहिए। तत्पश्चात् लम्बे-गहरे सांस लेने-छोड़ने के बाद इस क्रिया को शक्ति के अनुसार चार-पांच बार दोहरायें।

लाभ

1. इस मुद्रा में अधिक देर तक बैठने पर भी अजीर्ण नहीं होता। पाचन ठीक से होता है। क़ब्ज़, गैस, डकारें, अल्सर व उदररोग दूर हो जाते हैं और भूख खुलकर लगने लगती है।

2. मधुमेह, मोटापा व मूत्ररोग ठीक हो जाते हैं। मूत्र में जलन कम होती है तथा बहुमूत्र रोग में भी लाभ मिलता है।

***

चक्र

हमारे शरीर के तीन प्रमुख केन्द्र हैं—नाभि, हृदय और मस्तिष्क। नाभि जीवन का केन्द्र है, हृदय भावोद्रेक का केन्द्र है और मस्तिष्क विचार का केन्द्र है। मस्तिष्क का केन्द्र शरीर में सबसे ऊंचे स्थान पर है, परन्तु इसका महत्त्व सर्वोपरि नहीं है। मस्तिष्क के विकृत हो जाने पर व्यक्ति पागल हो जाता है, लेकिन मरता नहीं है। इसलिए मस्तिष्क का केन्द्र सबसे ऊपर होने के बावुजूद इसका महत्त्व अधिक नहीं है। उसके बाद हृदय का केन्द्र है। हृदय की गति बन्द हो जाने पर व्यक्ति तुरन्त मर जाता है, लेकिन कृत्रिम श्वास पाकर वह जीवित भी हो उठता है। हृदय का परिवर्तन कर देने से अनेक प्रकार के हृदयरोगों से भी मुक्ति मिल जाती है। लेकिन जीवन का केन्द्र, आत्मा का केन्द्र नाभि है, जो शरीर के मध्य स्थित है। हमारे इस शरीर का सञ्चालन कुछ अन्य सूक्ष्म केन्द्रों द्वारा भी होता है, लेकिन उनमें भी नाभि का स्थान सर्वोपरि है। योग की भाषा में शरीर का सञ्चालन करने वाले इन केन्द्रों को चक्र कहा जाता है, जो हमारे शरीर में स्थित नाना प्रकार की शक्तियों के केन्द्र हैं। ये सभी चक्र मेरुदण्ड के मूल से आरम्भ होकर उसके ऊपरी भाग तक जुड़े हुए हैं, जो साधारण दशा में किसी बिना खिले कमल के समान अधोमुख, अर्थात् नीचे को मुख किये हुए अविकसित अवस्था में स्थित रहते हैं। लेकिन ब्रह्मचर्य का पालन करने से अथवा प्राणायाम व ध्यान आदि विधियों के द्वारा उत्तेजित होकर, ये चक्र ऊर्ध्वमुख होकर विकसित हो जाते हैं और तब इनकी अलौकिक शक्तियां भी विकसित हो जाती हैं।

इस देह में आठ चक्र और नौ द्वारों की कल्पना की गयी है तथा इसी के साथ एक देदीप्यमान् हिरण्यमय कोश भी है, जो अनन्त सुख-शान्ति, आनन्द और दिव्य ज्योति से परिपूर्ण है। योगाभ्यास करने वाले साधक भी इस दिव्य कोश को प्राप्त कर सकते हैं। ये चक्र सात हैं— **1.** मूलाधार चक्र, **2.** स्वाधिष्ठान चक्र, **3.** मणिपूर चक्र, **4.** अनाहत चक्र, **5.** विशुद्धि चक्र, **6.** आज्ञा चक्र तथा **7.** सहस्त्रार चक्र। ये सातों

चक्र योग-साधक के लिए सात सीढ़ियां हैं। अचानक छलांग लगाकर सबसे ऊपर पहुंच पाना कठिन ही नहीं, अपितु असम्भव है। इसीलिए इन चक्रों को क्रमशः पार करते हुए ही और इन्द्रियों के विकारों को नष्ट करने के बाद ही आगे बढ़ा जा सकता है और यह सब कार्य प्राणायाम के द्वारा ही सम्भव होता है। आइये, आपको इन चक्रों के बारे में कुछ जानकारी दे दें।

1. मूलाधार चक्र

यह चक्र गुदामूल से दो अंगुल ऊपर और उपस्थमूल से दो अंगुल नीचे है, अर्थात् सीधे शब्दों में समझाया जाये, तो गुदा और मूत्रेन्द्रिय स्थान के बीचो-बीच स्थित है। इसके मध्य से सुषुम्ना नाड़ी और इसके वाम कोण से इड़ा नाड़ी निकलती है। इसकी आकृति चार पंखुड़ियों वाले कमल के समान मानी जाती है। यह सब नाड़ियों का केन्द्र स्थल है। यह चक्र मूल शक्ति, अर्थात् कुण्डलिनी शक्ति का आधार है। इसीलिए इसे मूलाधार चक्र कहा जाता है। इस चक्र पर ध्यान लगाने से व्यक्ति तेजस्वी व ओजस्वी बनता है। उसके शरीर की सब व्याधियां नष्ट हो जाती हैं तथा उसमें दक्षता आती है और अनेक गुणों का विकास होता है। इस चक्र पर सदा ही अन्धकार बना रहता है, लेकिन जब प्राणायाम अथवा धारणा व ध्यान आदि के द्वारा इस अन्धकार को हटाकर मूलाधार को प्रकाशित किया जाता है, तो वहां स्थूलता व सूक्ष्मता का दर्शन होता है, जिसे कुण्डलिनी-जागरण भी कहते हैं।

2. स्वाधिष्ठान चक्र

मूलाधार चक्र से दो अंगुल ऊपर बस्ति प्रदेश (पेडू) के पास स्वाधिष्ठान चक्र का स्थान माना गया है। इस चक्र पर ध्यान केन्द्रित करने से जीभ पर सरस्वती का निवास होना माना जाता है। इस चक्र के साक्षात्कार से मूत्र एवं शुक्र संस्थानों का ज्ञान तथा उसके पारस्परिक सम्बन्धों का ज्ञान भी मिल जाता है। इसकी आकृति छह पंखुड़ियों वाले कमल के समान मानी गयी है। शारीरिक दृष्टि से यह चक्र वीर्य, रज, चर्बी, मूत्र अथवा जल तत्त्व का उत्पादन और नियन्त्रण केन्द्र है।

3. मणिपूर चक्र

मणिपूर चक्र का स्थान नाभिमूल के ठीक पीछे रीढ़ में है। इसकी आकृति दस पंखुड़ियों वाले पीले कमल के समान मानी गयी है। यह चक्र पाचन-संस्थान का नियन्त्रण करता है तथा पूरे शरीर का विकास इसी चक्र के द्वारा नियन्त्रित होता है। इस चक्र के जागृत होने पर मधुमेह, क़ब्ज़, अपच, गैस आदि पाचन की विकृतियां दूर हो जाती हैं। कुण्डलिनी-जागरण के लिए इसी चक्र को केन्द्र स्थान माना जाता है।

4. अनाहत चक्र

इस चक्र का स्थान हृदय के पास है तथा इसकी आकृति बारह पंखुड़ियों वाले कमल के समान मानी गयी है। यह चक्र शरीर की कान्ति और तेज का प्रतिनिधित्व करता है तथा इसी चक्र के द्वारा शरीर में रक्त–प्रवाह तथा स्नायु–सञ्चालन आदि क्रियाएं होती रहती हैं। इसी स्थान से अनाहत नाद गूंजता रहता है। इस चक्र पर ध्यान केन्द्रित करने वाले व्यक्ति को हृदयरोग नहीं हो सकता तथा इस चक्र के जागृत हो जाने पर साधक को विचार–सम्प्रेषण, दूरदर्शिता तथा अतीन्द्रिय घटनाओं को जानने की शक्तियां प्राप्त हो जाती हैं।

5. विशुद्धि चक्र

विशुद्धि चक्र कण्ठ प्रदेश में स्थित माना जाता है। इस स्थान पर इड़ा, अर्थात् दायां स्वर अथवा पिंगला, अर्थात् बायां स्वर मिलकर सुषुम्ना स्वर की रचना करते हैं। यह चक्र प्राणतत्त्व का प्रतीक है, जिससे शब्द की उत्पत्ति होती रहती है। योगीजन इसे शून्य का प्रतीक मानते हैं। इस चक्र के जागृत होने पर स्त्री–पुरुष का द्वैत भाव मिट जाता है। केवल अद्वैत रह जाता है। इस पांचवें चक्र के जागृत होने से साधक ज्ञानी, शान्तचित्त, निरोग, शोकहीन और दीर्घजीवी हो जाता है। उसके सब द्वन्द्व और विरोधाभास नष्ट हो जाते हैं और यह स्थिति इतनी दयनीय होती है कि अनेक साधकों का मन यहीं ठहर जाने को करता है। इस चक्र के जागृत होने पर साधक को अपूर्व आनन्द का अनुभव होता है। आनन्द एक चरम सीमा है, इसीलिए परमेश्वर को सच्चिदानन्द भी कहते हैं। इस चक्र के जागृत होने पर थायराइड ग्रन्थि से सम्बन्धित रोग नहीं होते।

6. आज्ञा चक्र

यह चक्र दोनों भौंहों के बीच, सिर के पीछे, चोटी वाले स्थान के बीचो–बीच मस्तिष्क प्रदेश में स्थित है। शारीरिक दृष्टि से यह स्थान सभी शारीरिक और मानसिक प्रेरणाओं का केन्द्र स्थल है। कुछ साधक मानसिक चमत्कारों के लिए इसी चक्र को जागृत करते हैं। इस चक्र के जागृत होने पर अहंकार की समाप्ति और ब्रह्म की प्राप्ति होती है। प्रभुसत्ता का बोध होता है और जातक ब्रह्मलीन अवस्था में पहुंच जाता है। कुछ साधक त्राटक, सम्मोहन व हिप्नोटिज़्म आदि शक्तियों के विकास के लिए आज्ञा चक्र पर ध्यान केन्द्रित करते हैं, लेकिन योग–दर्शन में इन शक्तियों का कोई विशेष स्थान नहीं। आज्ञा चक्र के जागृत होने का अर्थ है— दिव्य–दृष्टि प्राप्त होना, जिसके बाद कुछ भी शेष नहीं रह जाता। आज्ञा चक्र के जागृत होने पर दो महत्त्वपूर्ण ग्रन्थियां पीयूष ग्रन्थि और पिनिअल ग्रन्थि की कार्यक्षमता बढ़ जाती है, जिसके कारण

साधक कुशाग्रबुद्धि हो जाता है।

7. सहस्त्रार चक्र

यह चक्र सिर के मध्य तालु के ऊपर स्थित है। इसकी आकृति हज़ार पंखुड़ियों वाले कमल के समान है। यह चक्र सब दिव्य शक्तियों का केन्द्र है तथा इस चक्र के जागृत होने पर असम्प्रज्ञात समाधि की प्राप्ति हो जाती है। कुछ साधकों का ऐसा विश्वास है कि ब्रह्मरन्ध्र के ऊपर ही सहस्त्रार चक्र स्थित है और यही चित्त का स्थान है, जिसमें आत्मा के ज्ञान का प्रकाश हो रहा है।

जीवात्मा कहां निवास करता है, इस प्रश्न पर विचार करने से हमें दिखाई देता है कि आत्मा को ज्ञान का प्रकाश चित्त पर दिखाई देता है और चित्त का कारण शरीर है। अत: चित्त के साथ सम्बन्ध होने पर ही आत्मा को जीवात्मा भी कहा जाता है। कारण शरीर सूक्ष्म शरीर में और सूक्ष्म शरीर स्थूल शरीर में व्याप्त है। इसका अर्थ यह हुआ कि जीवात्मा पूरे देह में व्याप्त है। लेकिन सुषुप्ति की अवस्था में जीवात्मा का निवास शरीर के मुख्य केन्द्र हृदय में माना जाता है; क्योंकि शरीर का सारा आन्तरिक कार्य यहीं से हो रहा है और हृदय-गति रुक जाने पर शरीर के सभी कार्य बन्द हो जाते हैं। इसलिए सुषुप्ति की अवस्था में हृदय को ही जीवात्मा का स्थान कहा जा सकता है। लेकिन स्वप्नावस्था में जीव का स्थान कण्ठ माना गया है। जागृत अवस्था में जीवात्मा बाह्य इन्द्रियों के द्वारा बाहर के विषयों को देखता है और बाह्य इन्द्रियों में प्रधान इन्द्रिय नेत्र है। अत: जागृत अवस्था में जीवात्मा को नेत्र में स्थित माना जाता है। इस प्रकार आंख में जो पुरुष दिखाई देता है, वह आत्मा है। सम्प्रज्ञात समाधि में जीवात्मा का स्थान आज्ञा चक्र है, जिसे दिव्य नेत्र अथवा शिव नेत्र भी कहते हैं, लेकिन असम्प्रज्ञात समाधि में जीवात्मा का स्थान ब्रह्मरन्ध्र है, जहां पर प्राण और मन के स्थिर हो जाने पर सर्ववृत्ति निरोध होता है।

वैदिक साहित्य में मानव-शरीर में इन चक्रों के प्रतीकात्मक नाम या संकेत मिलते हैं। इसीलिए योगाचार्य भू: नाम से मूलाधार, भुव: से स्वाधिष्ठान, स्व: से मणिपूर, मह: से हृदय व अनाहत, जन: से विशुद्धि, तप: से आज्ञा चक्र और सत्यम् से सहस्त्रार चक्र जानते हैं। इन सब चक्रों की अपनी निजी शक्ति और प्रकाश है और ये चक्र प्राणमय, मनोमय और विज्ञानमय कोशों की शक्ति तथा प्रकाश से प्रभावित हैं। इन चक्रों में आयी किसी प्रकार की मलिनता प्राणायाम साधना से दूर हो जाती है।

इन चक्रों का आपसी तालमेल है। किसी एक चक्र में ग़लती हो जाने पर सब बिगड़ जाता है। ये चक्र योगसाधक के लिए सीढ़ियां हैं, जिन्हें क्रमश: चढ़ना पड़ता है। छलांग लगाकर ऊपर तक पहुंचना असम्भव है। ***

देह में स्थित पञ्चकोश

मनुष्य की आत्मा के साथ जो पञ्चकोश जुड़े हुए हैं, उन्हें पञ्चशरीर भी कहा जाता है। ये पांच कोश इस प्रकार हैं— **1.** अन्नमय कोश, **2.** प्राणमय कोश, **3.** मनोमय कोश, **4.** विज्ञानमय कोश और **5.** आनन्दमय कोश।

1. अन्नमय कोश

यह कोश स्थूल शरीर का पहला भाग है तथा इसका सम्बन्ध त्वचा से लेकर अस्थियों तक है। आहार-विहार के शुद्ध होने पर योगासनों तथा प्राणायाम के द्वारा अन्नमय कोश शुद्ध हो जाता है।

2. प्राणमय कोश

यह कोश स्थूल शरीर का दूसरा भाग है। शरीर और मन के मध्य प्राण ही माध्यम है और हर प्रकार के ज्ञान-कर्म का सम्पादन प्राणमय कोश द्वारा ही होता है। श्वास के बाहर-भीतर आने-जाने के कार्य-भेद से इसके दस प्रकार माने जाते हैं। व्यान, उदान, प्राण, समान और अपान ये पांच मुख्य प्राण हैं तथा धनञ्जय, नाग, कूर्म, कृकल और देवदत्त उपप्राण हैं। प्राण का मुख्य कार्य है— आहार का परिपाक करना, रसों को शरीर में समान भाव से वितरित करते हुए इन्द्रियों का तर्पण करना, रक्त के साथ मिलकर शरीर से मलों का निष्कासन करना तथा देह के द्वारा भोगों का उपभोग करना। प्राणायाम के निरन्तर अभ्यास से प्राणमय कोश की शक्ति बढ़ जाती है।

3. मनोमय कोश

यह कोश सूक्ष्म शरीर का पहला क्रियाप्रधान भाग है। इसी के अन्तर्गत मन, बुद्धि, अहंकार और चित्त तथा पांच कर्मेन्द्रियां आती हैं। बाह्य जगत् के व्यवहार से इसका सम्बन्ध अधिक रहता है।

4. विज्ञानमय कोश

यह कोश सूक्ष्म शरीर का दूसरा ज्ञानप्रधान भाग है। ज्ञानयुक्त बुद्धि और ज्ञानेन्द्रियां इसके मुख्य तत्त्व हैं। जो साधक इस कोश को भली प्रकार समझकर इसके अनुरूप आचार-विचार करता है तथा मोह, आसक्ति, भ्रम और असत्य से दूर रहकर ध्यान व समाधि का अभ्यास करता है, उसे ऋतम्भरा ज्ञान उपलब्ध हो जाता है।

5. आनन्दमय कोश

यह कोश हमारे हृदय प्रदेश में स्थित है। इसीलिए इसे हृदयगुहा, हृदयकोश, हिरण्यमय कोश, कारण शरीर अथवा लिंग शरीर आदि नाम प्रदान किये गये हैं। इसका सम्बन्ध बाह्य जगत् से बहुत कम रहता है, लेकिन आन्तरिक जगत् से इसका सम्बन्ध अधिक रहता है। हमारे स्थूल शरीर का अस्तित्व, हमारे जीवन तथा संसार के समस्त कार्य-व्यवहार का आश्रयस्थल यही कोश है। निर्बीज समाधि प्राप्त हो जाने के पश्चात् साधक जीवन-मुक्त होकर आनन्दमय कोश में सदा आनन्दमय रहता है।

★★★